创业之城

——中国城市与城市群创业能力评价与分析

关成华 颜振军 赵 峥 刘 杨 ◎著

科学技术文献出版社

·北京·

图书在版编目（CIP）数据

创业之城：中国城市与城市群创业能力评价与分析 / 关成华等著 —北京：科学技术文献出版社，2019.10（2020.11重印）
ISBN 978-7-5189-6125-2

Ⅰ.①创… Ⅱ.①关… Ⅲ.①城市群—发展—研究—中国 Ⅳ.① F299.21

中国版本图书馆 CIP 数据核字（2019）第 223623 号

创业之城——中国城市与城市群创业能力评价与分析

| 策划编辑：丁芳宇 | 责任编辑：马新娟 | 责任校对：文 浩 | 责任出版：张志平 |

出　版　者	科学技术文献出版社
地　　　址	北京市复兴路15号　邮编 100038
编　务　部	（010）58882938，58882087（传真）
发　行　部	（010）58882868，58882870（传真）
邮　购　部	（010）58882873
官 方 网 址	www.stdp.com.cn
发　行　者	科学技术文献出版社发行　全国各地新华书店经销
印　刷　者	北京虎彩文化传播有限公司
版　　　次	2019 年 10 月第 1 版　2020 年 11 月第 2 次印刷
开　　　本	710×1000　1/16
字　　　数	286千
印　　　张	19.5
书　　　号	ISBN 978-7-5189-6125-2
定　　　价	78.00元

版权所有　违法必究

购买本社图书，凡字迹不清、缺页、倒页、脱页者，本社发行部负责调换

前 言
PREFACE

当前，我国经济由高速增长阶段稳步向高质量发展阶段迈进。近几年，中央坚定不移地推进供给侧结构性改革和三大攻坚战，在去产能、去杠杆、控债务、控地产、强环保等方面取得了显著成效，但也产生了一定阵痛和紧缩效应，经济下行压力有增无减。与此同时，创新创业风帆正劲，全民创业成为势不可当的历史潮流，正在改变着我们的社会，改变着我们的生活，创新创业正以燎原之势在全国各地蓬勃发展。在创新创业浪潮的推动下，共享经济、绿色经济、创意经济等新业态新模式快速发展，新兴产业不断壮大，传统产业加速转型升级，创新创业已成为引领经济社会发展的重要力量。可以说，创新创业既是发展动力之源，也是富民之道、强国之策，更是我国未来发展之浪潮。

创业是创业者对资源进行优化整合，形成创新创业活动，从而创造出更大经济或社会价值的过程。创业被视为推动经济增长的主要驱动因素之一，是推进经济社会发展、改善民生的重要途径。活跃的创业活动有利于形成创业经济，对于促进区域高新技术产业发展、增加就业机会、助推科技成果转化、增强经济活力、传播创业文化、推动科技创新发展具有重要意义。为了更好地促进创业发展，充分释放创业对于经济社会的作用，党中央、国务院适时地做出了"大众创业、万众创新"的重大战略部署，明确了创业对于中国发展的作用。近年来，"大众创业、万众创新"蓬勃兴起，催生了数量众多的市场新生力量，促进了观念更新、制度创新和生产经营管理方式的深刻变革，有效提高了创新效率、缩短了创新路径，已成为稳定和扩大就业的重要支撑、推动新旧动能转换和结构转型升级的重要力量，正在成为中国经济行稳致远的活力之源。

我们知道，创新是引领发展的第一动力，近年来，为了向更大范围、更高层次和更深程度推进"双创"发展，创新和创业持续深度融入，科技创新对于创业发展的引领作用不断凸显，创新型企业的带动作用逐步增强。可以说，创新成为创业的动力、源泉和基础，创业则成为实现创新价值循环的必要环节。

当我们进一步剖析创新创业活动时不难发现，人是创新和创业发展的第一资源，而创新创业也是"人"将新的思想和理念付诸实践的具体行动。激发人的创新创业活力，需要考虑体制、管理、文化以及环境等多个因素。近年来，我国不断打造适宜创新创业的环境，大力发展创业孵化机构，为人们开展创新活动提供了良好的外部环境，提升了创新创业的成功率。

创业孵化机构是各种类型的孵化器、众创空间、留学人员创业园、大学科技园等在内的创业服务机构的统称。创业孵化机构通过为新创企业提供一系列服务支持，来降低创业风险和创业成本，进而提高创业成功率，是创新创业与经济发展的关键节点，是国家创新创业创造体系建设的重要环节。作为创新创业的重要载体，创业孵化机构需要以更高的建设标准、更优质的创孵服务、更完备的创孵体系，来繁荣我国的创业经济，助推区域产业结构升级和经济高质量发展，为科技强国的建设提供支撑。

截至2019年，中国创业孵化机构深耕创业服务已有30余年，经历了1987—1999年的探索发展阶段、2000—2013年的蓬勃发展阶段以及2014年至今的迅猛发展阶段。从武汉东湖新技术创业者中心起步，中国创业孵化机构逐步发展到北京、上海、广东、天津及全国各地，东中西部、大江南北、城市和乡镇。日益完备的创新创业服务体系和不断壮大的发展规模，使创业孵化机构成为培育科技型中小企业的重要平台和新兴产业萌发的源生之所。近年来，中国各地的众创空间、孵化器、企业加速器和高新区等创业孵化机构共同打造了覆盖全创业生命周期的良好创新创业生态，在创新型国家建设和改革开放事业中发挥了不可替代的作用。

城市作为区域经济和社会发展的中心，是各类创业孵化机构的集聚地，是创新创业活动的主战场，是支撑国家创新创业发展的重要组成部分。创业孵化机构作为"双创"发展的有力抓手，是城市创业经济的重要表现形式，从一定程度上反映了城市创业发展的综合水平。

本书围绕城市创新创业发展，聚焦创业孵化机构，从经济、创新、社会、基础、服务、运营等多维度进行综合考量，构建一套相对客观、严谨的"中国城市创业孵化指数"评价体系，定量化地评价我国主要城市和城市群的创业发展水平，展示中国城市创业发展全貌，重塑中国创业格局。

本书是探索性的研究，也是集体智慧的结晶，在编撰过程中，获得了来自联合国工业发展组织、世界经济合作与发展组织、中国科学技术部、国务院发展研究中心、中国社会科学院、中国科学技术发展战略研究院、北京师范大学、北京市科学技术委员会等机构专家学者的大力帮助，在此表示衷心的感谢！同时，要特别感谢科学技术部火炬高技术产业开发中心对研究数据的大力支持！我们真诚地欢迎社会各界对本书提出宝贵意见和建议，也希望本书能够对我国创新创业事业的发展提供参考借鉴。

目 录
CONTENTS

第1章 总 论 ... 1
一、研究意义 ... 3
二、评价体系构建思路 ... 4
三、中国城市创业孵化指数指标体系 ... 5
四、研究对象选取 ... 7
五、测算方法与数据来源 ... 11
六、测算结果 ... 13
七、研究发现 ... 27
八、提升中国城市创业发展水平的建议 ... 37

第2章 中国城市创业孵化能力分析 ... 43
一、城市创业孵化经济绩效 ... 43
二、城市创业孵化创新绩效 ... 62
三、城市创业孵化社会贡献 ... 81
四、城市创业孵化服务水平 ... 101
五、城市创业孵化基础设施 ... 120
六、城市创业孵化运营绩效 ... 139

第3章 主要城市创业孵化能力分析 ... 161
一、北京 ... 161

二、上海 164

三、深圳 168

四、杭州 171

五、广州 175

六、南京 179

七、武汉 182

八、西安 185

九、郑州 188

十、重庆 192

十一、成都 195

十二、天津 199

十三、厦门 202

十四、长沙 205

十五、长春 209

十六、济南 212

十七、宁波 215

十八、合肥 218

十九、青岛 221

二十、南昌 224

二十一、兰州 228

二十二、昆明 231

二十三、太原 234

二十四、沈阳 237

二十五、哈尔滨 240

二十六、大连 243

二十七、贵阳 246

二十八、呼和浩特 249

二十九、石家庄 252

三十、南宁 255
　　三十一、福州 258
　　三十二、乌鲁木齐 261
　　三十三、海口 264
　　三十四、银川 267
　　三十五、西宁 270

第4章 城市群创业孵化能力分析 275
　　一、城市群创业孵化经济绩效 275
　　二、城市群创业孵化创新绩效 277
　　三、城市群创业孵化社会贡献 278
　　四、城市群创业孵化服务水平 280
　　五、城市群创业孵化基础设施 281
　　六、城市群创业孵化运营绩效 283

第5章 典型城市群内部创业孵化能力分析 285
　　一、长三角城市群创业孵化能力分析 285
　　二、粤港澳大湾区城市群创业孵化能力分析 287
　　三、京津冀城市群创业孵化能力分析 288
　　四、长江中游城市群创业孵化能力分析 290
　　五、成渝地区城市群创业孵化能力分析 291

附录　中国城市创业孵化指数指标解释 293

参考文献 299

第1章

总 论

当前关于城市创业评价研究主要侧重于城市创业环境的综合评价,即通过城市的创业环境来体现城市的创业整体水平。例如,全球创业观察提出的城市创业水平模型,包括金融、政策、扶持项目、教育与培训、研发和转移、商业基础设施、市场开放程度、基础设施和文化因素等多个因素,其重点仍然关注的是一个城市各个方面的创业环境。

本书则另辟蹊径,从城市中创业孵化机构的整体发展水平,来描述城市的创业孵化水平。结合相关研究观点,我们认为,一座城市的创业孵化水平体现在创业孵化机构对初创企业或团队的服务与支持,以及由此产生的相关绩效情况。具体而言,创业孵化机构作为为新创企业早期阶段成长提供支持性环境的专业组织,既是一种重要的创业载体,也是最有效的区域经济发展工具之一。根据外部性理论,创业孵化机构在发展的同时,会促进创业企业的发展,创业孵化机构和在孵企业之间相互促进、相互作用、相互影响的关系会产生溢出效应和辐射带动效应,有利于促进区域经济发展、区域创新和科技成果转化。因此,创业孵化机构和区域经济发展具有较高的相关性、互动性和相互依赖性,利用创业孵化机构的发展情况能够表征一个地区创业发展的总体水平。

当前,创业孵化机构已成为各地促进高质量发展的重要抓手。截至2018年年底,全国科技企业孵化器(以下简称"孵化器")总数已达4849家,在孵科技型中小企业20.6万家,同比增长17.7%。在孵企业科技含量进一步提升,拥有有效知识产权数超过44万件,当年知识产权申请数为26.81万件,同比增长40.4%,当年知识产权授权数为13.78万件,同比增长45.37%。在孵企业得到社会资本的认可,在中小企业融资难的总形势下,孵化器内当年获得投融资企业数量占在孵企业的比例与上年度基本持平，平均每家在孵企业当年获得风险投资额同比增长11.76%。创业带动就业作用进一步发挥，在孵企业吸纳人员达290.11万人，其中吸纳应届毕业大学生28万人。全国众创空间达到6959家，同比增长21.3%。提供创业工位122.44万个，同比增长16.08%。从运营主体性质来看，民营性质的众创空间4605家，占比66.2%；国有性质的众创空间784家，占比11.3%；事业性质的众创空间709家，占比10.2%；由高校科研院所成立的众创空间863家，占比12.4%；各地积极出台鼓励创新创业的政策，众创空间呈现快速增长态势。

总体而言，在创新驱动发展战略的深入实施下，中国创业孵化机构被摆在了更加显著的位置，对于推动城市新旧动能转换和产业结构转型升级，以及区域经济高质量发展都起到了不可替代的作用。

其一，创业孵化机构促进高水平创业就业，成为城市经济发展的助推器。一方面，创业孵化机构通过集聚各类高科技创新创业主体，鼓励和支持创新创业活动，从而源源不断地为社会创造新的高水平就业岗位和就业机会，促进了社会的稳定发展；另一方面，专业型创业孵化机构的服务对象更加聚焦，聚焦产业前沿、面向未来科学的高新技术产业，促进了城市新兴产业的源头孵化，推动产业结构的转型升级和城市经济的高质量发展。

其二，创业孵化机构是体制改革的重要载体，推动城市政府服务水平的提升。创业孵化机构不仅是一个创新创业的空间，还是一个体制与机制改革的组织空间，对于推动体制机制改革创新的意义重大。一方面，孵化器是政府和企业之间的科技桥梁，发挥着落实创新政策、链接创新资源和扶持创新主体的作用，推动形成以企业为主体的产学研合作范式，促进了技术创新和科技成果转化；另一方面，创业孵化机构还是政府探索体制机制改革和简政放权的重要窗口。

本书基于创业孵化机构来研究城市创业发展水平，总体分为5个章节。第1章为总论，主要介绍研究的意义，并在理论分析框架下构建"中国城市创业孵化指数"指标体系，测度中国117个地级及以上城市和13个城市群的创业孵化指数，提出研究结论和相关建议。第 2 章为中国城市创业孵化能力分析，分别从经济绩效、创新绩效、社会贡献、服务水平、基础设施和运营绩效 6 个维度来分析城市创业孵化水平。第 3 章为主要城市创业孵化能力分析，选取全国副省级及以上的 35 个城市进行创业孵化指数的具体分析。第 4 章为城市群创业孵化能力分析，分别从经济绩效、创新绩效、社会贡献、服务水平、基础设施和运营绩效 6 个维度来分析城市群创业孵化水平。第 5 章为典型城市群内部创业孵化能力分析，选取 5 个重点城市群，对其内部各城市的创业孵化水平进行具体分析。最后，本书对中国城市创业孵化指数的各个指标进行了具体解释。

整体而言，本书探索性地构建了中国城市创孵发展水平评价体系，期望对各城市和全国创业孵化事业的发展提供参考和借鉴。

一、研究意义

第一，对于贯彻落实国家创新驱动发展战略、"大众创业、万众创新"战略具有一定意义。《国务院关于大力推进大众创业万众创新若干政策措施的意见》中明确提出，"加快建立创业创新绩效评价机制，不断完善新兴产业创业投资政策体系、制度体系、融资体系、监管和预警体系，加快建立考核评价体系"[①]。"中国城市创业孵化指数"是以创新创业创造为核心，以创业孵化机构和创业企业为研究对象，从经济、社会、创新、运营绩效等方面出发，构建评价指标体系，综合反映城市的创孵水平。"创业孵化指数"对于贯彻落实国家战略具有一定意义。

第二，为城市判断自身创业孵化发展状况提供了参考依据。"中国城市创业孵化指数"用具体的数量指标来衡量城市的创业孵化水平。对于城市而言，"中国城市创业孵化指数"的纵向比较研究能够针对性地指出创业孵化发展需要切实改变或者有待改善的方向；横向比较研究可以发现每个城市创业孵化发展的

---

① 《国务院关于大力推进大众创业万众创新若干政策措施的意见》，http://www.gov.cn/zhengce/content/2015-06/16/content_9855.htm。

优势和短板,以及消除这些短板的可操作性经验。因此,"中国城市创业孵化指数"有利于各个城市明确自己创业孵化发展的整体水平,发现创业孵化的优劣势,从而不断完善城市创业孵化体系。

第三,有助于增强社会公众对创新创业的关注,鼓励大众积极参与创业孵化事业。近年来,"大众创业、万众创新"的理念正日益深入人心,关于创新创业的话题也极大地吸引了社会公众的注意。因此,对城市的创业孵化水平进行全面评价,将有效形成社会舆论效应,迫使创业孵化水平较弱的地区积极发现问题,鼓励创业孵化水平较强的地区不断进步。此外,"中国城市创业孵化指数"的研究,将使公众对创业孵化的认识从定性感知提高到定量判断阶段,有助于社会公众更深刻地理解创业孵化,更积极地参与到创新创业中,形成良好的社会氛围,为创业孵化政策的推出和实践,建立坚实的群众基础。总而言之,本研究有助于加深社会公众对创业孵化的认识,推动创新创业的进一步发展。

二、评价体系构建思路

通过相关研究我们认为,一个城市内部创业孵化机构整体发展水平是对该城市创业孵化水平的有力解释。构建基于创业孵化机构的"中国城市创业孵化指数",能够以更加直观的方式反映城市的创业孵化水平,从而评价中国城市创业发展整体水平。在构建指标体系时,需要重点考虑以下几个因素。

其一,同等重视各类创业孵化机构对于城市创业孵化发展的作用。孵化器和众创空间是创孵机构中数量最多、分布最广、在孵企业最全、社会经济价值较高的一类创孵机构,是城市创孵事业的重要组成部分。因此,在设计指标体系时,全面考虑孵化器和众创空间等各类基础创孵机构对于城市创孵事业的推动作用,设计与孵化器和众创空间高度相关的特色指标,全面反映各类创孵机构的发展情况。

其二,同等重视孵化机构及在孵企业的产出绩效。一个城市的创孵发展水平,不仅取决于创孵机构的绩效水平,在孵企业的产出绩效也同等重要。一方面,创孵机构本身就是创新创业企业,其总收入、吸引投融资等产出绩效是衡量城市创孵事业发展的重要部分；另一方面，创孵机构中在孵企业的产出绩效也是创孵机构绩效的重要组成部分，是城市创业水平的重要体现。因此，在设计指标体系时，同等重视孵化机构和在孵企业的绩效情况，从而全面衡量城市的创孵水平。

其三，需要从经济、社会、知识产出等多维度衡量绩效情况。产出绩效是衡量一个地区创孵事业发展的重要尺度和标准。同时，产出绩效不仅仅需要重视收入、支出、纳税等经济绩效，还需要重视就业带动情况等社会绩效、知识产权申请等知识创造绩效。对于在孵企业绩效的衡量，需要从经济、社会、知识产出、企业发展、投融资等多角度选取指标，全面衡量企业的发展绩效情况；对于创孵机构绩效的衡量，则需要着重考虑其运营绩效，也包含经济、社会等多方面情况。

其四，重视考量孵化机构的服务水平。孵化机构的服务水平对于在孵企业的创新发展尤为重要，高效、高质、多元的孵化服务能够帮助在孵企业迅速成长，提高绩效水平。因此，在设计指标体系时，需要充分挖掘与孵化机构的孵化服务相关的指标，利用定量化的指标科学评判创孵机构的孵化服务水平。

其五，保证指标选取的科学性及数据的准确性。本研究有关孵化器和众创空间的数据均来自科技部火炬中心的统计调查报表，该统计调查报表覆盖了关于孵化器和众创空间各维度 100 余项具体指标，搜集了全国 11800 余家孵化器和众创空间的调查数据，数据具有极高的准确性和可比性。在拥有相关数据的基础上，本研究还通过专家研讨、调研走访、访谈等方式，选取其中与城市创孵发展水平关联度高、对比性强、不同评价维度的重点指标，从而构建较为科学的指标体系。

三、中国城市创业孵化指数指标体系

中国城市创孵水平的测度聚焦创业孵化机构绩效和在孵企业绩效两个方面，从经济、创新、社会、基础、服务、运营 6 个维度综合考察。

据此，本书建立了"中国城市创业孵化指数"指标体系。指标体系由三级指标构成，其中一级指标 6 个，分别为创孵经济绩效、创孵创新绩效、创孵社会贡献、创孵服务水平、创孵基础设施和创孵运营绩效；二级指标 14 个，分别为在孵企业规模水平、在孵企业获投融资能力、城市企业孵化成果、在孵企业知识产权情况、在孵企业科研能力、在孵企业对就业贡献水平、孵化机构对就业贡献水平、孵化器创业辅导服务水平、孵化器资源整合服务水平、孵化器面积、孵化器数量、孵化资金条件、孵化器营收能力和孵化器获得投资与资助；三级指标共 36 个（表 1-1）。

表 1-1 中国城市创业孵化指数指标体系

一级指标	权重	二级指标	权重	序号	三级指标	权重
创孵经济绩效	16.7%	在孵企业规模水平	5.6%	1	在孵企业总收入	1.9%
				2	在孵企业总数	1.9%
				3	在孵团队数	1.9%
		在孵企业获投融资能力	5.6%	4	当年获得风险投资额	2.8%
				5	团队及企业当年获得投资总额	2.8%
		城市企业孵化成果	5.6%	6	当年毕业企业数量	1.4%
				7	当年上市（挂牌）企业数量	1.4%
				8	当年被兼并和收购企业数量	1.4%
				9	当年营业收入超过 5 千万元企业数量	1.4%
创孵创新绩效	16.7%	在孵企业知识产权情况	8.3%	10	当年知识产权申请数	4.2%
				11	当年拥有的有效知识产权数	4.2%
		在孵企业科研能力	8.3%	12	当年承担国家级科技计划项目	4.2%
				13	当年获得省级以上奖励	4.2%
创孵社会贡献	16.7%	在孵企业对就业贡献水平	8.3%	14	在孵企业从业人员	4.2%
				15	吸纳应届大学毕业生占比	4.2%
		孵化机构对就业贡献水平	8.3%	16	管理机构从业人员	4.2%
				17	大专以上从业人员占比	4.2%

续表

一级指标	权重	二级指标	权重	序号	三级指标	权重
创孵服务水平	16.7%	孵化器创业辅导服务水平	8.3%	18	对在孵企业培训人次	1.7%
				19	开展创业教育培训活动场次	1.7%
				20	创业导师总数	1.7%
				21	创业导师对接企业总数	1.7%
				22	举办创新创业活动总数	1.7%
		孵化器资源整合服务水平	8.3%	23	孵化机构签约中介机构数量	1.7%
				24	孵化机构对公共技术服务平台投资额	1.7%
				25	当年提供技术支撑服务的团队和企业数量	1.7%
				26	当年开展国际合作交流活动的数量	1.7%
				27	当年享受财政资金支持额	1.7%
创孵基础设施	16.7%	孵化器面积	5.6%	28	孵化机构总面积	5.6%
		孵化器数量	5.6%	29	孵化机构数量	2.8%
				30	专业型孵化器所占比重	2.8%
		孵化资金条件	5.6%	31	孵化基金总额	5.6%
创孵运营绩效	16.7%	孵化器营收能力	8.3%	32	孵化机构总收入	2.8%
				33	净利润	2.8%
				34	房租之外收入额占收入总额的比重	2.8%
		孵化器获得投资与资助	8.3%	35	获得投资总额	4.2%
				36	获得各级财政资助额	4.2%

四、研究对象选取

对于城市创孵发展水平的评价，一方面，需要聚焦城市自身的创孵事业发展，明确城市创孵发展水平在全国所处的位置以及优劣势；另一方面，还要聚焦城市在城市群中的发展情况，因为城市群是城市发展的必然趋势和高级阶段，是区域经济协同和合作的重要载体，评价城市群的创孵发展水平及城市在城市群中的发展定位能够更好地指导城市的创孵发展。因此，我们认为，要从城市和城市群两个角度进行考虑，多维度、多方面探讨城市创孵事业的发展水平和整体位置。

（一）城市选取

鉴于个别城市的创孵机构数据较少，对比意义不大，因此，本研究确定创孵机构（包括孵化器和众创空间）数量大于等于20的城市进入测算体系。通过筛选，中国共有117个地级及以上城市（创孵机构数大于20），可以进行指数对比分析，城市如表1-2所示。

表1-2 创业孵化指数测算城市

省份	个数	城市
北京	1	北京
天津	1	天津
河北	11	石家庄、唐山、秦皇岛、邯郸、邢台、保定、张家口、承德、沧州、廊坊、衡水
山西	4	太原、大同、阳泉、长治
内蒙古	3	呼和浩特、包头、鄂尔多斯
辽宁	2	沈阳、大连
吉林	2	长春、吉林
黑龙江	2	哈尔滨、齐齐哈尔
上海	1	上海
江苏	12	南京、无锡、徐州、常州、苏州、南通、连云港、盐城、扬州、镇江、泰州、宿迁
浙江	8	杭州、宁波、温州、嘉兴、湖州、绍兴、金华、台州
安徽	9	合肥、芜湖、蚌埠、淮南、马鞍山、安庆、滁州、六安、宣城

续表

省份	个数	城市
福建	5	福州、厦门、三明、泉州、漳州
江西	2	南昌、赣州
山东	13	济南、青岛、淄博、东营、烟台、潍坊、济宁、泰安、威海、日照、临沂、德州、菏泽
河南	2	郑州、洛阳
湖北	4	武汉、十堰、宜昌、黄冈
湖南	3	长沙、株洲、湘潭
广东	14	广州、深圳、珠海、汕头、佛山、江门、湛江、茂名、肇庆、惠州、梅州、河源、东莞、中山
广西	2	南宁、柳州
海南	1	海口
重庆	1	重庆
四川	4	成都、泸州、绵阳、贵阳
云南	1	昆明
陕西	2	西安、渭南
甘肃	4	兰州、白银、张掖、酒泉
青海	1	西宁
宁夏	1	银川
新疆	1	乌鲁木齐

（二）城市群选取

随着传统的省域经济和行政区经济逐步向城市群经济过渡，城市的集聚效应日益凸显，城市群已经成为中国经济社会发展的重要载体。党的十九大报告在"实施区域协调发展战略"的部分明确提出，以城市群为主体构建大中小城市和小城镇协调发展的城镇格局，加快农业转移人口市民化。

关于城市群建设发展，"十三五"规划纲要提出，优化提升东部地区城市群，建设京津冀、长三角、珠三角世界级城市群，提升山东半岛、海峡西岸城市群开放竞争水平。培育中西部地区城市群，发展壮大东北地区、中原地区、长江中游、成渝地区、关中平原城市群，规划引导北部湾、山西中部、呼包鄂榆、黔中、滇中、兰州—西宁、宁夏沿黄、天山北坡城市群发展，形成更多支撑区域发展的增长极。

2019年2月，中共中央、国务院印发了《粤港澳大湾区发展规划纲要》，规划提到，粤港澳大湾区总面积5.6万平方公里，2017年年末总人口约7000万人，是我国开放程度最高、经济活力最强的区域之一，在国家发展大局中具有重要战略地位。

同年4月，国家发展改革委印发了《2019年新型城镇化建设重点任务》，提出了"推动城市群和都市圈健康发展，构建大中小城市和小城镇协调发展的城镇化空间格局"，并明确了全国13个城市群的发展重心和发展目标。这13个城市群分别为京津冀城市群、长三角城市群、粤港澳大湾区、成渝城市群、哈长城市群、长江中游城市群、北部湾城市群、中原城市群、关中平原城市群、兰州—西宁城市群、呼包鄂榆城市群、天山北坡城市群、滇中城市群。

本书结合党的十九大报告、"十三五"规划、《粤港澳大湾区发展规划纲要》和《2019年新型城镇化建设重点任务》等重要政策文件，选择如表1-3所示的13个城市群作为研究对象。结合相关发展规划和数据可得性，每个城市群涵盖的测算城市如表1-3所示。

表1-3 创业孵化指数测算城市群

编号	城市群	城市数量	城市
1	京津冀城市群	10	北京、天津、保定、廊坊、唐山、秦皇岛、石家庄、张家口、承德、沧州
2	长三角城市群	26	上海、南京、无锡、常州、苏州、南通、盐城、扬州、镇江、泰州、杭州、宁波、嘉兴、湖州、绍兴、金华、舟山、台州、合肥、芜湖、马鞍山、铜陵、安庆、滁州、池州、宣城

续表

编号	城市群	城市数量	城市
3	粤港澳大湾区城市群	14	广州、深圳、珠海、佛山、东莞、中山、江门、肇庆、惠州、汕尾、清远、云浮、河源、阳江
4	中原城市群	29	郑州、开封、洛阳、平顶山、新乡、焦作、许昌、济源、漯河、鹤壁、商丘、周口、晋城、亳州、安阳、濮阳、三门峡、南阳、信阳、驻马店、邯郸、邢台、长治、运城、宿州、阜阳、淮北、蚌埠、聊城
5	关中平原城市群	6	西安、宝鸡、咸阳、渭南、铜川、商洛
6	成渝地区城市群	16	重庆、成都、自贡、泸州、德阳、绵阳、遂宁、内江、乐山、南充、眉山、宜宾、广安、达州、雅安、资阳
7	长江中游城市群	31	武汉、黄石、鄂州、黄冈、孝感、咸宁、仙桃、潜江、天门、襄阳、宜昌、荆州、荆门、长沙、株洲、湘潭、岳阳、益阳、常德、衡阳、娄底、南昌、九江、景德镇、鹰潭、新余、宜春、萍乡、上饶、抚州、吉安
8	北部湾城市群	11	南宁、北海、钦州、防城港、玉林、崇左、湛江、茂名、阳江、海口、儋州
9	哈长城市群	11	哈尔滨、大庆、齐齐哈尔、绥化、牡丹江、长春、吉林、四平、辽源、松原、延边朝鲜族自治州
10	兰西城市群	19	兰州、定西、天水、平凉、庆阳、陇南、白银、武威、金昌、张掖、嘉峪关、酒泉、西宁、海南藏族自治州、海北藏族自治州、海西蒙古族藏族自治州、黄南藏族自治州、果洛藏族自治州、玉树藏族自治州
11	天山北坡城市群	3	乌鲁木齐、新疆兵团（石河子、吉昌等）、克拉玛依
12	滇中城市群	5	昆明、曲靖、玉溪、楚雄、红河哈尼族彝族自治州
13	呼包鄂榆城市群	4	呼和浩特、包头、鄂尔多斯、榆林

五、测算方法与数据来源

本书基于 2018 年列入科技部火炬高技术产业开发中心统计的 4849 家科技

企业孵化器和 6959 家众创空间的统计调查数据[①]，对中国创业机构数量不小于 20 家的 117 个地级及以上城市的创业孵化指数进行测度。测算方法主要包含指标权重设置、指标无量纲处理和指数合成三部分。

（一）权重设置

本书采取指标等权重的方法确定指标权重。具体而言，指标体系共有 6 个一级指标，所以每个一级指标的权重均为 16.7%。在创孵经济绩效、创孵基础设施一级指标下均有 3 个二级指标，所以这些二级指标的权重均为 5.6%；在创孵创新绩效、创孵社会贡献、创孵服务水平、创孵运营绩效一级指标下均有 2 个二级指标，所以这些二级指标的权重均为 8.3%。同理，根据二级指标下设的三级指标数量等权重得出各个三级指标的权重。

$$一级指标权重 = \frac{100\%}{一级指标数量}$$

$$二级指标权重 = \frac{其所在的一级指标权重}{该一级指标下二级指标数量}$$

$$三级指标权重 = \frac{其所在的二级指标权重}{该二级指标下三级指标数量}$$

（二）无量纲处理

由于评价指标体系中的三级指标反映不同的内容，各指标的计算单位和量纲有很大差异，往往数值也相差较大，因此不能直接进行合并计算，必须先对各指标进行无量纲处理，将其变为无量纲的指数化数值后，才能进行综合计算。本书在数据无量纲处理的过程中，采取 z-score 标准化法进行数据的无量纲处理。

由于指标体系中所有指标均为正向指标，即指标增加对于城市创孵水平有积极影响，故第 i 个指标的无量纲化值 X_i 为：

---

① 数据来自科技部火炬高技术产业开发中心，http://www.ctp.gov.cn/.

$$X_i = \frac{x_i - \bar{x}}{\delta x_i} \tag{1-1}$$

其中，X_i 为第 i 个指标的无量纲化值，x_i 为该指标的原始值，$\bar{x}$ 为该指标所有数值的平均值，δx_i 为该指标所有数值的标准差。

经过无量纲化处理以后，每个指标的数值均在平均值 0 附近波动，高于平均值即为正数，低于平均值即为负数，具有可比性。

（三）指数合成

根据各个指标的无量纲化指数及其权重，构建线性组合模型，用于计算城市创业孵化指数的综合指数。指数越高，说明该城市的额创孵能力越强。

具体的城市创业孵化指数模型为：

$$X = \sum w_i X_i \tag{1-2}$$

其中，X 为城市创业孵化指数的综合指数，X_i 为第 i 个指标的无量纲化值，W_i 为该指标的权重。根据该城市创业孵化指数测算模型，可以对各个城市的创孵能力进行综合评价、排序、比较和分析。

六、测算结果

（一）中国城市创业孵化指数测算结果

在 117 个测度城市中，中国城市创孵总指数排名居前 20 位的城市分别为北京、上海、深圳、杭州、广州、南京、苏州、武汉、西安、郑州、重庆、成都、天津、厦门、长沙、东莞、无锡、佛山、长春和济南。其中，北京的创孵总指数为 4.105，位居全国首位，远高于第二名的上海（表 1-4）。

表 1-4　117 个城市创业孵化指数情况

排名	城市	创孵经济绩效	创孵创新绩效	创孵社会贡献	创孵服务水平	创孵基础条件	创孵运营绩效	总指数
1	北京	6.408	3.708	2.355	4.353	4.337	3.471	4.105

续表

排名	城市	创孵经济绩效	创孵创新绩效	创孵社会贡献	创孵服务水平	创孵基础条件	创孵运营绩效	总指数
2	上海	2.481	2.495	0.994	3.625	2.824	1.043	2.244
3	深圳	2.169	1.629	1.829	2.474	2.036	2.577	2.119
4	杭州	1.295	2.632	0.912	2.580	1.857	2.808	2.014
5	广州	2.150	2.155	1.108	2.532	2.648	1.304	1.983
6	南京	1.379	3.673	1.003	2.090	2.042	1.187	1.896
7	苏州	1.584	3.967	0.741	1.797	1.584	0.423	1.683
8	武汉	1.464	1.688	1.163	2.148	0.786	2.023	1.545
9	西安	0.602	1.058	0.792	1.633	2.133	0.444	1.110
10	郑州	1.828	0.845	1.137	1.082	0.370	0.576	0.973
11	重庆	0.290	0.225	1.851	1.560	0.631	0.340	0.816
12	成都	0.664	0.405	0.460	1.116	0.343	1.291	0.713
13	天津	0.668	0.218	0.868	1.499	0.514	-0.138	0.605
14	厦门	1.292	0.354	0.372	0.363	0.463	0.145	0.498
15	长沙	0.462	0.444	0.738	0.657	0.279	0.139	0.453
16	东莞	0.623	0.224	0.386	0.302	0.676	0.023	0.372
17	无锡	0.486	0.621	0.172	0.117	0.680	-0.060	0.336
18	佛山	0.218	0.216	-0.262	0.833	0.751	0.183	0.323
19	长春	-0.004	0.312	0.077	0.314	0.578	0.531	0.301
20	济南	0.020	0.024	0.489	0.525	0.388	0.147	0.266
21	宁波	0.396	0.071	0.454	0.360	0.080	0.131	0.249
22	合肥	0.192	0.461	0.257	0.175	-0.019	0.087	0.192
23	青岛	0.158	0.025	0.251	0.680	0.152	-0.231	0.172
24	南昌	-0.020	-0.146	1.276	0.178	-0.077	-0.283	0.155
25	徐州	-0.054	0.019	0.308	0.046	0.088	0.474	0.147

续表

排名	城市	创孵经济绩效	创孵创新绩效	创孵社会贡献	创孵服务水平	创孵基础条件	创孵运营绩效	总指数
26	常州	0.089	0.083	-0.034	0.129	0.685	-0.083	0.145
27	兰州	-0.187	-0.239	0.325	0.279	0.216	0.277	0.112
28	潍坊	-0.079	-0.236	0.176	-0.027	0.677	0.046	0.093
29	昆明	-0.161	-0.142	0.388	0.226	0.153	-0.093	0.062
30	太原	0.020	-0.162	0.486	0.192	-0.146	-0.166	0.037
31	沈阳	-0.069	-0.307	0.348	0.217	-0.001	-0.049	0.023
32	南通	0.000	-0.094	-0.038	-0.236	0.259	0.051	-0.010
33	温州	-0.134	-0.181	0.211	0.035	0.024	-0.060	-0.017
34	济宁	-0.170	0.008	0.038	-0.002	0.207	-0.284	-0.034
35	赣州	-0.287	-0.360	-0.116	-0.437	-0.466	1.460	-0.034
36	洛阳	-0.072	-0.043	0.124	0.078	-0.162	-0.150	-0.037
37	哈尔滨	-0.186	0.035	0.186	-0.030	-0.049	-0.308	-0.059
38	盐城	-0.076	-0.003	-0.125	-0.122	-0.109	0.051	-0.064
39	保定	-0.193	-0.172	0.060	0.046	0.060	-0.194	-0.065
40	烟台	-0.022	-0.219	-0.105	-0.078	0.194	-0.300	-0.088
41	珠海	-0.199	-0.154	-0.259	-0.202	-0.077	0.255	-0.106
42	大连	-0.051	-0.174	-0.097	0.103	-0.010	-0.513	-0.123
43	湖州	-0.204	-0.149	-0.228	-0.211	0.178	-0.128	-0.124
44	绍兴	-0.299	-0.273	0.213	-0.184	-0.032	-0.204	-0.130
45	淄博	-0.327	-0.354	0.036	-0.335	0.219	-0.019	-0.130
46	中山	-0.141	-0.105	-0.194	-0.191	0.168	-0.384	-0.141
47	绵阳	-0.088	-0.195	0.208	-0.370	-0.418	0.013	-0.142
48	贵阳	-0.292	-0.212	0.414	-0.332	-0.305	-0.180	-0.151
49	呼和浩特	-0.253	-0.383	-0.109	-0.142	-0.101	-0.030	-0.170

续表

排名	城市	创孵经济绩效	创孵创新绩效	创孵社会贡献	创孵服务水平	创孵基础条件	创孵运营绩效	总指数
50	廊坊	-0.204	-0.279	-0.131	-0.302	0.243	-0.383	-0.176
51	扬州	-0.206	-0.254	0.061	-0.313	-0.059	-0.305	-0.179
52	镇江	-0.135	-0.026	-0.064	-0.307	-0.220	-0.327	-0.180
53	临沂	-0.171	-0.238	-0.011	-0.228	0.021	-0.505	-0.189
54	石家庄	-0.163	-0.027	-0.002	-0.125	-0.323	-0.501	-0.190
55	包头	-0.371	-0.348	-0.005	-0.450	-0.258	0.264	-0.195
56	南宁	-0.327	0.089	-0.041	-0.421	-0.167	-0.415	-0.213
57	泰州	-0.072	-0.307	-0.207	-0.378	-0.081	-0.269	-0.219
58	福州	-0.236	-0.156	0.021	-0.226	-0.197	-0.531	-0.221
59	芜湖	-0.308	-0.161	0.052	-0.460	-0.151	-0.317	-0.224
60	渭南	-0.417	-0.398	0.098	-0.499	-0.315	0.145	-0.231
61	威海	-0.199	-0.253	-0.958	-0.136	0.557	-0.441	-0.238
62	乌鲁木齐	-0.260	-0.279	-0.074	-0.176	-0.251	-0.421	-0.244
63	泉州	-0.351	-0.290	0.160	-0.352	-0.412	-0.222	-0.244
64	宜昌	-0.267	-0.334	-0.031	-0.388	-0.310	-0.260	-0.265
65	东营	-0.185	-0.377	-0.098	-0.312	-0.543	-0.276	-0.298
66	嘉兴	-0.047	-0.129	-1.197	-0.226	-0.030	-0.165	-0.299
67	唐山	-0.230	-0.362	-0.222	-0.283	-0.438	-0.263	-0.300
68	滁州	-0.436	-0.399	0.497	-0.561	-0.792	-0.150	-0.307
69	酒泉	-0.441	-0.431	0.396	-0.633	-0.474	-0.281	-0.311
70	梅州	-0.433	-0.412	-0.037	-0.610	-0.231	-0.172	-0.316
71	金华	-0.245	-0.316	-0.732	-0.340	0.092	-0.375	-0.319
72	柳州	-0.348	-0.340	-0.214	-0.352	-0.478	-0.187	-0.320
73	泰安	-0.330	-0.377	-0.313	-0.482	-0.383	-0.038	-0.321

续表

排名	城市	创孵经济绩效	创孵创新绩效	创孵社会贡献	创孵服务水平	创孵基础条件	创孵运营绩效	总指数
74	邯郸	-0.345	-0.397	-0.521	-0.228	-0.363	-0.121	-0.329
75	惠州	-0.274	-0.267	-0.506	-0.433	0.141	-0.661	-0.333
76	菏泽	-0.350	-0.413	-0.479	-0.491	-0.489	0.215	-0.335
77	鄂尔多斯	-0.401	-0.407	-0.070	-0.438	-0.716	0.000	-0.339
78	德州	-0.267	-0.386	-1.086	-0.325	-0.019	0.050	-0.339
79	株洲	-0.345	-0.345	0.110	-0.496	-0.411	-0.555	-0.340
80	海口	-0.391	-0.346	-0.108	-0.488	-0.442	-0.279	-0.342
81	连云港	-0.328	-0.350	-0.611	-0.510	-0.343	0.078	-0.344
82	马鞍山	-0.293	-0.339	-0.505	-0.568	-0.257	-0.122	-0.347
83	张家口	-0.319	-0.413	0.110	-0.589	-0.640	-0.236	-0.348
84	河源	-0.317	-0.404	0.084	-0.603	-0.415	-0.452	-0.351
85	江门	-0.362	-0.360	-0.252	-0.359	-0.276	-0.532	-0.357
86	银川	-0.350	-0.361	-0.229	-0.508	-0.556	-0.155	-0.360
87	张掖	-0.366	-0.397	-0.464	-0.487	-0.381	-0.071	-0.361
88	肇庆	-0.404	-0.318	-0.064	-0.510	-0.569	-0.311	-0.363
89	沧州	-0.292	-0.412	-0.459	-0.406	-0.402	-0.208	-0.363
90	湛江	-0.449	-0.433	0.084	-0.656	-0.522	-0.237	-0.369
91	台州	-0.383	-0.009	-0.655	-0.376	-0.425	-0.435	-0.380
92	泸州	-0.386	-0.405	-0.568	-0.453	-0.403	-0.074	-0.382
93	日照	-0.359	-0.386	-0.016	-0.479	-0.617	-0.456	-0.385
94	邢台	-0.427	-0.434	-0.487	-0.465	-0.565	0.043	-0.389
95	漳州	-0.442	-0.384	-0.009	-0.557	-0.786	-0.211	-0.398
96	长治	-0.368	-0.375	0.067	-0.439	-0.765	-0.534	-0.402
97	衡水	-0.420	-0.418	-0.861	-0.402	-0.267	-0.079	-0.408

续表

排名	城市	创孵经济绩效	创孵创新绩效	创孵社会贡献	创孵服务水平	创孵基础条件	创孵运营绩效	总指数
98	宣城	-0.449	-0.410	-0.296	-0.629	-0.600	-0.064	-0.408
99	阳泉	-0.386	-0.391	-0.108	-0.586	-0.805	-0.233	-0.418
100	蚌埠	-0.412	-0.417	-0.064	-0.517	-0.768	-0.338	-0.419
101	大同	-0.441	-0.433	-0.191	-0.586	-0.566	-0.372	-0.431
102	白银	-0.414	-0.384	-0.297	-0.604	-0.797	-0.139	-0.439
103	吉林	-0.393	-0.435	-0.505	-0.562	-0.372	-0.389	-0.443
104	秦皇岛	-0.420	-0.411	-0.010	-0.497	-0.743	-0.631	-0.452
105	茂名	-0.421	-0.443	-0.339	-0.631	-0.373	-0.548	-0.459
106	六安	-0.452	-0.408	-0.333	-0.653	-0.624	-0.292	-0.460
107	湘潭	-0.358	-0.336	-0.207	-0.565	-0.691	-0.652	-0.468
108	三明	-0.443	-0.424	-0.848	-0.636	-0.274	-0.193	-0.470
109	齐齐哈尔	-0.409	-0.429	-0.642	-0.615	-0.699	-0.056	-0.475
110	安庆	-0.428	-0.384	-0.603	-0.603	-0.592	-0.286	-0.483
111	十堰	-0.377	-0.374	-0.647	-0.548	-0.755	-0.236	-0.490
112	淮南	-0.461	-0.429	-1.006	-0.647	-0.311	-0.087	-0.490
113	西宁	-0.384	-0.333	-1.500	-0.368	-0.569	0.192	-0.494
114	宿迁	-0.402	-0.405	-0.690	-0.606	-0.478	-0.399	-0.497
115	汕头	-0.439	-0.425	-0.702	-0.577	-0.536	-0.530	-0.535
116	承德	-0.441	-0.434	-0.833	-0.632	-0.470	-0.406	-0.536
117	黄冈	-0.425	-0.427	-1.275	-0.557	-0.603	-0.247	-0.589

在35个副省级及以上城市中，城市创业孵化指数排名居前10位的城市分别为北京、上海、深圳、杭州、广州、南京、武汉、西安、郑州和重庆（表1-5）。

表 1-5 副省级及以上城市创业孵化指数情况

排名	城市	创孵经济绩效	创孵创新绩效	创孵社会贡献	创孵服务水平	创孵基础条件	创孵运营绩效	总指数
1	北京	6.408	3.708	2.355	4.353	4.337	3.471	4.105
2	上海	2.481	2.495	0.994	3.625	2.824	1.043	2.244
3	深圳	2.169	1.629	1.829	2.474	2.036	2.577	2.119
4	杭州	1.295	2.632	0.912	2.580	1.857	2.808	2.014
5	广州	2.150	2.155	1.108	2.532	2.648	1.304	1.983
6	南京	1.379	3.673	1.003	2.090	2.042	1.187	1.896
7	武汉	1.464	1.688	1.163	2.148	0.786	2.023	1.545
8	西安	0.602	1.058	0.792	1.633	2.133	0.444	1.110
9	郑州	1.828	0.845	1.137	1.082	0.370	0.576	0.973
10	重庆	0.290	0.225	1.851	1.560	0.631	0.340	0.816
11	成都	0.664	0.405	0.460	1.116	0.343	1.291	0.713
12	天津	0.668	0.218	0.868	1.499	0.514	-0.138	0.605
13	厦门	1.292	0.354	0.372	0.363	0.463	0.145	0.498
14	长沙	0.462	0.444	0.738	0.657	0.279	0.139	0.453
15	长春	-0.004	0.312	0.077	0.314	0.578	0.531	0.301
16	济南	0.020	0.024	0.489	0.525	0.388	0.147	0.266
17	宁波	0.396	0.071	0.454	0.360	0.080	0.131	0.249
18	合肥	0.192	0.461	0.257	0.175	-0.019	0.087	0.192
19	青岛	0.158	0.025	0.251	0.680	0.152	-0.231	0.172
20	南昌	-0.020	-0.146	1.276	0.178	-0.077	-0.283	0.155
21	兰州	-0.187	-0.239	0.325	0.279	0.216	0.277	0.112
22	昆明	-0.161	-0.142	0.388	0.226	0.153	-0.093	0.062
23	太原	0.020	-0.162	0.486	0.192	-0.146	-0.166	0.037
24	沈阳	-0.069	-0.307	0.348	0.217	-0.001	-0.049	0.023

续表

排名	城市	创孵经济绩效	创孵创新绩效	创孵社会贡献	创孵服务水平	创孵基础条件	创孵运营绩效	总指数
25	哈尔滨	-0.186	0.035	0.186	-0.030	-0.049	-0.308	-0.059
26	大连	-0.051	-0.174	-0.097	0.103	-0.010	-0.513	-0.123
27	贵阳	-0.292	-0.212	0.414	-0.332	-0.305	-0.180	-0.151
28	呼和浩特	-0.253	-0.383	-0.109	-0.142	-0.101	-0.030	-0.170
29	石家庄	-0.163	-0.027	-0.002	-0.125	-0.323	-0.501	-0.190
30	南宁	-0.327	0.089	-0.041	-0.421	-0.167	-0.415	-0.213
31	福州	-0.236	-0.156	0.021	-0.226	-0.197	-0.531	-0.221
32	乌鲁木齐	-0.260	-0.279	-0.074	-0.176	-0.251	-0.421	-0.244
33	海口	-0.391	-0.346	-0.108	-0.488	-0.442	-0.279	-0.342
34	银川	-0.350	-0.361	-0.229	-0.508	-0.556	-0.155	-0.360
35	西宁	-0.384	-0.333	-1.500	-0.368	-0.569	0.192	-0.494

在82个地级市中，排名居前10位的城市分别为苏州、东莞、无锡、佛山、徐州、常州、潍坊、南通、温州和济宁（表1-6）。

表1-6 地级市创业孵化指数情况

排名	城市	创孵经济绩效	创孵创新绩效	创孵社会贡献	创孵服务水平	创孵基础条件	创孵运营绩效	总指数
1	苏州	1.584	3.967	0.741	1.797	1.584	0.423	1.683
2	东莞	0.623	0.224	0.386	0.302	0.676	0.023	0.372
3	无锡	0.486	0.621	0.172	0.117	0.680	-0.060	0.336
4	佛山	0.218	0.216	-0.262	0.833	0.751	0.183	0.323
5	徐州	-0.054	0.019	0.308	0.046	0.088	0.474	0.147
6	常州	0.089	0.083	-0.034	0.129	0.685	-0.083	0.145

续表

排名	城市	创孵经济绩效	创孵创新绩效	创孵社会贡献	创孵服务水平	创孵基础条件	创孵运营绩效	总指数
7	潍坊	-0.079	-0.236	0.176	-0.027	0.677	0.046	0.093
8	南通	0.000	-0.094	-0.038	-0.236	0.259	0.051	-0.010
9	温州	-0.134	-0.181	0.211	0.035	0.024	-0.060	-0.017
10	济宁	-0.170	0.008	0.038	-0.002	0.207	-0.284	-0.034
11	赣州	-0.287	-0.360	-0.116	-0.437	-0.466	1.460	-0.034
12	洛阳	-0.072	-0.043	0.124	0.078	-0.162	-0.150	-0.037
13	盐城	-0.076	-0.003	-0.125	-0.122	-0.109	0.051	-0.064
14	保定	-0.193	-0.172	0.060	0.046	0.060	-0.194	-0.065
15	烟台	-0.022	-0.219	-0.105	-0.078	0.194	-0.300	-0.088
16	珠海	-0.199	-0.154	-0.259	-0.202	-0.077	0.255	-0.106
17	湖州	-0.204	-0.149	-0.228	-0.211	0.178	-0.128	-0.124
18	绍兴	-0.299	-0.273	0.213	-0.184	-0.032	-0.204	-0.130
19	淄博	-0.327	-0.354	0.036	-0.335	0.219	-0.019	-0.130
20	中山	-0.141	-0.105	-0.194	-0.191	0.168	-0.384	-0.141
21	绵阳	-0.088	-0.195	0.208	-0.370	-0.418	0.013	-0.142
22	廊坊	-0.204	-0.279	-0.131	-0.302	0.243	-0.383	-0.176
23	扬州	-0.206	-0.254	0.061	-0.313	-0.059	-0.305	-0.179
24	镇江	-0.135	-0.026	-0.064	-0.307	-0.220	-0.327	-0.180
25	临沂	-0.171	-0.238	-0.011	-0.228	0.021	-0.505	-0.189
26	包头	-0.371	-0.348	-0.005	-0.450	-0.258	0.264	-0.195
27	泰州	-0.072	-0.307	-0.207	-0.378	-0.081	-0.269	-0.219
28	芜湖	-0.308	-0.161	0.052	-0.460	-0.151	-0.317	-0.224

续表

排名	城市	创孵经济绩效	创孵创新绩效	创孵社会贡献	创孵服务水平	创孵基础条件	创孵运营绩效	总指数
29	渭南	-0.417	-0.398	0.098	-0.499	-0.315	0.145	-0.231
30	威海	-0.199	-0.253	-0.958	-0.136	0.557	-0.441	-0.238
31	泉州	-0.351	-0.290	0.160	-0.352	-0.412	-0.222	-0.244
32	宜昌	-0.267	-0.334	-0.031	-0.388	-0.310	-0.260	-0.265
33	东营	-0.185	-0.377	-0.098	-0.312	-0.543	-0.276	-0.298
34	嘉兴	-0.047	-0.129	-1.197	-0.226	-0.030	-0.165	-0.299
35	唐山	-0.230	-0.362	-0.222	-0.283	-0.438	-0.263	-0.300
36	滁州	-0.436	-0.399	0.497	-0.561	-0.792	-0.150	-0.307
37	酒泉	-0.441	-0.431	0.396	-0.633	-0.474	-0.281	-0.311
38	梅州	-0.433	-0.412	-0.037	-0.610	-0.231	-0.172	-0.316
39	金华	-0.245	-0.316	-0.732	-0.340	0.092	-0.375	-0.319
40	柳州	-0.348	-0.340	-0.214	-0.352	-0.478	-0.187	-0.320
41	泰安	-0.330	-0.377	-0.313	-0.482	-0.383	-0.038	-0.321
42	邯郸	-0.345	-0.397	-0.521	-0.228	-0.363	-0.121	-0.329
43	惠州	-0.274	-0.267	-0.506	-0.433	0.141	-0.661	-0.333
44	菏泽	-0.350	-0.413	-0.479	-0.491	-0.489	0.215	-0.335
45	鄂尔多斯	-0.401	-0.407	-0.070	-0.438	-0.716	0.000	-0.339
46	德州	-0.267	-0.386	-1.086	-0.325	-0.019	0.050	-0.339
47	株洲	-0.345	-0.345	0.110	-0.496	-0.411	-0.555	-0.340
48	连云港	-0.328	-0.350	-0.611	-0.510	-0.343	0.078	-0.344
49	马鞍山	-0.293	-0.339	-0.505	-0.568	-0.257	-0.122	-0.347
50	张家口	-0.319	-0.413	0.110	-0.589	-0.640	-0.236	-0.348
51	河源	-0.317	-0.404	0.084	-0.603	-0.415	-0.452	-0.351
52	江门	-0.362	-0.360	-0.252	-0.359	-0.276	-0.532	-0.357

续表

排名	城市	创孵经济绩效	创孵创新绩效	创孵社会贡献	创孵服务水平	创孵基础条件	创孵运营绩效	总指数
53	张掖	-0.366	-0.397	-0.464	-0.487	-0.381	-0.071	-0.361
54	肇庆	-0.404	-0.318	-0.064	-0.510	-0.569	-0.311	-0.363
55	沧州	-0.292	-0.412	-0.459	-0.406	-0.402	-0.208	-0.363
56	湛江	-0.449	-0.433	0.084	-0.656	-0.522	-0.237	-0.369
57	台州	-0.383	-0.009	-0.655	-0.376	-0.425	-0.435	-0.380
58	泸州	-0.386	-0.405	-0.568	-0.453	-0.403	-0.074	-0.382
59	日照	-0.359	-0.386	-0.016	-0.479	-0.617	-0.456	-0.385
60	邢台	-0.427	-0.434	-0.487	-0.465	-0.565	0.043	-0.389
61	漳州	-0.442	-0.384	-0.009	-0.557	-0.786	-0.211	-0.398
62	长治	-0.368	-0.375	0.067	-0.439	-0.765	-0.534	-0.402
63	衡水	-0.420	-0.418	-0.861	-0.402	-0.267	-0.079	-0.408
64	宣城	-0.449	-0.410	-0.296	-0.629	-0.600	-0.064	-0.408
65	阳泉	-0.386	-0.391	-0.108	-0.586	-0.805	-0.233	-0.418
66	蚌埠	-0.412	-0.417	-0.064	-0.517	-0.768	-0.338	-0.419
67	大同	-0.441	-0.433	-0.191	-0.586	-0.566	-0.372	-0.431
68	白银	-0.414	-0.384	-0.297	-0.604	-0.797	-0.139	-0.439
69	吉林	-0.393	-0.435	-0.505	-0.562	-0.372	-0.389	-0.443
70	秦皇岛	-0.420	-0.411	-0.010	-0.497	-0.743	-0.631	-0.452
71	茂名	-0.421	-0.443	-0.339	-0.631	-0.373	-0.548	-0.459
72	六安	-0.452	-0.408	-0.333	-0.653	-0.624	-0.292	-0.460
73	湘潭	-0.358	-0.336	-0.207	-0.565	-0.691	-0.652	-0.468
74	三明	-0.443	-0.424	-0.848	-0.636	-0.274	-0.193	-0.470
75	齐齐哈尔	-0.409	-0.429	-0.642	-0.615	-0.699	-0.056	-0.475
76	安庆	-0.428	-0.384	-0.603	-0.603	-0.592	-0.286	-0.483

续表

排名	城市	创孵经济绩效	创孵创新绩效	创孵社会贡献	创孵服务水平	创孵基础条件	创孵运营绩效	总指数
77	十堰	-0.377	-0.374	-0.647	-0.548	-0.755	-0.236	-0.490
78	淮南	-0.461	-0.429	-1.006	-0.647	-0.311	-0.087	-0.490
79	宿迁	-0.402	-0.405	-0.690	-0.606	-0.478	-0.399	-0.497
80	汕头	-0.439	-0.425	-0.702	-0.577	-0.536	-0.530	-0.535
81	承德	-0.441	-0.434	-0.833	-0.632	-0.470	-0.406	-0.536
82	黄冈	-0.425	-0.427	-1.275	-0.557	-0.603	-0.247	-0.589

（二）城市群创业孵化指数测算结果

为了分析我国城市群创业孵化事业的发展情况，选取13个城市群共计185个城市，依据中国城市创业孵化指数指标体系，依据城市群内部城市各三级指标数值，测算出每个城市群的创业孵化总指数及各一级指标指数（表1-7）。

表1-7　城市群关键指标

编号	城市群	孵化机构总数/个	在孵企业总数/个	在孵企业总收入/亿元	当年上市挂牌企业数/个	拥有有效知识产权数/件
1	京津冀城市群	1088	45151	1010	226	109801
2	长三角城市群	2601	88322	2195	251	191218
3	粤港澳大湾区城市群	1551	42700	1244	150	102043
4	中原城市群	372	11230	162	59	10983
5	关中平原城市群	256	9086	149	13	15748
6	成渝地区城市群	563	17880	328	130	31661
7	长江中游城市群	784	33866	515	163	52477

续表

编号	城市群	孵化机构总数/个	在孵企业总数/个	在孵企业总收入/亿元	当年上市挂牌企业数/个	拥有有效知识产权数/件
8	北部湾城市群	155	4371	57	14	5375
9	哈长城市群	374	10110	177	13	12542
10	兰西城市群	332	7536	71	4	6335
11	天山北坡城市群	97	3741	35	4	3007
12	滇中城市群	114	3730	43	2	6412
13	呼包鄂榆城市群	143	3935	63	20	3891

在全国13个城市群中，共有创业孵化机构8430家，占全国创孵机构数量的71.4%，是我国创孵机构的高度集中地和地理集聚区。2018年13个城市群共有在孵企业28万余家，占全国在孵企业总数量的77.8%；在孵企业总收入6049亿元，当年上市挂牌企业数量1049家，拥有有效知识产权数55万余件。

城市群创孵总指数由高到低分别为长三角、粤港澳大湾区、京津冀、长江中游、成渝地区、关中平原、中原、哈长、呼包鄂榆、兰西、滇中、北部湾和天山北坡。其中，长三角城市群创孵总指数达2.174，排名第一，远高于粤港澳大湾区、京津冀等城市群；天山北坡城市群的创孵总指数数值最低，为-0.638（表1-8、图1-1）。城市群创孵总指数的极差为2.812，标准差为0.793。

表1-8 城市群创孵总指数

城市群	总指数	排名	创孵经济绩效	创孵创新绩效	创孵社会贡献	创孵服务水平	创孵基础条件	创孵运营绩效
长三角城市群	2.174	1	2.204	2.969	1.016	2.620	2.308	1.928
粤港澳大湾区城市群	0.636	2	0.824	0.556	0.065	0.871	0.796	0.702
京津冀城市群	0.611	3	1.420	0.375	0.192	0.778	0.728	0.172
长江中游城市群	0.410	4	0.320	0.220	0.856	0.425	0.115	0.524

续表

城市群	总指数	排名	创孵经济绩效	创孵创新绩效	创孵社会贡献	创孵服务水平	创孵基础条件	创孵运营绩效
成渝地区城市群	-0.096	5	-0.159	-0.271	0.217	0.000	-0.356	-0.010
关中平原城市群	-0.188	6	-0.465	-0.320	0.206	-0.397	0.228	-0.380
中原城市群	-0.425	7	-0.416	-0.481	-0.319	-0.396	-0.607	-0.335
哈长城市群	-0.457	8	-0.528	-0.377	-0.696	-0.500	-0.360	-0.282
呼包鄂榆城市群	-0.468	9	-0.640	-0.568	-0.213	-0.694	-0.420	-0.275
兰西城市群	-0.482	10	-0.589	-0.522	-0.572	-0.514	-0.580	-0.118
滇中城市群	-0.519	11	-0.660	-0.545	0.081	-0.701	-0.728	-0.559
北部湾城市群	-0.556	12	-0.635	-0.466	-0.344	-0.743	-0.503	-0.645
天山北坡城市群	-0.638	13	-0.675	-0.571	-0.490	-0.749	-0.621	-0.722

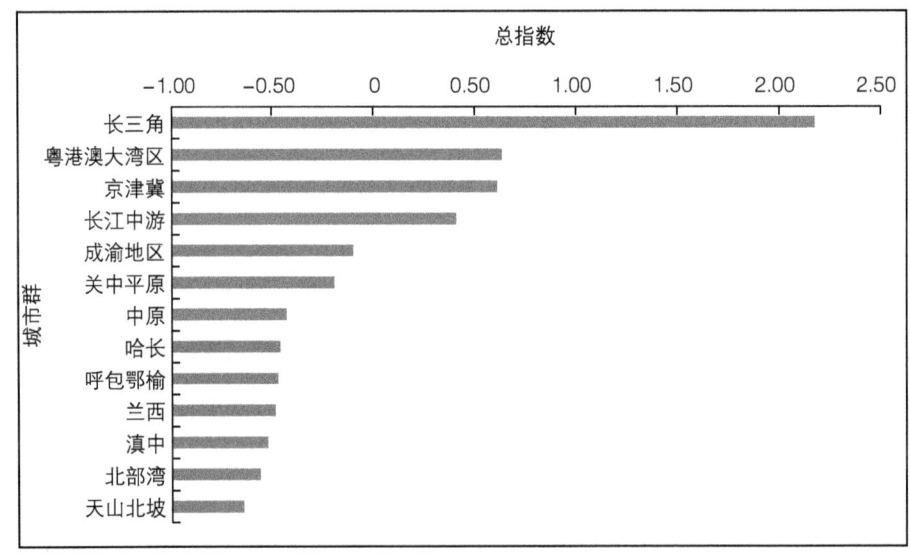

图1-1 城市群创孵总指数

在13个城市群中，高于全国平均水平的城市群仅有4个，分别为长三角、粤港澳大湾区、京津冀和长江中游城市群。可见，我国城市群的创业孵化发展整体呈现非均衡发展特征，城市群的创孵水平差异较大。

从图1-2中可以看出，长三角在6个一级指标方面均具有显著优势；京津冀城市群在创孵经济绩效方面表现突出；长江中游城市群在创孵社会贡献方面表现突出。

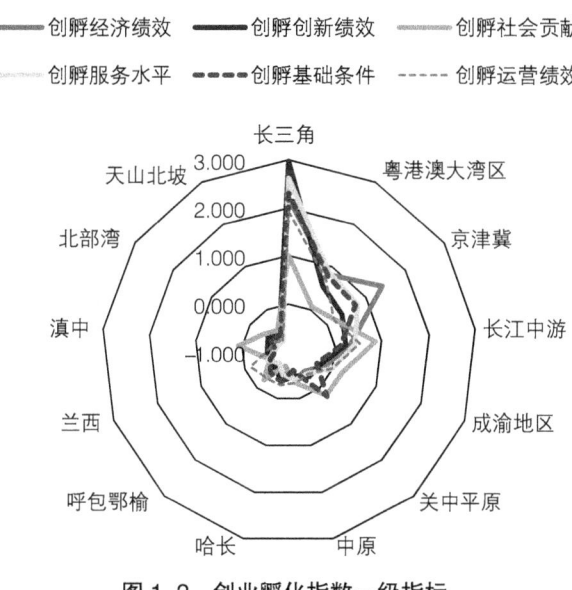

图1-2 创业孵化指数一级指标

七、研究发现

（一）城市创业孵化指数呈现"中部坍塌"特征

将117个城市按照东中西和东北区域划分标准，测算不同区域的城市创业孵化指数。东部地区共有城市67个，占比57.3%，区域创业孵化指数为0.083，远高于其他地区，是我国创孵发展水平最高的区域。西部地区共有城市20个，占比17.1%，区域创业孵化指数为-0.077，仅次于东部地区。东北部地区共有城市6个，占比5.1%，区域创业孵化指数为-0.129。中部地区共有城市24个，占比20.5%，区域创业孵化指数为-0.136，是四大区域中指数最小的区域（图1-3）。

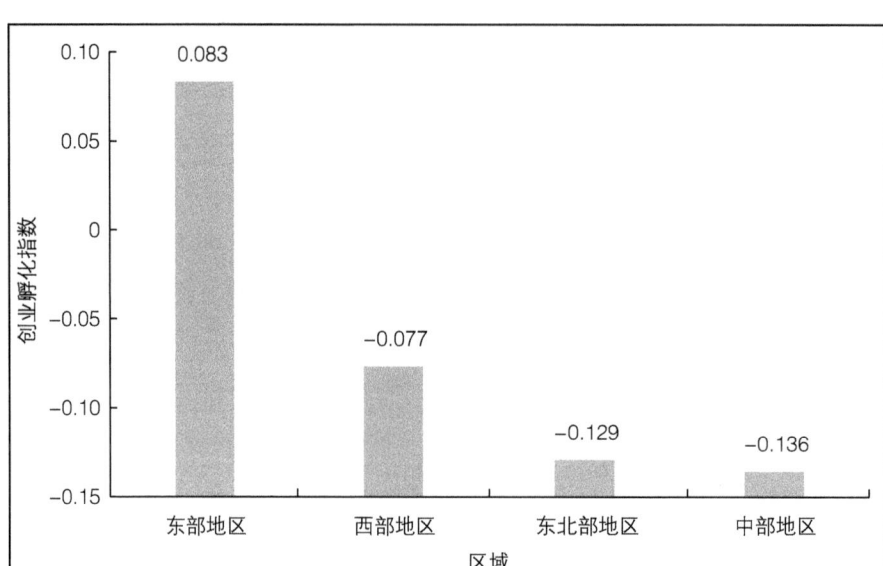

图 1-3 不同区域的城市创业孵化指数

在创业孵化指数排名居前 50 位的城市中，东部城市共有 30 个，中部、西部各有 8 个，东北部共有 4 个。从占比来看，东北部地区中 66.7% 的城市均位于排名居前 50 位的城市中；其次是西部和东部地区，分别有 40% 和 44.8% 的城市位于排名居前 50 位的城市中；中部地区仅有 33.3% 的城市位于排名居前 50 位的城市中（表 1-9）。

表 1-9 创业孵化指数排名居前 50 位的城市区域分布情况

区域	城市数量/个	居前 50 位的城市数量/个	居前 50 位的城市数量占比
东部	67	30	44.8%
中部	24	8	33.3%
西部	20	8	40.0%
东北部	6	4	66.7%

在创业孵化指数排名居前 10 位的城市中，东部地区有 8 个，西部地区有 2 个，中部地区仅有 1 个，东北部地区暂无。可以看出，在四大区域中，东部地区是创孵行业发展强劲的区域，而中部地区的区域创业孵化指数最低，我国的创孵发展呈现"中部坍塌"的特征。与此同时，中部地区高创孵水平的城市也不多，仅有 33.3% 的城市位居创业孵化指数前 50 个城市中。

（二）不同行政级别城市间创业孵化指数存在明显差异

将 117 个城市分为直辖市、副省级城市、省会城市和一般地级市。其中，直辖市共 4 个，副省级城市 15 个，省会城市 15 个，一般地级市 83 个。

从结果可以看出，城市创业孵化指数呈现直辖市＞副省级城市＞省会城市＞一般地级市的整体特征。其中，直辖市的创业孵化指数最高，达 1.942，远高于其他行政级别的城市；副省级城市次之，创业孵化指数为 0.847；省会城市再次之，创业孵化指数为 0.006；一般地级市的创业孵化指数最低，为 -0.248（图 1-4）。

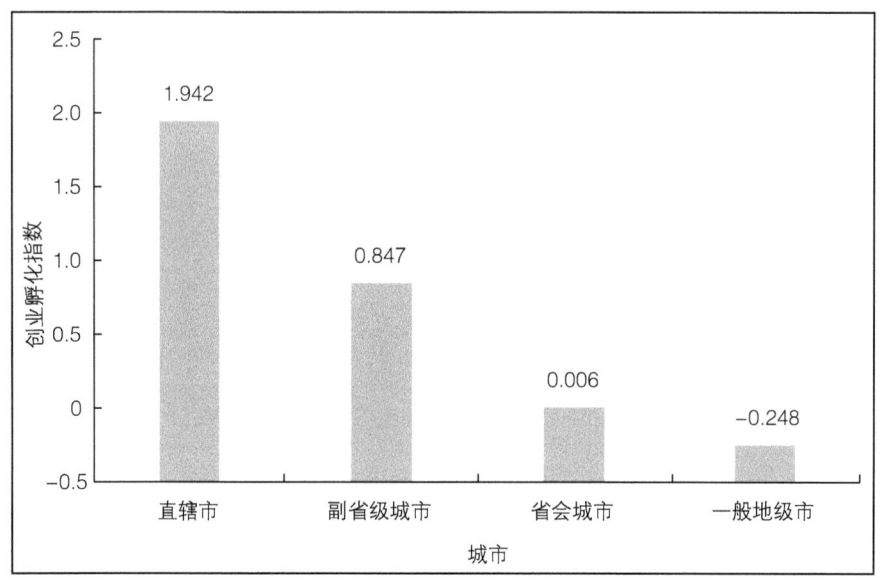

图 1-4　不同行政级别的城市创业孵化指数

可见，城市的创业孵化指数与其行政级别有很大关系。行政级别越高的城市往往创新创业资源更加集聚，资源的流动更加密切，更容易营造创孵发展的社会环境。

（三）城市创业孵化水平与经济发展水平显著正相关

将城市创业孵化指数和 2018 年各城市 GDP 进行相关分析，可以发现城市的创业孵化指数与其 GDP 总量之间存在正相关关系，相关系数高达 0.897。

处于第一象限的城市有北京、上海、广州、深圳等 26 个城市，占比 22.2%。这些城市的创业孵化指数和 GDP 均处于全国较高水平。处于第二象限的城市是 GDP 高但创孵水平不高的城市，包含烟台、南通、大连、福州、唐山、扬州、石家庄、哈尔滨、盐城、温州 10 个城市，占比 8.5%。处于第三象限的城市是创业孵化指数高但 GDP 整体不高的城市，包含厦门、昆明、兰州、南昌、太原 5 个城市，占比 4.3%。处于第四象限的城市是创业孵化指数和 GDP 均较低的城市，包含秦皇岛、邯郸等在内的 76 个城市，占比 65.0%（图 1-5）。

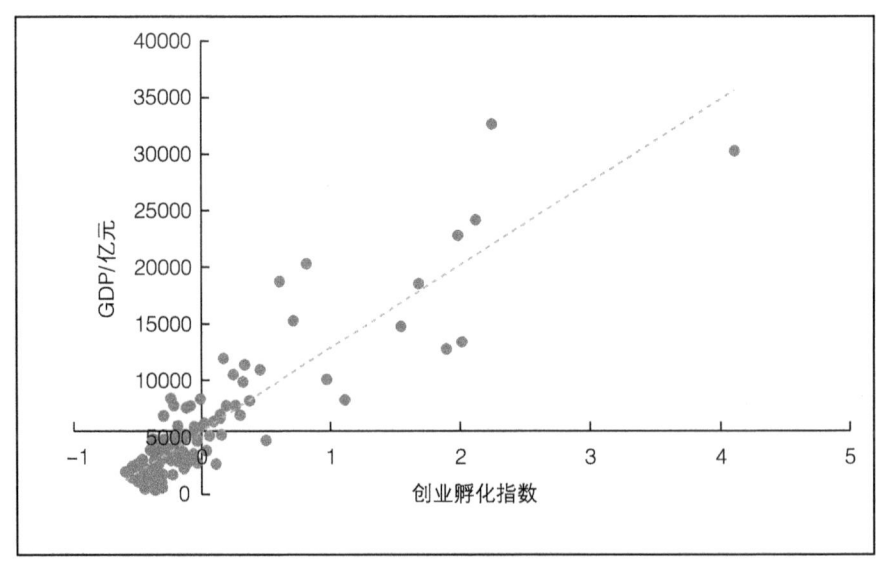

图 1-5　创业孵化指数和 GDP

按照世界银行定义的低中高收入划分标准，将所有城市按照人均 GDP 划分为高收入、中高收入和中低收入城市。可以看出，无论是创孵总指数还是分项指数，均是高收入城市＞中高收入城市＞中低收入城市。即经济发展水平越高，城市创业孵化指数越大（图1-6）。

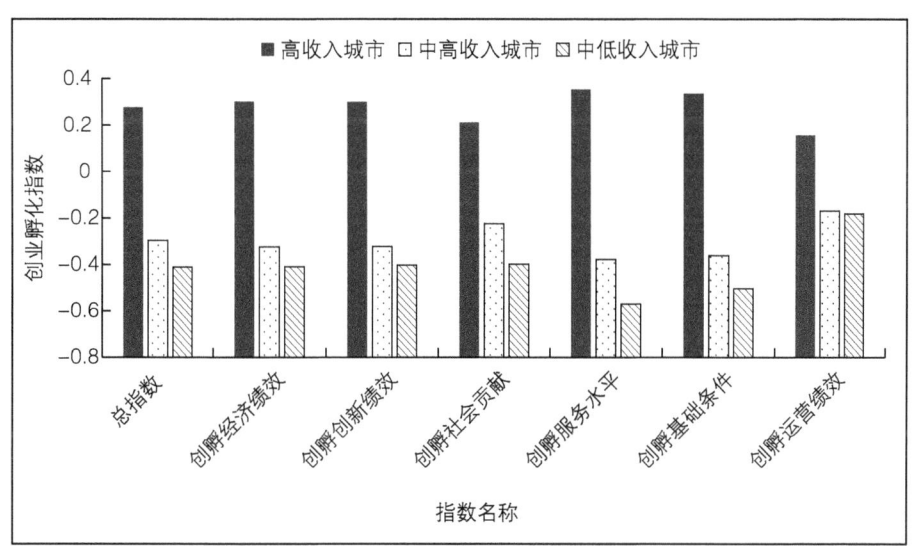

图 1-6 分收入组别的创业孵化指数

（四）城市创新创业协同发展特征明显

将"城市创业孵化指数"与首都科技发展战略研究院研发的"中国城市科技创新发展指数"做四象限分析，其中横轴为城市创业孵化指数的排名情况，纵轴为城市科技创新指数的城市排名情况，横纵轴均将第 59 位（中位数）作为基准。结果发现，八成城市的创孵能力和科技创新水平呈现同高或同低的一致性（图 1-7）。

在第一象限中，是城市创业孵化指数和中国城市科技创新指数均低于中位数的城市，这些城市的创业孵化指数和科技创新指数排名均在第 59 位及以后，城市数量共计 47 个，占比 40.2%。

在第二象限中，是城市科技创新指数排名在第 59 位以内，而城市创业孵化指数在第59位以外的城市，代表城市为鄂尔多斯、东营、威海、嘉兴等，城市数量共计12个，占比10.2%。

在第三象限中，是城市创业孵化指数和中国城市科技创新指数排名均在第59位以内的城市，代表城市为北京、广州、深圳、上海等，城市数量共计47个，占比40.2%。

在第四象限中，是城市创业孵化指数在第59位以内，而城市科技创新指数在第59位以外的城市，代表城市为保定、赣州、济宁、兰州等，城市数量共计11个，占比9.4%。

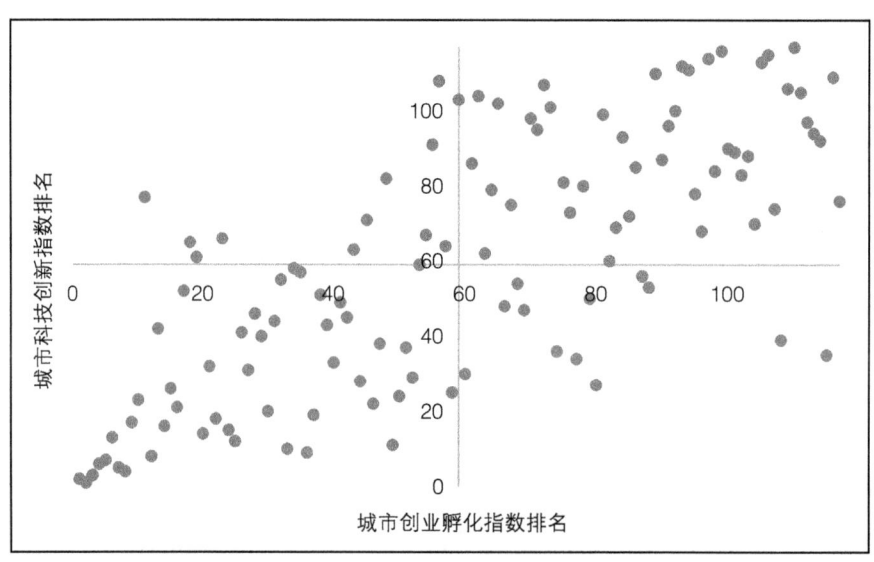

图 1-7　城市创业孵化指数排名和科技创新指数排名

（五）直辖市创孵发展水平差异比较明显

北京、上海、重庆、天津作为我国四大直辖市，相较于其他城市，其创业孵化指数表现也比较亮眼，分别位于全国第1、第2、第11和第13位。但是，4个直辖市的创孵发展水平的差异也比较明显，北京和上海的整体水平遥遥领先于重庆和天津。在6个分项指标上，北京和上海均排名全国前10位，并且在创孵经济绩效、创孵服务水平和创孵基础条件上，北京和上海列第 1 位和第 2 位。与此同时，重庆的 6 个分项指标排名，仅有创孵社会贡献列全国第 2 位，其他 5 个指标均列全国第 15～20 位；而天津的 6 个分项指标排名均未进入全国前 10 位，并且其创孵运营绩效的排名仅为全国第 54 位（表 1-10）。

表 1-10 直辖市创业孵化指数排名情况

城市	总指数	创孵经济绩效	创孵创新绩效	创孵社会贡献	创孵服务水平	创孵基础条件	创孵运营绩效
北京	1	1	2	1	1	1	1
上海	2	2	5	9	2	2	9
重庆	11	18	17	2	10	15	15
天津	13	11	19	11	11	18	54

从一些具体指标可以发现，4 个直辖市确实存在明显的差异。例如，在孵企业总数，北京和上海分别为 2.6 万家和 1.4 万家，而重庆和天津均未超过 1 万；在孵企业总收入方面的差距也很明显，北京是上海的 2.3 倍，而重庆和天津仅为 51.6 亿元和 79.6 亿元；关于当年拥有的有效知识产权数，北京遥遥领先，重庆和天津的总和（2.3 万项）也不及上海（3.0 万项）；孵化机构总收入方面，4 个直辖市的差异也比较明显（表 1-11）。

表 1-11 直辖市创业孵化具体指标情况

城市	在孵企业总数/家	排名	在孵企业总收入/亿元	排名	当年拥有的有效知识产权数/项	排名	孵化机构总收入/亿元	排名
北京	26452	1	746.2	2	86112	1	67.5	1
上海	14528	3	316.9	6	30400	5	27.4	5
重庆	7336	10	51.6	35	13034	14	7.0	18
天津	8301	9	79.6	18	10993	16	5.9	24

（六）副省级城市创业孵化指数排名都比较靠前

副省级城市是我国行政管理上具有特殊地位，拥有较大规模的人口和经济总量，部分是省会城市，部分是沿海或内地相对发达的城市。我国共有15个副省级城市，主要分布在东部地区。副省级城市在发展政策上拥有一定的优势和便利条件，一般经济发展水平更高、创新创业要素更加集聚，创新创业整体发展水平也相对较高。

数据显示，15个副省级城市的创业孵化指数排名均位居全国前40%。东部地区的副省级城市创业孵化指数排名比较靠前，8个城市中有4个居全国前10位，其余城市也在全国前25位。中部和西部地区只有武汉、西安和成都3个副省级城市，3个城市均是各自区域的中心城市，具有很强的资源集聚能力，对周边地区也具有较大的辐射能力，在经济总量、人口规模上也具有明显优势，所以这3个城市的创业孵化指数排名也相对较高，分别位于全国第8、第9和第12位。东北部地区共有4个副省级城市，除长春之外，其他3个城市的创业孵化指数排名在15个副省级城市中处于末尾，但是在全国排名上仍然相对较高（表1-12）。

表1-12 副省级城市创业孵化指数排名情况

区域	城市	创孵经济绩效	创孵创新绩效	创孵社会贡献	创孵服务水平	创孵基础条件	创孵运营绩效	总指数排名
东部地区（8）	深圳	3	8	3	5	6	3	3
	杭州	9	4	10	3	7	2	4
	广州	4	6	7	4	3	6	5
	南京	8	3	8	7	5	8	6
	厦门	10	15	24	18	19	24	14
	济南	23	26	16	17	20	22	20
	宁波	17	23	19	19	37	26	21
	青岛	21	25	29	15	33	70	23

续表

区域	城市	创孵经济绩效	创孵创新绩效	创孵社会贡献	创孵服务水平	创孵基础条件	创孵运营绩效	总指数排名
西部地区（2）	西安	14	9	12	9	4	13	9
	成都	12	14	18	12	22	7	12
中部地区（1）	武汉	7	7	5	6	9	4	8
东北部地区（4）	长春	26	16	43	20	16	11	19
	沈阳	32	60	25	24	41	40	31
	哈尔滨	46	24	33	37	47	88	37
	大连	30	45	67	30	42	108	42

（七）北京引领全国城市创业孵化事业发展

北京作为首都，对于全国"双创"事业的发展具有重要引领效应。同时，创业孵化行业也成为北京建设具有全球影响力的科技创新中心的重要抓手。在培养经济发展新动能、转方式、调结构和社会协调发展方面发挥越来越重要的作用。研究发现，在经济绩效、创新绩效、社会贡献、服务水平、基础条件、运营绩效6项创业孵化指数分项指标排名中，北京有5项列全国第1位，仅有创新绩效指数略低于苏州，排名居全国第2位（表1-13）。

表1-13 分项指数排名居前10位的城市

排名	创孵经济绩效 TOP 10	创孵创新绩效 TOP 10	创孵社会贡献 TOP 10	创孵服务水平 TOP 10	创孵基础条件 TOP 10	创孵运营绩效 TOP 10
1	北京	苏州	北京	北京	北京	北京
2	上海	北京	重庆	上海	上海	杭州
3	深圳	南京	深圳	杭州	广州	深圳
4	广州	杭州	南昌	广州	西安	武汉

续表

排名	创孵经济绩效 TOP 10	创孵创新绩效 TOP 10	创孵社会贡献 TOP 10	创孵服务水平 TOP 10	创孵基础条件 TOP 10	创孵运营绩效 TOP 10
5	郑州	上海	武汉	深圳	南京	赣州
6	苏州	广州	郑州	武汉	深圳	广州
7	武汉	武汉	广州	南京	杭州	成都
8	南京	深圳	南京	苏州	苏州	南京
9	杭州	西安	上海	西安	武汉	上海
10	厦门	郑州	杭州	重庆	佛山	郑州

数据表明，2018年，北京共有创业孵化机构299家；在孵企业数量超过26000家，排名居全国第1位；当年毕业企业1600余家，排名居全国第1位；在孵企业拥有有效知识产权数达8.6万余件，排名居全国第1位，是全国平均水平的16倍；吸纳就业超过32万人，排名居全国第1位；举办创新创业活动超过6000场，排名居全国第1位，是全国平均水平的6倍。可见，北京多项创业孵化指标排名居全国第1位，引领全国创业孵化事业快速发展。

（八）长三角城市群创业孵化整体水平突出

城市群创业孵化指数测算数据显示，长三角城市群创业孵化指数高达2.174，居13个城市群首位，并且远高于排名第二的粤港澳大湾区城市群（0.636）和排名第三的京津冀城市群（0.611）。同时，在长三角城市群创业孵化指数6项一级指标得分均排名全国第一。

分析长三角城市群内部城市的具体情况发现，该城市群共有23个城市参与测算，排名最高的是上海，居全国第2位。其中，排名居全国前10位的共有4个城市，分别是上海、杭州、南京、苏州；23个城市中共有15个城市排名全国前50%，占比达65.2%；排名全国前75%的共有20个城市；仅有台州、宣城、安庆排名全国后25%。因此，长三角城市群创业孵化指数整体得分很高（表1-14）。

表 1-14 长三角城市群各城市创业孵化指数情况

城市	创孵总指数	城市群内排名	总排名	城市	创孵总指数	城市群内排名	总排名
上海	2.244	1	2	扬州	-0.179	13	51
杭州	2.014	2	4	镇江	-0.18	14	52
南京	1.896	3	6	泰州	-0.219	15	57
苏州	1.683	4	7	芜湖	-0.224	16	59
无锡	0.336	5	17	嘉兴	-0.299	17	66
宁波	0.249	6	21	滁州	-0.307	18	68
合肥	0.192	7	22	金华	-0.319	19	71
常州	0.145	8	26	马鞍山	-0.347	20	82
南通	-0.01	9	32	台州	-0.38	21	91
盐城	-0.064	10	38	宣城	-0.408	22	98
湖州	-0.124	11	43	安庆	-0.483	23	110
绍兴	-0.13	12	44				

长三角地区是我国经济最具活力、开放程度最高、创新能力最强的区域之一，是"一带一路"和长江经济带的重要交汇点。从具体数据看，2018年，长三角共有众创空间和孵化器 2601 家，占全国总数的 22.0%，是我国创业孵化机构最集中的区域。目前，长三角城市群的创新创业已经初步形成阶梯发展、联动发展的基本格局：既有创孵发展水平很强的城市，如上海、杭州、南京；也有具备一定创孵基础的发展中城市，如无锡、常州、宁波、合肥等；还有创孵发展水平一般，但发展潜力较大的城市。随着长三角区域一体化发展上升为国家战略，新经济的发展浪潮必将为该地区创业者带来更多的机遇。

八、提升中国城市创业发展水平的建议

城市是国家创新创业活动的主体区域，是集聚创新创业动能的重要载体。当前，在创新创业与经济社会发展深度融合，经济转型升级和培育经济增长新

动力的关键时刻，明晰城市创业孵化发展思路，全面提升城市创业发展水平，对于打造"双创"升级版，推动创新创业高质量发展具有重要意义。本书结合中国城市创业孵化指数评价结果，就提升中国城市创业发展水平提出相关建议。

（一）面向"十四五"，加强顶层设计，构建富有活力的创新创业生态

创新创业关系国计民生，是涉及面广、要求高、难度大的系统工程。目前，虽然创新创业已提升至国家战略高度，但在顶层设计层面尚未建设到位，体制机制也存在诸多障碍，导致各类创新创业资源统筹规划不足，政府、科研院所、高等院校、企业和投资方之间缺乏一以贯之的沟通路径，不同区域和上下级行政机构也会在开展创新创业工作时仍存在"各自为营"的情况。

"十四五"时期是我国"两个一百年"奋斗目标的历史交汇期，也是全面开启社会主义现代化强国建设新征程的重要机遇期。面向"十四五"，我国创新创业事业必须加强顶层设计，构建富有活力的创新创业生态。具体而言，在全面推进供给侧结构性改革中，应通过顶层设计合理安排有利于创新创业的各项制度，合理定位政府的角色，简政放权，加强立法和组织保障，对现有政策措施进一步规范化、法制化，进一步对加强创新创业金融支持、完善创业服务，加强创业教育、加强创业者社会保障和知识产权保护等，形成制度体系，依法促进经济社会发展和创业就业增长的良性互动，进一步强化科技同经济对接、创新创业成果同产业对接、创新创业项目同现实生产力对接，构建富有活力的创新创业生态。

（二）厚植创新创业文化，激发创新创业热情

城市创业发展水平是长期实践积累形成的，不是某个阶段的能力，而是长期所积淀的创新创业文化和创新创业价值的集中体现。在全社会营造创新创业文化，是形成创新创业活动，提升城市创业能力的内核。作为全球最具创业活力的地区——硅谷就十分重视营造创新创业文化。硅谷的包容、流动、亲和、

情怀为全球熟知，而这是硅谷被誉为创业者天堂的原因。

我国城市的创新创业发展需要强化市民的创新创业意识，在全社会弘扬敢于冒险、勇于竞争、渴望成功、宽容失败的创新创业文化，营造尊重创新创业、激励创新创业热情的宽松环境，提倡积极向上的创新创业思想教育，鼓励创新创业精神，让创新创业文化向着更广阔的领域渗透，潜移默化地改变城市创新创业氛围。

（三）筑巢引凤，构建多元创新创业人才体系

人才是国家创新创业活力之所在，是未来发展希望之所在，纵观全球创新创业知名城市，如伦敦、东京、纽约、旧金山等，无一不是依托着强大的人力资源而发展起来的。因此，要引进与开发并重，积极营造优质的人才环境，完善机制体制，加速人才培养，做到筑巢引凤，形成多元创新创业人才体系。

在人才引进方面，要围绕城市科技、产业发展的主体方向，重点引进一批具有国际影响力的技术专业人才与领军人物、科技创业团队、科技企业管理人才。在人才培育方面，要构建创新型人才培养模式，通过积极推动政府机构、科技企业与高等院校、社会知名专业机构、人才实训基地等合作，加强专业技能性人才培训，形成多元人才支撑；将"请进来"和"走出去"相结合，加大教育、科技和其他各类人才工程项目的支持力度，促进更多优秀人才脱颖而出，帮助人才健康成长。在人才评价方面，需要摒弃陈旧观念，不唯身份、年龄、学历、职称，建立与时俱进的人才评价体系，将人才评价作为"风向标"和"指挥棒"，使其成为激发人才创新、创造活力的关键环节。在多元支撑方面，要从政策扶持、资金筹措、平台搭建、环境打造等多个方面，为创新创业人才提供有力保障、创造良好条件，加快建设创新创业人才友好城市，营造包容的文化环境，促进多元文化融合，努力解决好人才的"后顾之忧"。

（四）坚持走差异化发展道路，打造城市创业发展特色

我国区域经济长期非均衡发展使得东、中、西部城市发展存在较大的区域

差异，城市的功能定位也明显不同。大城市创新创业基础较好，但面临的制度性障碍、传统发展模式的束缚也大；中心城市的创新创业灵活度高，但却面临资源禀赋不足等问题。因此，各个城市需根据当地政策环境、人才资源、产业发展基础、区位交通因素、科技创新能力等实际情况和本地特色，打造自身的特色发展之路。

具体而言，对于创业孵化能力较强的城市，应不断创新创孵机构的发展模式和盈利模式，借鉴国际经验走出一条适合我国国情和区域发展现状的创孵发展道路，为其他城市提供经验借鉴和示范；对于创业孵化能力一般的城市，应该稳中求胜，以现有成熟的、成功的发展经验为蓝本，先保证生存，再谋求发展；对于创业孵化能力较差的城市，应该大力支持创孵机构载体发展，利用当地优势资源支持中小微企业发展。同时，不同城市之间应该加强合作交流和产业分工，按照城市的不同属性和发展重心，合理布局创业孵化产业链，促进整体创孵能力的提高。

（五）构建区域联通合作网络，提高创业资源配置效率

从中国城市创业孵化指数测算结果来看，各城市间创业水平差异很大，117个城市中，仅31个城市的创业孵化指数高于全国平均水平，城市创业孵化指数排名居前10位的城市集聚了全国26%的创业孵化机构、33.8%的在孵企业。可见，我国城市创业发展水平极不均衡，城市间的合作亟待加强。

为推动城市创业水平的协调发展，需要加强区域内和区域间城市的交流与合作，建立智慧共享网络，利用共享云、大数据等新兴技术实现不同城市之间的资源、技术、项目、资金共享，加强城市之间创业孵化机构的联系度，强化中心城市对周边地区的辐射带动作用，加强资源、项目、团队、服务机构的双向交流，努力形成区域内部协同、区域间协调的发展格局，推动我国创业事业走向"合而不同"的发展新阶段。例如，对于已经具有一定品牌和规模的创业孵化机构，可以在全国范围内积极设立分支机构或合作机构，布局企业的全国乃至全球发展格局，共享创业项目、创业资金、服务导师等创新创业创造资

源，从而优化资源的配置效率，让创业项目和投资资本之间能够更好地匹配，提高企业的存活率和创业项目的成功率。

（六）聚焦产业孵化，促进创新创业平台升级

30多年来，中国的创业孵化事业从无到有，不断壮大，已形成主体多元、类型多样、业态丰富的发展格局。但一些创业孵化机构的服务能力不强、绩效不高，孵化机构之间的交流合作较少，创业孵化资源的开放、共享通道还不顺畅。为提升城市创业能力，迫切需要获取创业孵化机构加强沟通交流合作，共享资源、共同孵化、共同投资，提升各自的创业孵化能力与绩效。

产业孵化是创业孵化的发展方向，它让更多的创业孵化机构聚焦某一个产业，更多创业孵化业务给创业者提供一个完善生态链，降低新创企业进入产业的门槛，从而建立一个全链条创业孵化体系。因此，提升城市整体创业能力，需要把握重点，让城市创业孵化机构逐步向专业化、垂直化角度发展，全产业链重点布局单一产业发展，集聚产业链条的各类大型企业、中小微企业、创业企业等，挖掘产业新的发展方向和增长点，从中寻找商机，借助天使投资、风险投资、并购等投资方式，全链条布局投资服务，以投资服务作为新的盈利方向和模式，推动创新创业平台不断升级。

第2章
中国城市创业孵化能力分析

一、城市创业孵化经济绩效

创孵经济绩效表征的是创孵机构中在孵企业的经济绩效情况。创孵经济绩效主要从在孵企业规模情况、获得投融资情况、毕业企业及上市情况等方面考察创业孵化的经济绩效,主要包括在孵企业规模水平、在孵企业获投融资能力、城市企业孵化成果3个二级指标,均为正向指标(表2-1)。

表2-1 创孵经济绩效下设指标及权重

二级指标	指标序号	三级指标	权重	指标属性
在孵企业规模水平	1	在孵企业总收入	1.9%	正
	2	在孵企业总数	1.9%	正
	3	在孵团队数	1.9%	正
在孵企业获投融资能力	4	当年获得风险投资额	2.8%	正
	5	团队及企业当年获得投资总额	2.8%	正
城市企业孵化成果	6	当年毕业企业数量	1.4%	正
	7	当年上市(挂牌)企业数量	1.4%	正
	8	当年被兼并和收购企业数量	1.4%	正
	9	当年营业收入超过5千万元企业数量	1.4%	正

经测算,2018年117个地级市的创孵经济绩效指数及排名如表2-2所示。

表 2-2　117 个地级市创孵经济绩效指数及排名

城市	一级指标		二级指标					
	创孵经济绩效		在孵企业规模水平		在孵企业获投融资能力		城市企业孵化成果	
	指数	排名	指数	排名	指数	排名	指数	排名
北京	6.408	1	5.767	1	8.733	1	4.725	1
上海	2.482	2	2.048	5	4.015	2	1.381	9
深圳	2.169	3	1.811	6	1.982	3	2.713	3
广州	2.150	4	2.061	4	1.419	4	2.971	2
郑州	1.828	5	2.887	2	0.002	16	2.594	4
苏州	1.584	6	1.373	9	1.291	5	2.090	6
武汉	1.464	7	1.485	8	0.731	8	2.177	5
南京	1.379	8	1.713	7	0.581	9	1.843	7
杭州	1.295	9	1.270	10	0.929	6	1.686	8
厦门	1.292	10	2.827	3	0.198	11	0.851	14
天津	0.668	11	0.897	11	−0.079	18	1.187	11
成都	0.664	12	0.440	17	0.272	10	1.279	10
东莞	0.623	13	0.697	13	0.116	12	1.056	13
西安	0.602	14	0.628	14	0.766	7	0.410	19
无锡	0.486	15	0.314	19	0.063	15	1.081	12
长沙	0.462	16	0.555	15	0.065	14	0.767	15
宁波	0.396	17	0.448	16	0.082	13	0.657	16
重庆	0.290	18	0.782	12	−0.077	17	0.165	25
佛山	0.218	19	0.193	22	−0.154	32	0.614	17
合肥	0.192	20	0.297	20	−0.118	24	0.398	20
青岛	0.158	21	0.232	21	−0.174	38	0.416	18
常州	0.089	22	0.178	23	−0.091	19	0.180	24
济南	0.020	23	0.149	27	−0.179	40	0.090	31

续表

城市	一级指标		二级指标					
	创孵经济绩效		在孵企业规模水平		在孵企业获投融资能力		城市企业孵化成果	
	指数	排名	指数	排名	指数	排名	指数	排名
太原	0.020	24	0.170	25	−0.216	54	0.106	30
南通	0.000	25	−0.089	35	−0.127	26	0.218	22
长春	−0.004	26	0.130	29	−0.154	33	0.013	32
南昌	−0.020	27	0.173	24	−0.181	42	−0.052	35
烟台	−0.022	28	−0.246	54	−0.215	53	0.396	21
嘉兴	−0.048	29	−0.152	40	−0.113	23	0.123	28
大连	−0.051	30	0.139	28	−0.161	34	−0.130	41
徐州	−0.054	31	0.024	30	−0.196	43	0.010	33
沈阳	−0.069	32	0.333	18	−0.169	35	−0.370	65
泰州	−0.072	33	−0.197	49	−0.221	56	0.203	23
洛阳	−0.072	34	−0.195	48	−0.134	30	0.114	29
盐城	−0.076	35	−0.133	38	−0.226	58	0.131	26
潍坊	−0.079	36	−0.049	32	−0.197	44	0.008	34
绵阳	−0.088	37	−0.167	44	−0.227	60	0.129	27
温州	−0.134	38	−0.094	36	−0.125	25	−0.182	44
镇江	−0.135	39	−0.171	46	−0.130	27	−0.105	40
中山	−0.141	40	−0.169	45	−0.174	36	−0.081	37
昆明	−0.161	41	0.163	26	−0.229	62	−0.416	72
石家庄	−0.163	42	−0.049	33	−0.205	46	−0.234	52
济宁	−0.170	43	−0.160	42	−0.131	29	−0.218	48
临沂	−0.171	44	−0.219	53	−0.225	57	−0.069	36
东营	−0.185	45	−0.215	52	−0.239	78	−0.100	38
哈尔滨	−0.186	46	−0.080	34	−0.111	22	−0.366	64

续表

城市	一级指标 创孵经济绩效		二级指标 在孵企业规模水平		在孵企业获投融资能力		城市企业孵化成果	
	指数	排名	指数	排名	指数	排名	指数	排名
兰州	-0.187	47	-0.031	31	-0.131	28	-0.399	68
保定	-0.193	48	-0.116	37	-0.228	61	-0.235	53
威海	-0.199	50	-0.150	39	-0.231	67	-0.216	47
珠海	-0.199	49	-0.261	56	-0.111	21	-0.226	50
廊坊	-0.204	51	-0.269	57	-0.210	50	-0.133	42
湖州	-0.204	52	-0.206	51	-0.179	41	-0.227	51
扬州	-0.206	53	-0.158	41	-0.235	74	-0.225	49
唐山	-0.230	54	-0.350	69	-0.237	77	-0.102	39
福州	-0.236	55	-0.251	55	-0.101	20	-0.356	63
金华	-0.245	56	-0.314	65	-0.208	48	-0.214	46
呼和浩特	-0.253	57	-0.177	47	-0.235	73	-0.345	60
乌鲁木齐	-0.260	58	-0.162	43	-0.210	51	-0.408	70
德州	-0.267	59	-0.305	63	-0.242	87	-0.253	55
宜昌	-0.267	60	-0.286	60	-0.242	85	-0.272	56
惠州	-0.274	61	-0.334	66	-0.213	52	-0.275	57
赣州	-0.288	62	-0.303	62	-0.235	71	-0.325	58
沧州	-0.292	63	-0.277	59	-0.245	94	-0.353	62
贵阳	-0.292	64	-0.205	50	-0.208	47	-0.464	85
马鞍山	-0.293	65	-0.463	94	-0.243	89	-0.172	43
绍兴	-0.299	66	-0.275	58	-0.134	31	-0.487	89
芜湖	-0.308	67	-0.398	77	-0.177	39	-0.348	61
河源	-0.317	68	-0.509	107	-0.250	104	-0.190	45
张家口	-0.319	69	-0.482	97	-0.226	59	-0.249	54

续表

城市	一级指标		二级指标					
	创孵经济绩效		在孵企业规模水平		在孵企业获投融资能力		城市企业孵化成果	
	指数	排名	指数	排名	指数	排名	指数	排名
淄博	-0.327	70	-0.349	68	-0.210	49	-0.422	74
南宁	-0.327	71	-0.363	71	-0.204	45	-0.413	71
连云港	-0.328	72	-0.404	78	-0.174	37	-0.407	69
泰安	-0.330	73	-0.417	82	-0.244	90	-0.329	59
邯郸	-0.345	74	-0.292	61	-0.244	92	-0.499	92
株洲	-0.345	75	-0.409	79	-0.234	70	-0.392	67
柳州	-0.348	76	-0.338	67	-0.240	79	-0.467	86
银川	-0.350	77	-0.428	84	-0.234	69	-0.388	66
菏泽	-0.350	78	-0.381	72	-0.245	95	-0.424	75
泉州	-0.351	79	-0.382	74	-0.232	68	-0.439	79
湘潭	-0.358	80	-0.413	80	-0.218	55	-0.443	81
日照	-0.359	81	-0.393	76	-0.245	97	-0.438	78
江门	-0.362	82	-0.386	75	-0.241	80	-0.459	83
张掖	-0.366	83	-0.382	73	-0.243	88	-0.474	88
长治	-0.368	84	-0.454	90	-0.229	63	-0.419	73
包头	-0.371	85	-0.307	64	-0.249	101	-0.555	106
十堰	-0.377	86	-0.451	89	-0.248	100	-0.432	77
台州	-0.383	87	-0.445	87	-0.235	72	-0.469	87
西宁	-0.384	88	-0.357	70	-0.242	86	-0.553	104
阳泉	-0.386	89	-0.480	96	-0.247	98	-0.430	76
泸州	-0.386	90	-0.461	93	-0.237	76	-0.461	84
海口	-0.391	91	-0.417	83	-0.231	66	-0.525	96
吉林	-0.393	92	-0.490	101	-0.249	102	-0.439	80

续表

城市	一级指标 创孵经济绩效		二级指标 在孵企业规模水平		在孵企业获投融资能力		城市企业孵化成果	
	指数	排名	指数	排名	指数	排名	指数	排名
鄂尔多斯	-0.401	93	-0.416	81	-0.250	103	-0.536	97
宿迁	-0.402	94	-0.455	91	-0.245	96	-0.505	93
肇庆	-0.404	95	-0.437	85	-0.251	111	-0.523	95
齐齐哈尔	-0.409	96	-0.529	116	-0.251	115	-0.447	82
蚌埠	-0.412	97	-0.445	86	-0.242	82	-0.551	101
白银	-0.415	98	-0.503	104	-0.244	93	-0.496	91
渭南	-0.417	99	-0.460	92	-0.242	83	-0.548	100
秦皇岛	-0.420	101	0.448	88	-0.247	99	-0.565	111
衡水	-0.420	100	-0.475	95	-0.230	65	-0.555	105
茂名	-0.421	102	-0.524	115	-0.251	113	-0.489	90
黄冈	-0.425	103	-0.509	106	-0.252	117	-0.514	94
邢台	-0.427	104	-0.484	98	-0.250	107	-0.546	99
安庆	-0.428	105	-0.496	102	-0.251	108	-0.538	98
梅州	-0.433	106	-0.506	105	-0.241	81	-0.552	102
滁州	-0.436	107	-0.486	100	-0.244	91	-0.577	113
汕头	-0.440	108	-0.501	103	-0.242	84	-0.576	112
大同	-0.441	109	-0.513	109	-0.251	114	-0.557	108
酒泉	-0.441	110	-0.511	108	-0.250	106	-0.561	109
承德	-0.441	111	-0.521	111	-0.250	105	-0.552	103
漳州	-0.442	112	-0.485	99	-0.237	75	-0.603	116
三明	-0.443	113	-0.522	113	-0.251	112	-0.557	107
宣城	-0.449	114	-0.523	114	-0.229	64	-0.595	115
湛江	-0.449	115	-0.532	117	-0.252	116	-0.564	110

续表

城市	一级指标		二级指标					
	创孵经济绩效		在孵企业规模水平		在孵企业获投融资能力		城市企业孵化成果	
	指数	排名	指数	排名	指数	排名	指数	排名
六安	-0.452	116	-0.517	110	-0.251	110	-0.589	114
淮南	-0.461	117	-0.522	112	-0.251	109	-0.612	117

从表 2-2 中可以看出，2018 年 117 个地级市中，创孵经济绩效指数最高的城市为北京，达 6.408 分；最低的城市为淮南，指数为 -0.461；创孵经济绩效的极差为 6.869。创孵经济绩效排名居前 10 位的城市分别为北京、上海、深圳、广州、郑州、苏州、武汉、南京、杭州和厦门。共有 25 个城市的创孵经济绩效高于全国平均水平，占比 21.4%。创孵经济绩效排名居前 10 位和后 10 位的城市如图 2-1 所示。

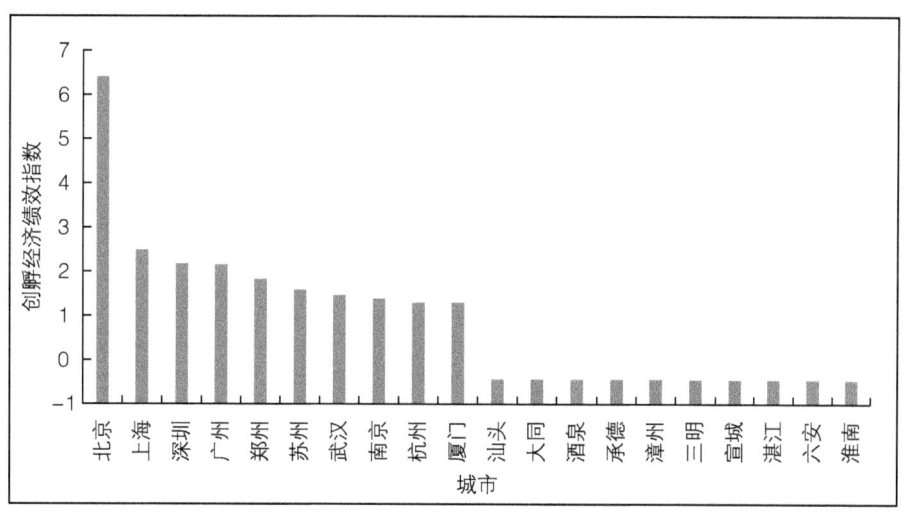

图 2-1 创孵经济绩效指数排名居前 10 位和后 10 位的城市

从二级指标来看，在孵企业规模水平指数排名居前 10 位的城市分别为北京、郑州、厦门、广州、上海、深圳、南京、武汉、苏州和杭州；在孵企业获投融资能力指数排名居前10位的城市分别为北京、上海、深圳、广州、苏州、杭州、西安、武汉、南京和成都；城市企业孵化成果指数排名居前10位的城市分别为北京、广州、深圳、郑州、武汉、苏州、南京、杭州、上海和成都。

下面进一步从创孵经济绩效区域之间差异、区域内部差异，以及2018年中国城市创孵总指数与创孵经济绩效的相关关系进行分析。

（一）创业孵化经济绩效区域间差异分析

总体来看，创孵经济绩效的区域差异非常明显，其中东部地区城市遥遥领先，其他3个地区东北部地区稍强，中部地区次之，西部地区最弱。具体如图2-2所示。其中，东部所有测评城市的平均水平达到0.114，远高于其他地区。中部、西部和东北部地区城市的平均水平分别为-0.109、-0.195和-0.185，均远低于东部地区，同时也低于全国平均水平。

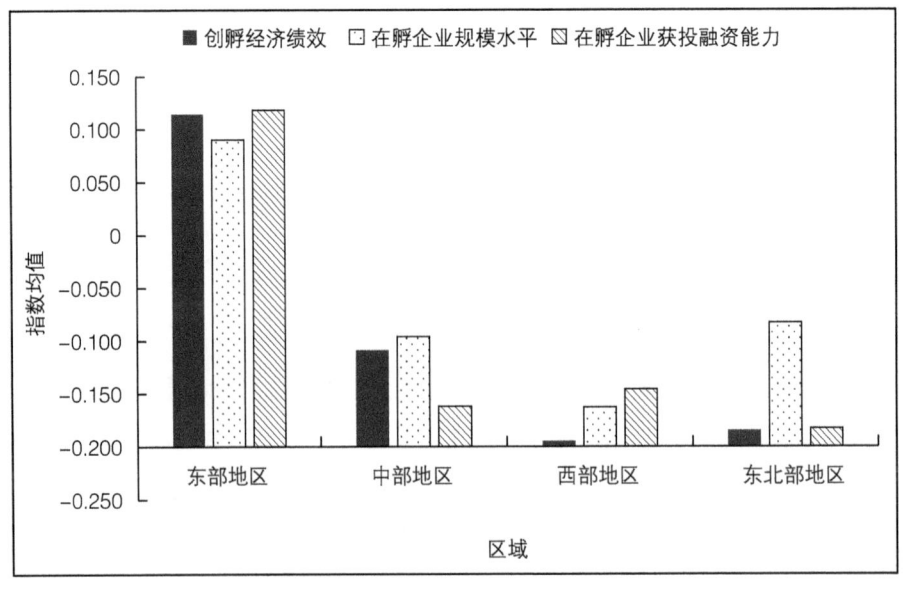

图2-2　创孵经济绩效区域间差异

具体到各二级指标，在孵企业规模水平指标中，东部地区平均水平为0.090，远远领先于其他3个地区；东北部地区平均水平居次席，指数均值为-0.083；中部地区指数均值为-0.096；西部地区指数均值为-0.163，排名垫底。四大地区中，只有东部地区指数均值高于全国平均水平。

在孵企业获投融资能力指标中，东部地区平均水平为0.118，依旧领先于其他3个地区；其次为西部地区，指数均值为-0.146；中部地区指数均值为-0.162；东北部地区指数均值为-0.183，排名垫底。四大地区中，依旧只有东部地区指数均值高于全国平均水平。

城市企业孵化成果指标中，东部地区平均水平为0.133，位列首位；其次为中部地区，指数均值为-0.069；西部地区指数均值为-0.275；东北部地区指数均值为-0.29，排名垫底。四大地区中，只有东部地区指数均值高于全国平均水平。

（二）创业孵化经济绩效区域内差异分析

从创孵经济绩效测算结果来看，城市排名呈现出区域化特征，东部地区多数城市排名相对靠前，中部、西部及东北部地区多数城市总体排名比较接近。同时各区域内部城市之间的排名状况差异十分明显。

从区域内部最高排名与最低排名的位差数来看，东部地区差距为114位；中部地区和西部地区差距分别为112位和108位；东北部地区样本数量在四大区域中排名最小，最高与最低的位差数在四大区域中也是最小，为70位。

2018年中国东部地区城市创孵经济绩效指数及排名如表2-3所示。

表2-3 东部地区城市创孵经济绩效指数及排名

城市	所有测评城市排名	区域内部排名
北京	1	1
上海	2	2
深圳	3	3

续表

城市	所有测评城市排名	区域内部排名
广州	4	4
苏州	6	5
南京	8	6
杭州	9	7
厦门	10	8
天津	11	9
东莞	13	10
无锡	15	11
宁波	17	12
佛山	19	13
青岛	21	14
常州	22	15
济南	23	16
南通	25	17
烟台	28	18
嘉兴	29	19
徐州	31	20
泰州	33	21
盐城	35	22
潍坊	36	23
温州	38	24
镇江	39	25
中山	40	26
石家庄	42	27
济宁	43	28
临沂	44	29

续表

城市	所有测评城市排名	区域内部排名
东营	45	30
保定	48	31
珠海	49	32
威海	50	33
廊坊	51	34
湖州	52	35
扬州	53	36
唐山	54	37
福州	55	38
金华	56	39
德州	59	40
惠州	61	41
沧州	63	42
绍兴	66	43
河源	68	44
张家口	69	45
淄博	70	46
连云港	72	47
泰安	73	48
邯郸	74	49
菏泽	78	50
泉州	79	51
日照	81	52
江门	82	53
台州	87	54
海口	91	55

续表

城市	所有测评城市排名	区域内部排名
宿迁	94	56
肇庆	95	57
衡水	100	58
秦皇岛	101	59
茂名	102	60
邢台	104	61
梅州	106	62
汕头	108	63
承德	111	64
漳州	112	65
三明	113	66
湛江	115	67

在位于东部的67个城市中，北京以6.408的高分位居所有东部城市之首，其次是上海。其中，有8个城市的创孵经济绩效居所有城市的前10位，分别是北京、上海、南京、苏州、杭州、厦门、广州和深圳，占东部城市的15%。东部城市中，共16个城市的创孵经济绩效高于全国平均水平，占东部城市的24%，优势非常明显。此外，除去全国排名前10位的8个城市外，厦门、天津、东莞、无锡、宁波、佛山、青岛、常州、济南和南通10个城市排在全国第11～第25位不等的位置，它们的指数均高于全国平均水平；而烟台、嘉兴、徐州、泰州和盐城等其余的50个城市居全国城市28位及以后，它们的指数均低于全国平均水平。总体来看，东部地区的8个城市在创孵经济绩效处于领先地位。

从区域内部差异来看，东部地区排名最高的北京与排名最低的漳州之间的位差为114位，指数差为6.858。东部排名最低的城市漳州在全国排名第115位，可见东部地区虽然整体较强，但是区域内部差距也很大（图2-3）。

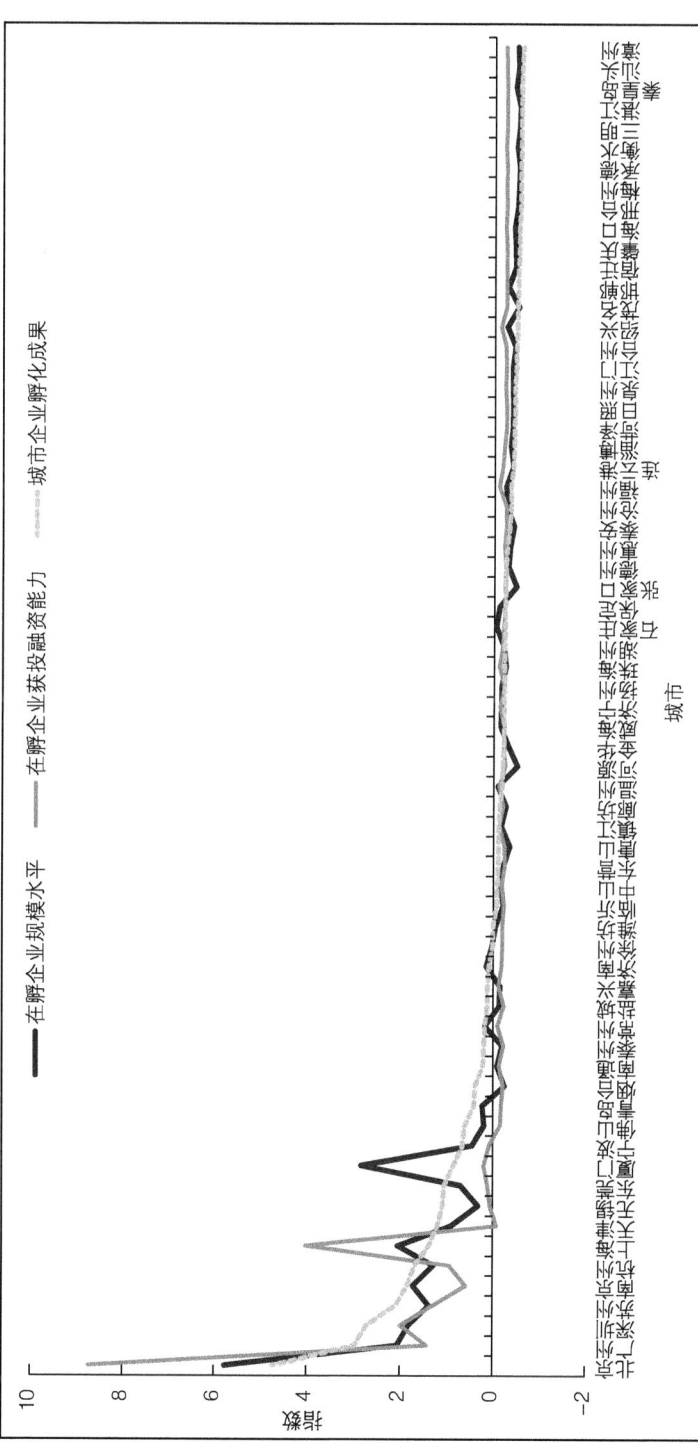

图 2-3 东部地区指标变化

2018年中国中部地区城市创孵经济绩效指数及排名如表 2-4 所示。

表 2-4　中部地区城市创孵经济绩效指数及排名

城市	指数	所有测评城市排名	区域内部排名
郑州	1.828	5	1
武汉	1.464	7	2
长沙	0.462	16	3
合肥	0.192	20	4
太原	0.02	24	5
南昌	-0.02	27	6
洛阳	-0.072	34	7
宜昌	-0.267	60	8
赣州	-0.287	62	9
马鞍山	-0.293	65	10
芜湖	-0.308	67	11
株洲	-0.345	75	12
湘潭	-0.358	80	13
长治	-0.368	84	14
十堰	-0.377	86	15
阳泉	-0.386	89	16
蚌埠	-0.412	97	17
黄冈	-0.425	103	18
安庆	-0.428	105	19
滁州	-0.436	107	20
大同	-0.441	109	21

续表

城市	指数	所有测评城市排名	区域内部排名
宣城	-0.449	114	22
六安	-0.452	116	23
淮南	-0.461	117	24

在位于中部的24个城市中，郑州以1.828分居所有中部城市之首，其次是武汉，只有这两个城市的创孵运营绩效居所有城市的前10位，占比8.33%。中部城市中，共5个城市的创孵运营绩效高于全国平均水平，占中部城市的20.83%。此外，除去全国排名前10位的两个城市外，长沙全国排名第16位，合肥全国排名第20位，太原全国排名第24位，它们的指数均高于全国平均水平；而南昌、洛阳、宜昌、赣州等其余的19个城市居所有城市的第27～第117位，它们的指数均低于全国平均水平。总体来看，中部地区的2个城市在创孵运营绩效处于领先地位（图2-4）。

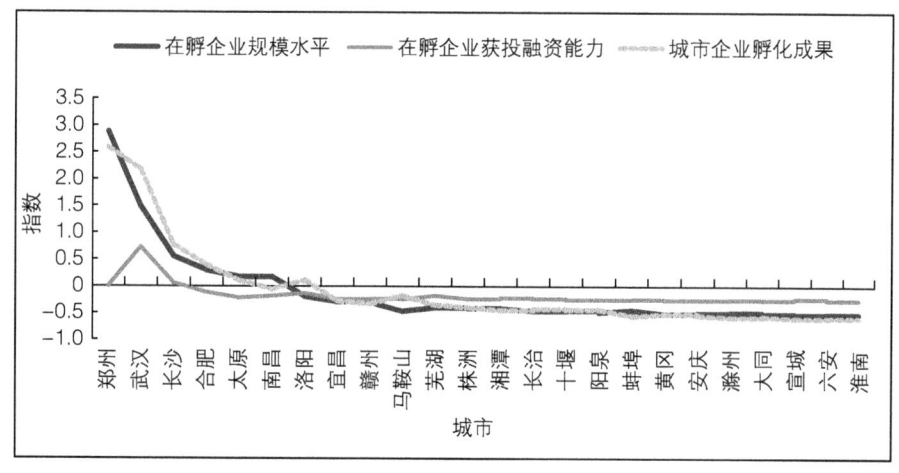

图2-4 中部地区指标变化

2018年中国西部地区城市创孵经济绩效指数及排名如表2-5所示。

表 2-5　西部地区城市创孵经济绩效指数及排名

城市	指数	所有测评城市排名	区域内部排名
成都	0.664	12	1
西安	0.602	14	2
重庆	0.29	18	3
绵阳	-0.088	37	4
昆明	-0.161	41	5
兰州	-0.187	47	6
呼和浩特	-0.253	57	7
乌鲁木齐	-0.26	58	8
贵阳	-0.292	64	9
南宁	-0.327	71	10
柳州	-0.348	76	11
银川	-0.35	77	12
张掖	-0.366	83	13
包头	-0.371	85	14
西宁	-0.384	88	15
泸州	-0.386	90	16
鄂尔多斯	-0.401	93	17
白银	-0.414	98	18
渭南	-0.417	99	19
酒泉	-0.441	110	20

在位于中部的 20 个城市中，成都以 0.664 分位居所有中部城市之首，其次是西安和重庆。所有中部城市中，只有 3 个城市的创孵运营绩效高于全国平均水平，其余 17 个城市均低于全国平均水平（图 2-5）。

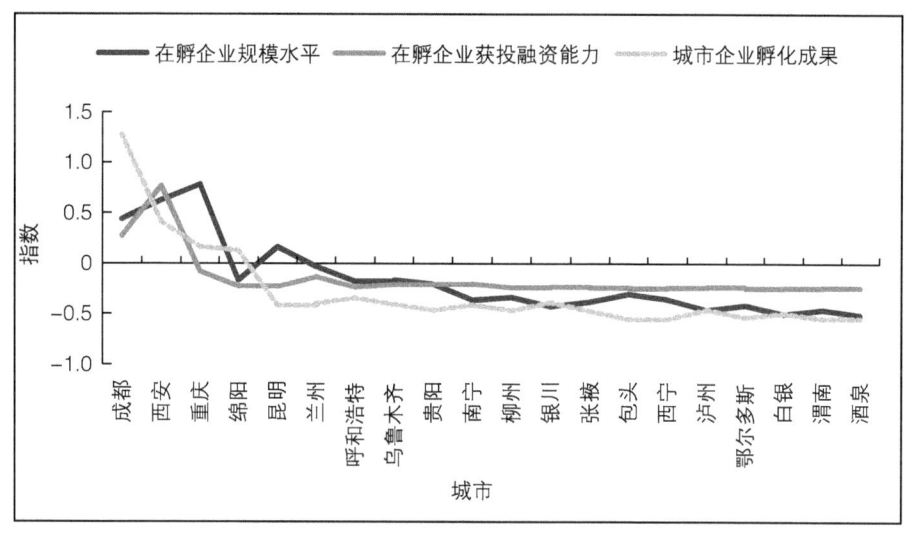

图 2-5 西部地区指标变化

2018 年中国东北部地区城市创孵经济绩效指数及排名如表 2-6 所示。

表 2-6 东北部地区城市创孵经济绩效指数及排名

城市	指数	所有测评城市排名	区域内部排名
长春	-0.004	26	1
大连	-0.051	30	2
沈阳	-0.069	32	3
哈尔滨	-0.186	46	4
吉林	-0.393	92	5
齐齐哈尔	-0.409	96	6

在位于东北部的 6 个城市中，长春以 -0.004 的指数居所有东北部城市之首，其次是大连和沈阳。所有东北部地区的城市均低于全国平均水平（图 2-6）。

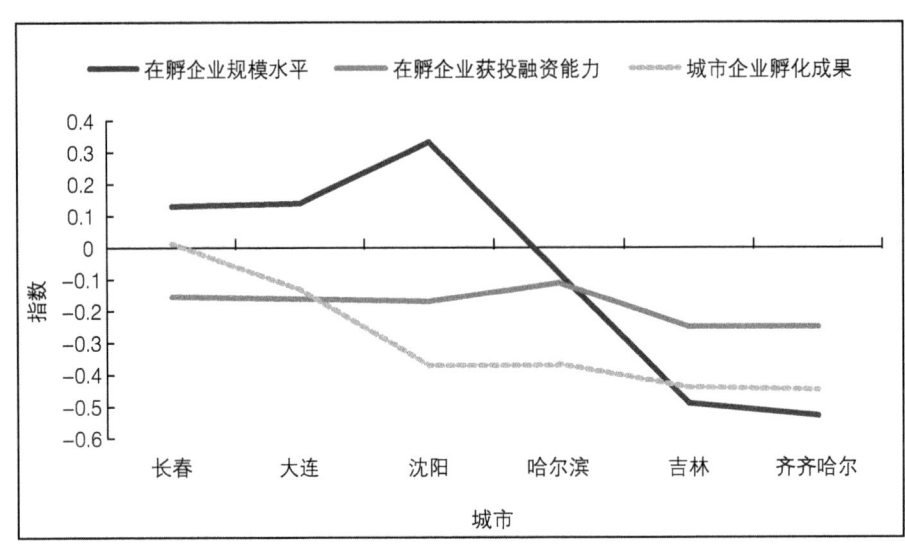

图 2-6 东北部地区指标变化

从图 2-6 中可看出,东北部地区内部城市的指数差距较小,在孵企业规模水平指标方面只有长春、大连和沈阳高于全国平均水平,城市企业孵化成果指标方面只有长春一个城市高于全国平均水平。说明东北部地区在创孵经济绩效方面整体水平有待提高。

(三)创业孵化经济绩效对城市创业孵化能力的影响分析

整体来看,有 62 个城市的创孵经济绩效排名高于创孵总指数排名,表明有大约 53% 的城市注重创孵发展过程中的经济发展和经济绩效,因此推动了城市的整体创孵水平。这些城市包括沧州、湘潭、嘉兴等;同时,有 49 个城市的创孵经济绩效排名低于创孵总指数排名,因而影响了城市整体创孵水平的提升,如酒泉、渭南、滁州等城市;另外,北京、上海、深圳等城市的创孵经济及绩效与其创孵总指数排名相同,保持了创孵水平与经济绩效的一致性(图 2-7)。

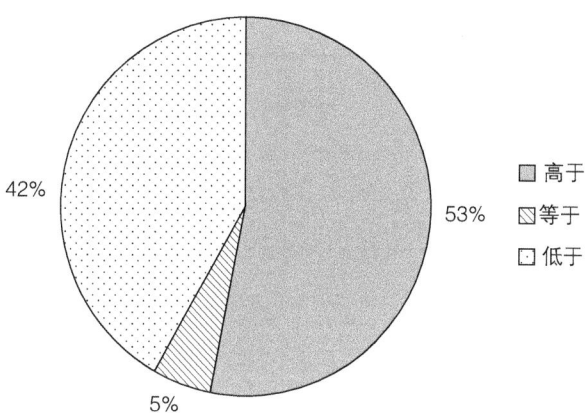

图 2-7 创孵经济绩效和总指数排名相比的占比情况

为了进一步分析不同城市创孵经济绩效对创孵总指数的贡献程度，创孵经济绩效和中国城市创业孵化指数排名差异超过 20 位的城市如表 2-7 所示。

表 2-7 创孵经济绩效和中国城市创业孵化指数排名超过 20 位的城市

城市	创孵经济绩效排名	中国城市创孵排名	排名变化
酒泉	110	69	41
渭南	99	60	39
滁州	107	68	39
梅州	106	70	36
包头	85	55	30
赣州	62	35	27
淄博	70	45	25
湛江	115	90	25
绍兴	66	44	22
东营	45	65	−20
宿迁	94	114	−20
泰州	33	57	−24
十堰	86	111	−25

续表

城市	创孵经济绩效排名	中国城市创孵排名	排名变化
西宁	88	113	−25
沧州	63	89	−26
湘潭	80	107	−27
嘉兴	29	66	−37

从影响程度分析，城市创孵经济绩效排名与创孵总指数排名差异较大（超过20位）的城市共有17个，占所有城市的14.5%，其中为正差（经济绩效高于总指数）的城市有9个，如酒泉、渭南、滁州等，这些城市的创孵经济绩效对城市总体创孵水平的贡献较大；为负差的城市有8个，如东营、宿迁、泰州等，这些城市的创孵经济绩效对城市总体创孵水平的贡献较小。其中，酒泉的排名差异变化最大，其创孵总指数居所有城市第110位，但创孵经济绩效仅为第69位，变化幅度达到了41位。同时，名次变动差异较小（20位以内）的城市共有101个，占所有城市的86.3%，如北京、上海、深圳等，说明城市创孵经济绩效对创孵整体的影响，与其他因素基本平分秋色。

二、城市创业孵化创新绩效

创孵创新绩效表征的是创孵机构中在孵企业对城市科技创新的贡献程度。创孵创新绩效主要从在孵企业知识产权情况和获奖情况两个方面考察，包括在孵企业知识产权情况、在孵企业科研能力两个二级指标，均为正向指标（表2-8）。

表2-8 创孵创新绩效下设指标及权重

二级指标	指标序号	三级指标	权重	指标属性
在孵企业知识产权情况	1	当年知识产权申请数	4.2%	正
	2	当年拥有的有效知识产权数	4.2%	正
在孵企业科研能力	3	当年承担国家级科技计划项目	4.2%	正
	4	当年获得省级以上奖励	4.2%	正

经测算，2018年117个地级市的创孵创新绩效指数及排名如表2-9所示。

表2-9 117个地级市创孵创新绩效指数及排名

城市	一级指标		二级指标			
	创孵创新绩效		在孵企业知识产权情况		在孵企业科研能力	
	指数	排名	指数	排名	指数	排名
苏州	3.966606	1	3.105751	4	4.827461	1
北京	3.707913	2	5.707292	1	1.708533	6
南京	3.672501	3	4.215351	2	3.12965	3
杭州	2.632117	4	1.155856	9	4.108378	2
上海	2.49543	5	2.216439	6	2.77442	4
广州	2.15531	6	3.35813	3	0.95249	8
武汉	1.688063	7	1.28865	7	2.087477	5
深圳	1.628745	8	2.85365	5	0.40384	14
西安	1.057852	9	0.580132	13	1.535572	7
郑州	0.844748	10	1.266099	8	0.423397	12
无锡	0.621492	11	0.526596	15	0.716388	9
合肥	0.460806	12	0.544112	14	0.377501	15
长沙	0.443656	13	0.608285	12	0.279028	16
成都	0.405324	14	0.729666	10	0.080983	21
厦门	0.354045	15	0.302095	19	0.405995	13
长春	0.311739	16	0.114835	24	0.508643	11
重庆	0.224933	17	0.614196	11	-0.16433	38
东莞	0.224272	18	0.520592	17	-0.07205	27
天津	0.217748	19	0.525652	16	-0.09016	29
佛山	0.216379	20	0.504355	18	-0.0716	26

续表

城市	一级指标 创孵创新绩效		二级指标 在孵企业知识产权情况		在孵企业科研能力	
	指数	排名	指数	排名	指数	排名
南宁	0.088987	21	−0.37944	66	0.557419	10
常州	0.083348	22	0.197904	22	−0.03121	24
宁波	0.071475	23	0.026419	28	0.116531	19
哈尔滨	0.034568	24	−0.15292	41	0.22206	17
青岛	0.025309	25	0.080495	25	−0.02988	23
济南	0.02431	26	−0.12997	38	0.178594	18
徐州	0.018512	27	0.18062	23	−0.1436	36
济宁	0.008186	28	−0.02354	30	0.039908	22
盐城	−0.00307	29	0.285601	20	−0.29175	64
台州	−0.00929	30	0.212205	21	−0.23078	47
镇江	−0.02561	31	0.058587	26	−0.10981	30
石家庄	−0.02657	32	−0.16169	42	0.108555	20
洛阳	−0.04284	33	−0.01163	29	−0.07405	28
南通	−0.09441	34	−0.05451	32	−0.13431	32
中山	−0.10541	35	0.026607	27	−0.23743	48
嘉兴	−0.12892	36	−0.11712	36	−0.14072	33
昆明	−0.14156	37	−0.08678	35	−0.19635	42
南昌	−0.14627	38	−0.22138	48	−0.07115	25
湖州	−0.14883	39	−0.04301	31	−0.25465	54
珠海	−0.15385	40	−0.0696	33	−0.23809	49
福州	−0.15647	41	−0.14175	40	−0.17119	39
芜湖	−0.16114	42	−0.07691	34	−0.24538	52
太原	−0.162	43	−0.13295	39	−0.19106	41

续表

城市	一级指标		二级指标			
	创孵创新绩效		在孵企业知识产权情况		在孵企业科研能力	
	指数	排名	指数	排名	指数	排名
保定	-0.17233	44	-0.12886	37	-0.21579	45
大连	-0.1741	45	-0.17018	43	-0.17803	40
温州	-0.18116	46	-0.22006	46	-0.14226	34
绵阳	-0.19472	47	-0.27169	53	-0.11775	31
贵阳	-0.21226	48	-0.26173	52	-0.1628	37
烟台	-0.21859	49	-0.23618	49	-0.201	43
潍坊	-0.2361	50	-0.22087	47	-0.25134	53
临沂	-0.23764	51	-0.25618	51	-0.2191	46
兰州	-0.23875	52	-0.33414	62	-0.14336	35
威海	-0.25323	53	-0.24276	50	-0.2637	57
扬州	-0.25391	54	-0.19952	44	-0.30831	72
惠州	-0.26665	55	-0.21174	45	-0.32155	80
绍兴	-0.2729	56	-0.28453	55	-0.26127	56
乌鲁木齐	-0.27871	57	-0.3158	59	-0.24162	50
廊坊	-0.2791	58	-0.30112	57	-0.25708	55
泉州	-0.28964	59	-0.2776	54	-0.30168	67
沈阳	-0.30729	60	-0.37187	64	-0.24272	51
泰州	-0.30737	61	-0.28657	56	-0.32818	86
金华	-0.31581	62	-0.31162	58	-0.32001	79
肇庆	-0.31761	63	-0.32514	60	-0.31007	75
西宁	-0.33255	64	-0.45526	87	-0.20983	44
宜昌	-0.33432	65	-0.33053	61	-0.33811	94
湘潭	-0.33562	66	-0.40488	74	-0.26635	58

续表

城市	一级指标 创孵创新绩效		二级指标 在孵企业知识产权情况		在孵企业科研能力	
	指数	排名	指数	排名	指数	排名
马鞍山	-0.33865	67	-0.3933	67	-0.28401	63
柳州	-0.3398	68	-0.37792	65	-0.30168	68
株洲	-0.34489	69	-0.39471	68	-0.29506	65
海口	-0.34639	70	-0.3529	63	-0.33988	97
包头	-0.34778	71	-0.39786	70	-0.29771	66
连云港	-0.35001	72	-0.43123	77	-0.26878	59
淄博	-0.35398	73	-0.4054	75	-0.30257	69
赣州	-0.35964	74	-0.43548	79	-0.28379	62
江门	-0.35972	75	-0.4045	73	-0.31493	76
银川	-0.36069	76	-0.39651	69	-0.32487	83
唐山	-0.36199	77	-0.41479	76	-0.30919	74
十堰	-0.37356	78	-0.46775	90	-0.27938	61
长治	-0.37512	79	-0.47462	94	-0.27562	60
东营	-0.37651	80	-0.39835	71	-0.35467	109
泰安	-0.37725	81	-0.40313	72	-0.35136	106
呼和浩特	-0.38256	82	-0.44269	81	-0.32244	82
安庆	-0.38385	83	-0.43534	78	-0.33237	93
白银	-0.38394	84	-0.44964	85	-0.31824	77
漳州	-0.38431	85	-0.46274	89	-0.30588	70
日照	-0.38588	86	-0.4427	82	-0.32906	89
德州	-0.3863	87	-0.44266	80	-0.32994	90
阳泉	-0.39146	88	-0.47704	96	-0.30588	71
邯郸	-0.39717	89	-0.47278	92	-0.32155	81

续表

城市	一级指标 创孵创新绩效		二级指标 在孵企业知识产权情况		在孵企业科研能力	
	指数	排名	指数	排名	指数	排名
张掖	-0.39729	90	-0.44984	86	-0.34474	100
渭南	-0.39806	91	-0.48782	102	-0.30831	73
滁州	-0.39921	92	-0.44706	84	-0.35136	107
河源	-0.40392	93	-0.44654	83	-0.3613	114
泸州	-0.40452	94	-0.48242	99	-0.32663	85
宿迁	-0.40495	95	-0.47842	98	-0.33149	91
鄂尔多斯	-0.40738	96	-0.48658	101	-0.32818	87
六安	-0.40848	97	-0.45897	88	-0.35798	113
宣城	-0.4101	98	-0.46884	91	-0.35136	108
秦皇岛	-0.41094	99	-0.47626	95	-0.34562	103
梅州	-0.41153	100	-0.50394	106	-0.31912	78
沧州	-0.41239	101	-0.49659	104	-0.32818	88
张家口	-0.413	102	-0.48458	100	-0.34143	98
菏泽	-0.41309	103	-0.47812	97	-0.34805	105
蚌埠	-0.41718	104	-0.47307	93	-0.3613	115
衡水	-0.41815	105	-0.51056	108	-0.32575	84
三明	-0.42449	106	-0.50755	107	-0.34143	99
汕头	-0.42491	107	-0.48852	103	-0.3613	116
黄冈	-0.42659	108	-0.52169	114	-0.33149	92
齐齐哈尔	-0.429	109	-0.50245	105	-0.35555	112
淮南	-0.42912	110	-0.52013	111	-0.33811	95
酒泉	-0.43058	111	-0.52304	116	-0.33811	96
湛江	-0.43276	112	-0.52079	113	-0.34474	101

续表

城市	一级指标 创孵创新绩效		二级指标 在孵企业知识产权情况		在孵企业科研能力	
	指数	排名	指数	排名	指数	排名
大同	-0.43288	113	-0.52014	112	-0.34562	104
承德	-0.4335	114	-0.52227	115	-0.34474	102
邢台	-0.43418	115	-0.51369	109	-0.35467	110
吉林	-0.43501	116	-0.51534	110	-0.35467	111
茂名	-0.4431	117	-0.5249	117	-0.3613	117

从表 2-9 中可以看出，2018 年 117 个地级市中，创孵创新绩效指数最高的城市为苏州，达 3.967 分；最低的城市为茂名，指数为 -0.443；创孵创新绩效的极差为 4.4097。创孵创新绩效排名居前 10 位的城市分别为苏州、北京、南京、杭州、上海、广州、武汉、深圳、西安和郑州。共有 28 个城市的创孵创新绩效高于全国平均水平，占比 23.9%。创孵创新绩效排名居前 10 位和后 10 位的城市如图 2-8 所示。

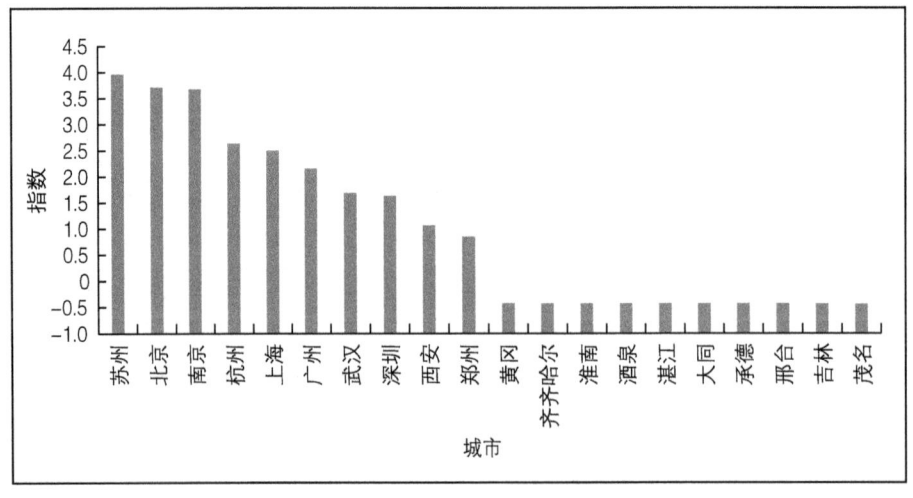

图 2-8　创孵创新绩效指数排名居前 10 位和后 10 位的城市

从二级指标来看，在孵企业知识产权情况指数排名居前 10 位的城市分别为北京、南京、广州、苏州、深圳、上海、武汉、郑州、杭州和成都；在孵企业科研能力指数排名居前 10 位的城市分别为苏州、杭州、南京、上海、武汉、北京、西安、广州、无锡和南宁。

下面进一步从创孵创新绩效区域之间差异、区域内部差异，以及 2018 年中国城市创孵总指数与创孵创新绩效的相关关系进行分析。

（一）创业孵化创新绩效区域间差异分析

总体来看，创孵创新绩效的区域差异非常明显，其中东部地区城市遥遥领先，其他 3 个地区东北部地区稍强，中部地区次之，西部地区最弱。具体如图 2-9 所示。其中，东部所有测评城市的平均水平达到 0.115，远高于其他地区。中部、西部和东北部地区城市的平均水平分别为 -0.135、-0.174 和 -0.167，均远低于东部地区，同时也低于全国平均水平。

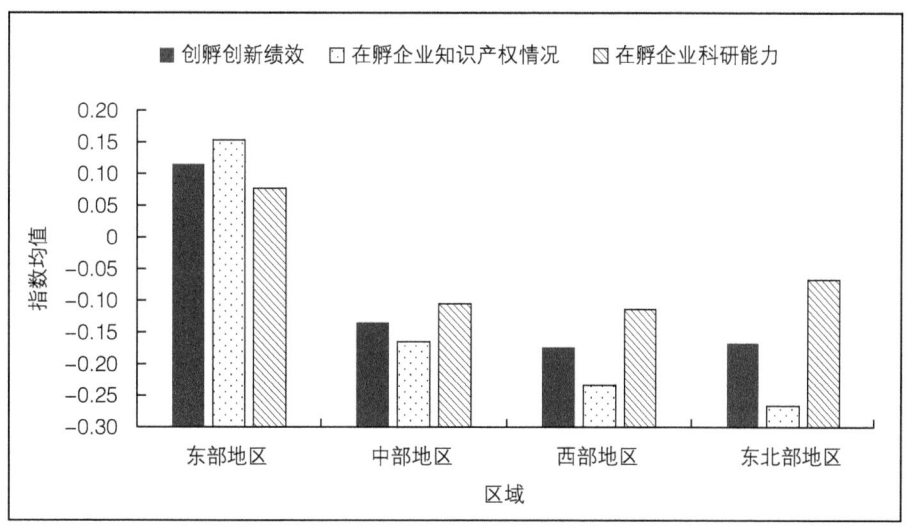

图 2-9　创孵创新绩效区域间差异

具体到各二级指标，在孵企业规模水平指标中，东部地区平均水平为 0.115，远远领先于其他 3 个地区；中部地区平均水平居次席，指数均值为 -0.135；东北部地区指数均值为 -0.167；西部地区指数均值为 -0.174，排名垫底。四大地区中，只有东部地区指数均值高于全国平均水平。

在孵企业知识产权情况指标中，东部地区平均水平为 0.153，依旧领先于其他 3 个地区；其次为中部地区，指数均值为 -0.165；西部地区指数均值为 -0.234；东北部地区指数均值为 -0.266，排名垫底。四大地区中，依旧只有东部地区指数均值高于全国平均水平。

在孵企业科研能力指标中，东部地区平均水平为 0.077，位列首位；其次为东北部地区，指数均值为 -0.067；中部地区指数均值为 -0.105；西部地区指数均值为 -0.114，排名垫底。四大地区中，只有东部地区指数均值高于全国平均水平。

（二）创业孵化创新绩效区域内差异分析

从创孵创新绩效测算结果来看，东部地区多数城市排名相对靠前，各区域内部城市之间的排名状况差异十分明显。

从区域内部最高位次与最低位次的位差数来看，东部地区差距为 116 位；中部地区和西部地区差距分别为 106 位和 102 位；东北部地区样本数量在四大区域中排名最小，最高与最低的位差数在四大区域中也是最小，为 100 位。

2018 年中国东部地区城市创孵创新绩效指数及排名如表 2-10 所示。

表 2-10 东部地区城市创孵创新绩效指数及排名

城市	指数	所有测评城市排名	区域内部排名
苏州	3.967	1	1
北京	3.708	2	2
南京	3.673	3	3
杭州	2.632	4	4
上海	2.495	5	5

续表

城市	指数	所有测评城市排名	区域内部排名
广州	2.155	6	6
深圳	1.629	8	7
无锡	0.621	11	8
厦门	0.354	15	9
东莞	0.224	18	10
天津	0.218	19	11
佛山	0.216	20	12
常州	0.083	22	13
宁波	0.071	23	14
青岛	0.025	25	15
济南	0.024	26	16
徐州	0.019	27	17
济宁	0.008	28	18
盐城	-0.003	29	19
台州	-0.009	30	20
镇江	-0.026	31	21
石家庄	-0.027	32	22
南通	-0.094	34	23
中山	-0.105	35	24
嘉兴	-0.129	36	25
湖州	-0.149	39	26
珠海	-0.154	40	27
福州	-0.156	41	28
保定	-0.172	44	29
温州	-0.181	46	30
烟台	-0.219	49	31

续表

城市	指数	所有测评城市排名	区域内部排名
潍坊	-0.236	50	32
临沂	-0.238	51	33
威海	-0.253	53	34
扬州	-0.254	54	35
惠州	-0.267	55	36
绍兴	-0.273	56	37
廊坊	-0.279	58	38
泉州	-0.290	59	39
泰州	-0.307	61	40
金华	-0.316	62	41
肇庆	-0.318	63	42
海口	-0.346	70	43
连云港	-0.350	72	44
淄博	-0.354	73	45
江门	-0.360	75	46
唐山	-0.362	77	47
东营	-0.377	80	48
泰安	-0.377	81	49
漳州	-0.384	85	50
日照	-0.386	86	51
德州	-0.386	87	52
邯郸	-0.397	89	53
河源	-0.404	93	54
宿迁	-0.405	95	55
秦皇岛	-0.411	99	56
梅州	-0.412	100	57

续表

城市	指数	所有测评城市排名	区域内部排名
沧州	-0.412	101	58
张家口	-0.413	102	59
菏泽	-0.413	103	60
衡水	-0.418	105	61
三明	-0.424	106	62
汕头	-0.425	107	63
湛江	-0.433	112	64
承德	-0.434	114	65
邢台	-0.434	115	66
茂名	-0.443	117	67

在位于东部的67个城市中，苏州以3.967的高分位居所有东部城市之首，其次是北京。其中，有7个城市的创孵创新绩效居所有城市的前10位，分别是苏州、北京、南京、杭州、上海、广州和深圳，占东部城市的10.4%。东部城市中，共18个城市的创孵创新绩效高于全国平均水平，占东部城市的26.9%，优势非常明显。此外，除去全国排名前10位的7个城市外，无锡、厦门、东莞、天津、佛山、常州、宁波、青岛、济南、徐州和济宁11个城市排在全国第11～第28位不等的位置，它们的指数均高于全国平均水平；而盐城、台州、镇江和石家庄等其余的49个城市居所有城市的第29～第117位，它们的指数均低于全国平均水平。总体来看，东部地区的7个城市在创孵创新绩效处于领先地位。

从区域内部差异来看，东部地区排名最高的苏州与排名最低的茂名之间的位差为116位，指数差为4.410。东部排名最低的城市漳州在全国排名第117位，可见东部地区虽然整体较强，但是区域内部差距也非常大（图2-10）。

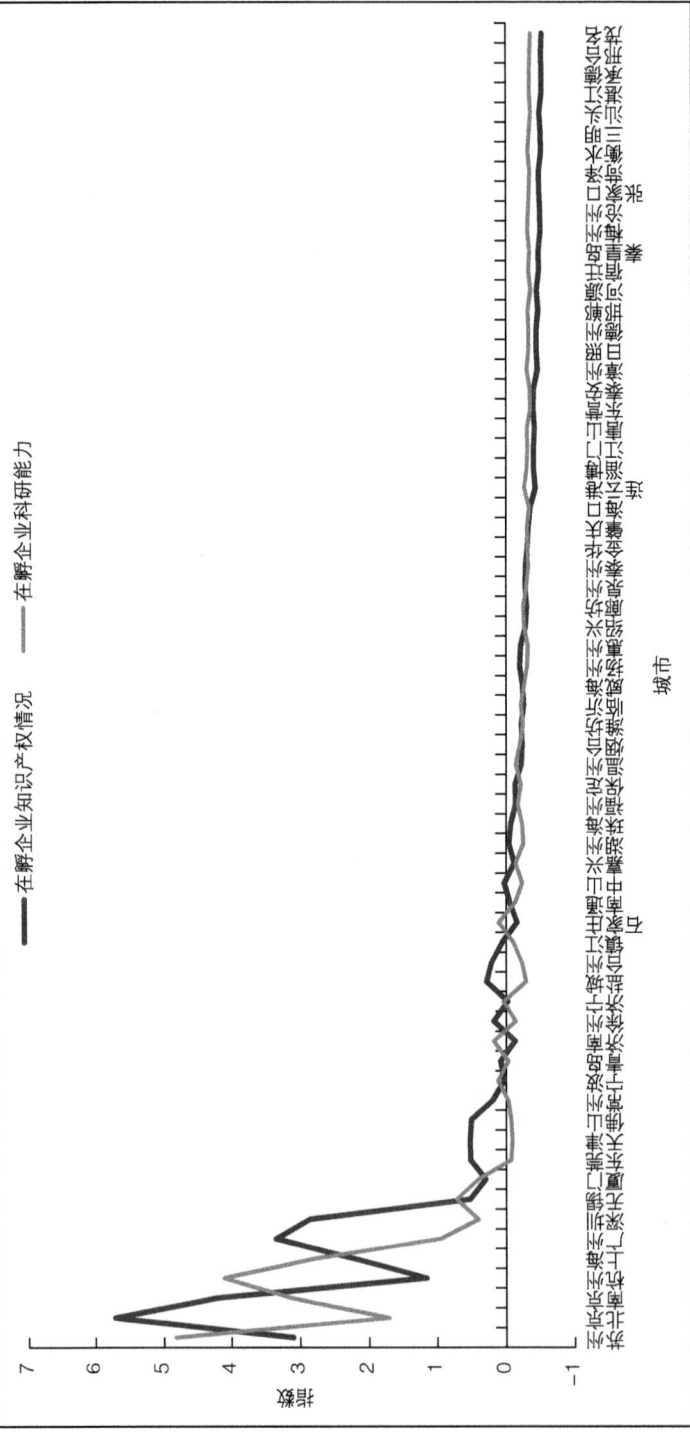

图 2-10 东部地区指标变化

从图 2-10 中可看出，东部地区内部城市的指数差距明显，各个指标的变化趋势相近，排名较前的城市递减幅度较大，且波动十分曲折，排名较后的城市趋于平稳。

2018 年中国中部地区城市创孵创新绩效指数及排名如表 2-11 所示。

表 2-11　中部地区城市创孵创新绩效指数及排名

城市	指数	所有测评城市排名	区域内部排名
武汉	1.688	7	1
郑州	0.845	10	2
合肥	0.461	12	3
长沙	0.444	13	4
洛阳	-0.043	33	5
南昌	-0.146	38	6
芜湖	-0.161	42	7
太原	-0.162	43	8
宜昌	-0.334	65	9
湘潭	-0.336	66	10
马鞍山	-0.339	67	11
株洲	-0.345	69	12
赣州	-0.360	74	13
十堰	-0.374	78	14
长治	-0.375	79	15
安庆	-0.384	83	16
阳泉	-0.391	88	17
滁州	-0.399	92	18
六安	-0.408	97	19

城市	指数	所有测评城市排名	区域内部排名
宣城	-0.410	98	20
蚌埠	-0.417	104	21
黄冈	-0.427	108	22
淮南	-0.429	110	23
大同	-0.433	113	24

在位于中部的 24 个城市中，武汉以 1.688 分居所有中部城市之首，且只有武汉一个城市的创孵运营绩效居所有城市的前 10 位。中部城市中，共 4 个城市的创孵运营绩效高于全国平均水平，占中部城市的 16.67%。此外，除去全国排名前 10 的武汉外，郑州全国排名第 10 位，合肥全国排名第 12 位，长沙全国排名第 13 位，太原全国排名第 24 位，它们的指数均高于全国平均水平；而洛阳、南昌和芜湖等其余的 20 个城市居所有城市的第 33～第 133 位，它们的指数均低于全国平均水平。总体来看，中部地区的 1 个城市在创孵运营绩效处于领先地位（图 2-11）。

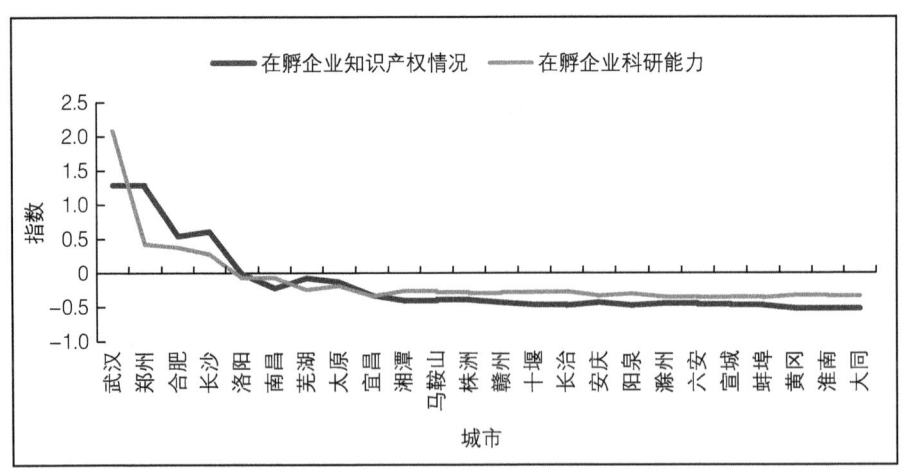

图 2-11 中部地区指标变化

从图 2-11 中可看出，中部地区内部城市的指数差距明显，各个指标的变化趋势相近，排名较前的城市递减幅度较大，排名较后的城市趋于平稳。

2018 年中国西部地区城市创孵创新绩效指数及排名如表 2-12 所示。

表 2-12　西部地区城市创孵创新绩效指数及排名

城市	指数	所有测评城市排名	区域内部排名
西安	1.058	9	1
成都	0.405	14	2
重庆	0.225	17	3
南宁	0.089	21	4
昆明	-0.142	37	5
绵阳	-0.195	47	6
贵阳	-0.212	48	7
兰州	-0.239	52	8
乌鲁木齐	-0.279	57	9
西宁	-0.333	64	10
柳州	-0.340	68	11
包头	-0.348	71	12
银川	-0.361	76	13
呼和浩特	-0.383	82	14
白银	-0.384	84	15
张掖	-0.397	90	16
渭南	-0.398	91	17
泸州	-0.405	94	18
鄂尔多斯	-0.407	96	19
酒泉	-0.431	111	20

在位于中部的20个城市中，西安以1.0578分位居所有中部城市之首，其次是成都和重庆。所有中部城市中，只有4个城市的创孵运营绩效高于全国平均水平，其余16个城市均低于全国平均水平（图2-12）。

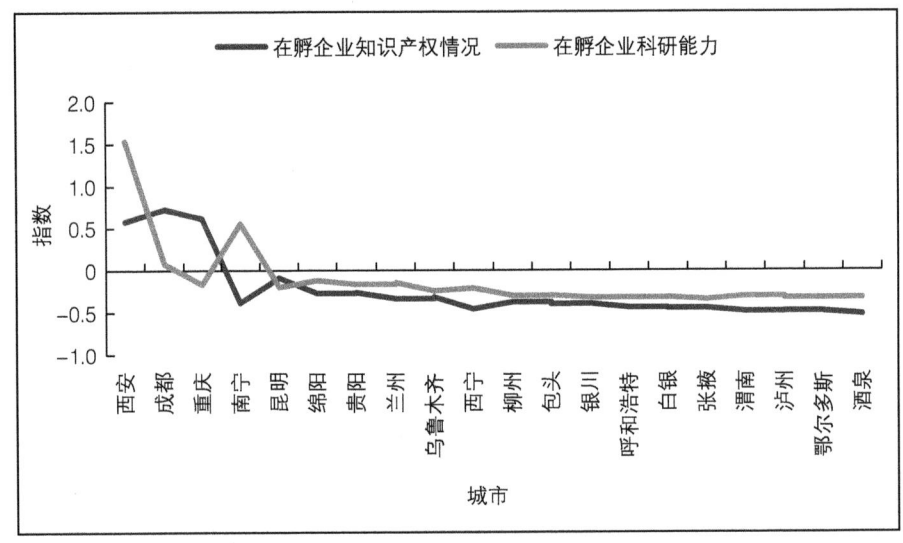

图2-12　西部地区指标变化

2018年中国东北部地区城市创孵创新绩效指数及排名如表2-13所示。

表2-13　东北部地区城市创孵创新绩效指数及排名

城市	指数	所有测评城市排名	区域内部排名
长春	0.312	16	1
哈尔滨	0.035	24	2
大连	-0.174	45	3
沈阳	-0.307	60	4
齐齐哈尔	-0.429	109	5
吉林	-0.435	116	6

在位于东北部的6个城市中,长春以0.312的指数位居所有东北部城市之首,其次是哈尔滨。所有东北部地区中,只有长春和哈尔滨两个城市的创孵创新绩效指数高于全国平均水平。其他4个城市均低于全国平均水平(图2-13)。

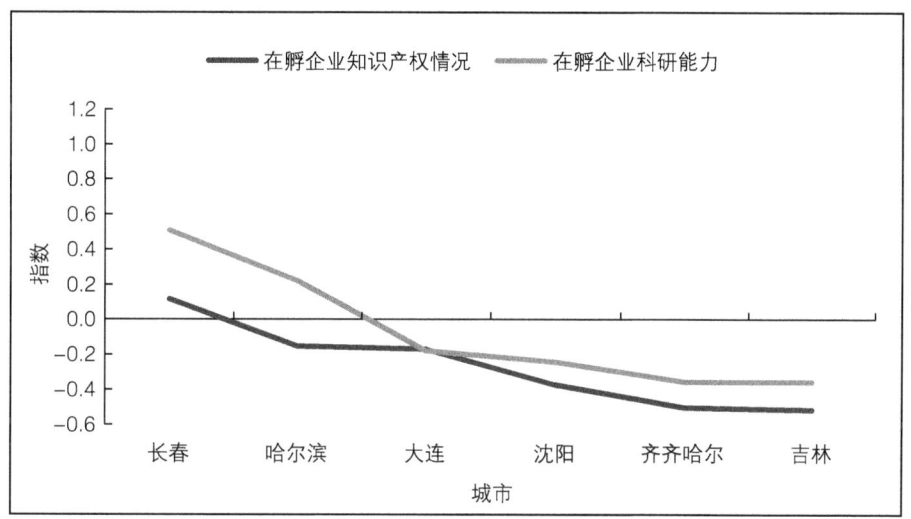

图2-13 东北部地区指标变化

(三)创业孵化创新绩效对城市创业孵化能力的影响分析

整体来看,有53个城市的创孵创新绩效排名高于创孵总指数排名,表明有大约45.3%的城市注重创孵发展过程中的创新发展和创新绩效,因此推动了城市的整体创孵水平。这些城市包括台州、西宁和湘潭等;同时,有57个城市的创孵创新绩效排名低于创孵总指数排名,因而影响了城市整体创孵水平的提升,如酒泉、赣州和呼和浩特等城市;另外,杭州、宣城和郑州等城市的创孵创新及绩效与其创孵总指数排名相同,保持了创孵水平与创新绩效的一致性(图2-14)。

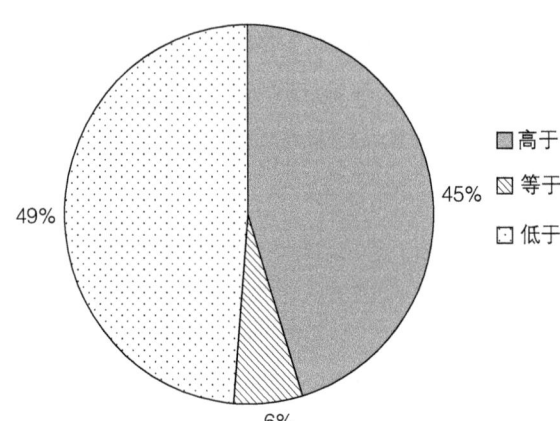

图 2-14 创孵创新绩效和总指数排名相比的占比情况

为了进一步分析不同城市创孵创新绩效对创孵总指数的贡献程度，创孵创新绩效和中国城市创业孵化指数排名差异超过 20 位的城市如表 2-14 所示。

表 2-14　创孵创新绩效和中国城市创业孵化指数排名超过 20 位的城市

城市	创孵创新绩效排名	中国城市创孵排名	排名变化
酒泉	111	69	42
赣州	74	35	39
呼和浩特	82	49	33
渭南	91	60	31
梅州	100	70	30
沈阳	60	31	29
淄博	73	45	28
菏泽	103	76	27
兰州	52	27	25
滁州	92	68	24
湛江	112	90	22
潍坊	50	28	22

续表

城市	创孵创新绩效排名	中国城市创孵排名	排名变化
邢台	115	94	21
镇江	31	52	-21
石家庄	32	54	-22
肇庆	63	88	-25
安庆	83	110	-27
嘉兴	36	66	-30
十堰	78	111	-33
南宁	21	56	-35
湘潭	66	107	-41
西宁	64	113	-49
台州	30	91	-61

从影响程度分析，城市创孵创新绩效排名与创孵总指数排名差异较大（超过20位）的城市共有23个，占所有城市的19.7%，其中为正差（创新绩效高于总指数）的城市有13个，如酒泉、赣州和呼和浩特等，这些城市的创孵创新绩效对城市总体创孵水平的贡献较大；为负差的城市有10个，如台州、西宁和湘潭等，这些城市的创孵创新绩效对城市总体创孵水平的贡献较小。其中，台州的排名差异变化最大，其创孵总指数居所有城市第91位，但创孵创新绩效仅为第30位，变化幅度达到了61位。同时，名次变动差异较小（20位以内）的城市共有94个，占所有城市的80.3%，如贵阳、郑州和齐齐哈尔等，说明城市创孵创新绩效对创孵整体的影响，与其他因素基本一致。

三、城市创业孵化社会贡献

创孵社会贡献表征的是创业孵化对城市社会发展的贡献程度。创孵社会贡献主要用创业孵化机构和在孵企业创造的就业来衡量，包括在孵企业对就业贡献、孵化机构对就业贡献两个二级指标，均为正向指标（表2-15）。

表 2-15　创孵社会贡献下设指标及权重

二级指标	指标序号	三级指标	权重	指标属性
在孵企业对就业贡献水平	1	在孵企业从业人员	4.2%	正
	2	吸纳应届大学毕业生占比	4.2%	正
孵化器机构对就业贡献水平	3	管理机构从业人员	4.2%	正
	4	大专以上从业人员占比	4.2%	正

经测算，2018年117个地级市的创孵社会贡献指数及排名如表2-16所示。

表 2-16　117个地级市创孵社会贡献指数及排名

城市	一级指标		二级指标			
	创孵社会贡献		在孵企业对就业贡献水平		孵化器机构对就业贡献水平	
	指数	排名	指数	排名	指数	排名
北京	2.355	1	2.965	1	1.745	3
重庆	1.851	2	0.835	11	2.867	2
深圳	1.829	3	0.778	14	2.880	1
南昌	1.277	4	2.096	2	0.456	22
武汉	1.163	5	1.586	3	0.740	11
郑州	1.137	6	1.302	6	0.973	6
广州	1.108	7	1.383	4	0.833	10
南京	1.003	8	0.953	8	1.054	5
上海	0.994	9	0.858	9	1.130	4
杭州	0.913	10	1.210	7	0.615	16
天津	0.869	11	0.839	10	0.898	8
西安	0.792	12	0.682	16	0.902	7
苏州	0.741	13	0.602	19	0.879	9

续表

城市	一级指标 创孵社会贡献		二级指标 在孵企业对就业贡献水平		孵化器机构对就业贡献水平	
	指数	排名	指数	排名	指数	排名
长沙	0.738	14	0.821	12	0.655	14
滁州	0.497	15	0.727	15	0.268	39
济南	0.489	16	0.635	18	0.343	30
太原	0.486	17	0.646	17	0.327	32
成都	0.460	18	0.221	40	0.698	13
宁波	0.454	19	0.254	36	0.654	15
贵阳	0.414	20	1.315	5	−0.487	95
酒泉	0.397	21	0.428	30	0.365	28
昆明	0.388	22	0.256	35	0.519	18
东莞	0.386	23	0.441	26	0.331	31
厦门	0.372	24	0.005	56	0.740	12
沈阳	0.348	25	0.336	33	0.361	29
兰州	0.325	26	0.454	23	0.197	44
徐州	0.308	27	0.194	42	0.421	23
合肥	0.257	28	0.111	46	0.403	25
青岛	0.251	29	0.024	52	0.477	20
绍兴	0.213	30	0.290	34	0.136	45
温州	0.211	31	0.352	32	0.070	54
绵阳	0.208	32	0.436	28	−0.020	59
哈尔滨	0.186	33	−0.009	57	0.381	27
潍坊	0.176	34	0.473	21	−0.120	70
无锡	0.172	35	−0.201	67	0.545	17

续表

城市	一级指标 创孵社会贡献		二级指标 在孵企业对就业贡献水平		孵化器机构对就业贡献水平	
	指数	排名	指数	排名	指数	排名
泉州	0.160	36	0.432	29	-0.111	68
洛阳	0.124	37	0.186	44	0.063	55
株洲	0.110	38	-0.098	62	0.318	33
张家口	0.110	39	0.232	39	-0.012	58
渭南	0.098	40	0.467	22	-0.272	82
湛江	0.084	41	0.793	13	-0.626	103
河源	0.084	42	0.438	27	-0.271	81
长春	0.077	43	0.233	38	-0.080	64
长治	0.067	44	0.545	20	-0.411	89
扬州	0.061	45	-0.084	61	0.207	42
保定	0.060	46	0.452	24	-0.332	85
芜湖	0.052	47	0.200	41	-0.097	66
济宁	0.038	48	0.191	43	-0.115	69
淄博	0.036	49	-0.439	89	0.510	19
福州	0.021	50	0.180	45	-0.138	72
石家庄	-0.002	51	-0.318	80	0.314	34
包头	-0.005	52	-0.425	88	0.416	24
漳州	-0.009	53	-0.139	65	0.120	47
秦皇岛	-0.010	54	-0.330	82	0.310	35
临沂	-0.011	55	0.239	37	-0.262	80
日照	-0.016	56	0.068	49	-0.100	67
宜昌	-0.031	57	-0.533	95	0.472	21

续表

城市	一级指标 创孵社会贡献		二级指标 在孵企业对就业贡献水平		孵化器机构对就业贡献水平	
	指数	排名	指数	排名	指数	排名
常州	-0.034	58	-0.277	74	0.208	41
梅州	-0.037	59	0.065	50	-0.140	73
南通	-0.038	60	-0.178	66	0.102	49
南宁	-0.041	61	-0.350	84	0.268	38
镇江	-0.064	62	-0.386	86	0.259	40
肇庆	-0.064	63	0.448	25	-0.575	99
蚌埠	-0.064	64	-0.224	69	0.096	50
鄂尔多斯	-0.070	65	-0.235	71	0.095	51
乌鲁木齐	-0.074	66	-0.108	63	-0.040	61
大连	-0.097	67	-0.253	72	0.060	56
东营	-0.098	68	-0.307	78	0.112	48
烟台	-0.105	69	0.103	47	-0.313	84
阳泉	-0.108	70	-0.032	58	-0.184	77
海口	-0.108	71	-0.504	93	0.288	37
呼和浩特	-0.109	72	0.094	48	-0.312	83
赣州	-0.116	73	0.416	31	-0.647	104
盐城	-0.125	74	-0.374	85	0.124	46
廊坊	-0.131	75	-0.221	68	-0.041	62
大同	-0.191	76	-0.464	90	0.082	52
中山	-0.194	77	0.032	51	-0.420	91
泰州	-0.207	78	-0.715	102	0.302	36
湘潭	-0.207	79	0.005	55	-0.419	90

续表

城市	一级指标 创孵社会贡献		二级指标			
			在孵企业对就业贡献水平		孵化器机构对就业贡献水平	
	指数	排名	指数	排名	指数	排名
柳州	-0.214	80	-0.810	107	0.382	26
唐山	-0.222	81	-0.073	60	-0.370	86
湖州	-0.228	82	-0.335	83	-0.121	71
银川	-0.229	83	-0.312	79	-0.145	74
江门	-0.252	84	-0.327	81	-0.178	76
珠海	-0.259	85	-0.300	77	-0.218	78
佛山	-0.262	86	0.016	53	-0.541	96
宣城	-0.296	87	-0.797	106	0.205	43
白银	-0.297	88	-0.037	59	-0.558	97
泰安	-0.313	89	-0.597	99	-0.029	60
六安	-0.333	90	-0.232	70	-0.434	92
茂名	-0.339	91	-0.278	75	-0.400	88
沧州	-0.459	92	0.013	54	-0.931	110
张掖	-0.464	93	-0.271	73	-0.656	105
菏泽	-0.479	94	-0.561	97	-0.397	87
邢台	-0.487	95	-0.994	111	0.021	57
马鞍山	-0.505	96	-1.091	114	0.082	53
吉林	-0.505	97	-0.921	109	-0.089	65
惠州	-0.506	98	-0.754	104	-0.258	79
邯郸	-0.521	99	-0.464	91	-0.577	100
泸州	-0.568	100	-0.538	96	-0.599	102
安庆	-0.603	101	-0.615	101	-0.592	101

续表

城市	一级指标 创孵社会贡献		二级指标 在孵企业对就业贡献水平		孵化器机构对就业贡献水平	
	指数	排名	指数	排名	指数	排名
连云港	-0.611	102	-0.777	105	-0.446	93
齐齐哈尔	-0.642	103	-0.720	103	-0.563	98
十堰	-0.647	104	-0.398	87	-0.897	109
台州	-0.655	105	-0.610	100	-0.699	106
宿迁	-0.690	106	-1.304	115	-0.076	63
汕头	-0.702	107	-0.515	94	-0.888	108
金华	-0.732	108	-0.129	64	-1.335	113
承德	-0.833	109	-1.505	116	-0.162	75
三明	-0.848	110	-0.989	110	-0.706	107
衡水	-0.861	111	-0.588	98	-1.134	112
威海	-0.958	112	-0.907	108	-1.010	111
淮南	-1.006	113	-1.528	117	-0.484	94
德州	-1.086	114	-0.477	92	-1.695	115
嘉兴	-1.197	115	-0.291	76	-2.102	117
黄冈	-1.275	116	-1.080	113	-1.470	114
西宁	-1.500	117	-1.028	112	-1.971	116

从表 2-16 中可以看出，2018 年 117 个地级市中，创孵社会贡献指数最高的城市为北京，达 2.355 分；最低的城市为西宁，指数为 -1.500；创孵社会贡献的极差为 3.855。创孵社会贡献排名居前 10 位的城市分别为北京、重庆、深圳、南昌、武汉、郑州、广州、南京、上海和杭州。共有 50 个城市的创孵社会贡献高于全国平均水平，占比 42.74%。创孵社会贡献排名居前 10 位和后 10 位的城市如图 2-15 所示。

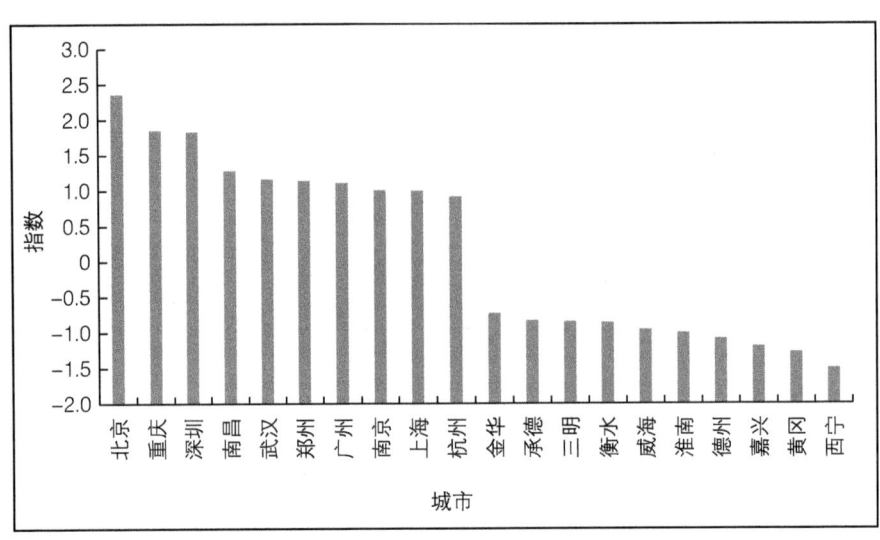

图 2-15　创孵社会贡献指数排名居前 10 位和后 10 位的城市

从二级指标来看，在孵企业对就业贡献水平指数排名居前 10 位的城市分别为北京、南昌、武汉、广州、贵阳、郑州、杭州、南京、上海和天津；孵化器机构对就业贡献水平指数排名居前 10 位的城市分别为深圳、重庆、北京、上海、南京、郑州、西安、天津、苏州和广州。

下面进一步从创孵社会贡献区域之间差异、区域内部差异，以及 2018 年中国城市创孵总指数与创孵社会贡献的相关关系进行分析。

（一）创业孵化社会贡献区域间差异分析

总体来看，创孵社会贡献的区域差异非常明显，其中西部地区城市遥遥领先，其他 3 个地区中部地区稍强，东部地区次之，东北部地区最弱。具体如图 2-16 所示。其中，西部所有测评城市的平均水平达到 0.068，远高于其他地区。中部、东部和东北部地区城市的平均水平分别为 0.022、-0.019 和 -0.105，均远低于西部地区，同时，东北部地区城市平均水平远低于全国平均水平。

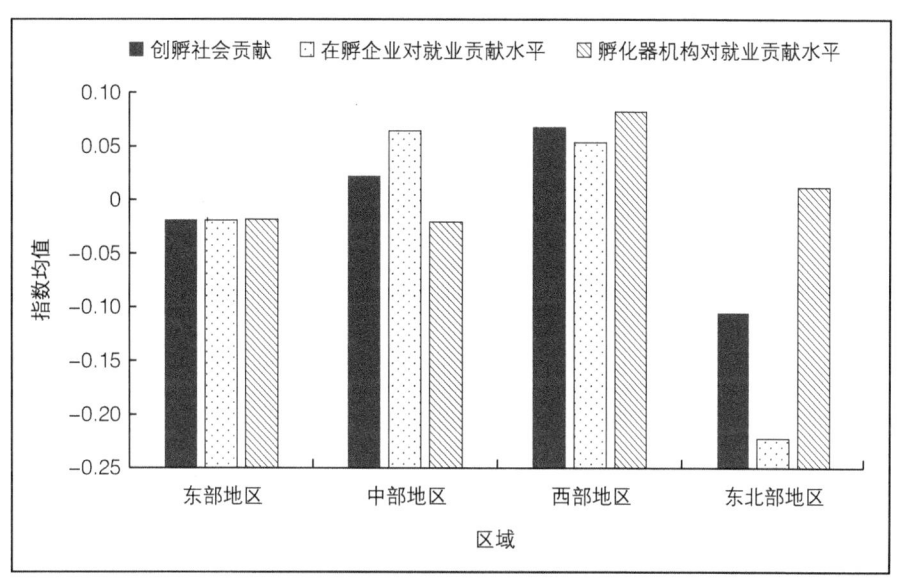

图 2-16 创孵社会贡献区域间差异

具体到各二级指标，在孵企业对就业贡献水平指标中，中部地区所有测评城市的平均水平为 0.065，西部地区所有测评城市的平均水平为 0.054。中、西部差距不大，而且都高于全国平均水平。中、西部与东部、东北部地区差距较大。东部地区所有测评城市的平均水平为 -0.019，东北部地区所有测评城市的平均水平为 -0.222，都低于全国平均水平。

孵化器机构对就业贡献水平指标中，西部地区所有测评城市的平均水平为 0.082，东北部地区所有测评城市的平均水平为 0.012，西部、东北部差距不大，而且都高于全国平均水平。东部地区所有测评城市的平均水平为 -0.018，中部地区所有测评城市的平均水平为 -0.021，都低于全国平均水平。

（二）创业孵化社会贡献区域内差异分析

从区域内部最高位次与最低位次的位差数来看，东部地区差距为 114 位；中部地区和西部地区差距分别为 112 位和 115 位；东北部地区样本数量在四大区域中排名最小，最高与最低的位差数在四大区域中也是最小，为 78 位。

2018年中国东部地区城市创孵社会贡献指数及排名如表2-17所示。

表2-17 东部地区城市创孵社会贡献指数及排名

城市	指数	所有测评城市排名	区域内部排名
北京	2.355	1	1
深圳	1.829	3	2
广州	1.108	7	3
南京	1.003	8	4
上海	0.994	9	5
杭州	0.912	10	6
天津	0.868	11	7
苏州	0.741	13	8
济南	0.489	16	9
宁波	0.454	19	10
东莞	0.386	23	11
厦门	0.372	24	12
徐州	0.308	27	13
青岛	0.251	29	14
绍兴	0.213	30	15
温州	0.211	31	16
潍坊	0.176	34	17
无锡	0.172	35	18
泉州	0.160	36	19
张家口	0.110	39	20
湛江	0.084	41	21
河源	0.084	42	22
扬州	0.061	45	23
保定	0.060	46	24
济宁	0.038	48	25

续表

城市	指数	所有测评城市排名	区域内部排名
淄博	0.036	49	26
福州	0.021	50	27
石家庄	−0.002	51	28
漳州	−0.009	53	29
秦皇岛	−0.010	54	30
临沂	−0.011	55	31
日照	−0.016	56	32
常州	−0.034	58	33
梅州	−0.037	59	34
南通	−0.038	60	35
镇江	−0.064	62	36
肇庆	−0.064	63	37
东营	−0.098	68	38
烟台	−0.105	69	39
海口	−0.108	71	40
盐城	−0.125	74	41
廊坊	−0.131	75	42
中山	−0.194	77	43
泰州	−0.207	78	44
唐山	−0.222	81	45
湖州	−0.228	82	46
江门	−0.252	84	47
珠海	−0.259	85	48
佛山	−0.262	86	49
泰安	−0.313	89	50
茂名	−0.339	91	51
沧州	−0.459	92	52

续表

城市	指数	所有测评城市排名	区域内部排名
菏泽	-0.479	94	53
邢台	-0.487	95	54
惠州	-0.506	98	55
邯郸	-0.521	99	56
连云港	-0.611	102	57
台州	-0.655	105	58
宿迁	-0.690	106	59
汕头	-0.702	107	60
金华	-0.732	108	61
承德	-0.833	109	62
三明	-0.848	110	63
衡水	-0.861	111	64
威海	-0.958	112	65
德州	-1.086	114	66
嘉兴	-1.197	115	67

在位于东部的67个城市中，北京以2.355的高分位居所有东部城市之首，其次是深圳、广州、南京，得分都超过1。其中，有6个城市的创孵社会贡献居所有城市的前10位，分别是北京、深圳、广州、南京、上海和杭州，占东部城市的9%。东部城市中，共27个城市的创孵社会贡献高于全国平均水平，占东部城市的40.3%，优势非常明显。此外，除去全国排名前10位的6个城市外，天津、苏州、济南、宁波等21个城市排在全国第11～第50位不等的位置，它们的指数均高于全国平均水平；而石家庄、漳州、秦皇岛、临沂等其余的40个城市居所有城市的第51～第115位，它们的指数均低于全国平均水平。

从区域内部差异来看，东部地区排名最高的北京与排名最低的嘉兴之间的位差为114位，指数差为3.552。东部排名最低的城市嘉兴在全国排名第115位，可见东部地区虽然整体较强，而且区域内部差距也较大（图2-17）。

第2章 中国城市创业孵化能力分析

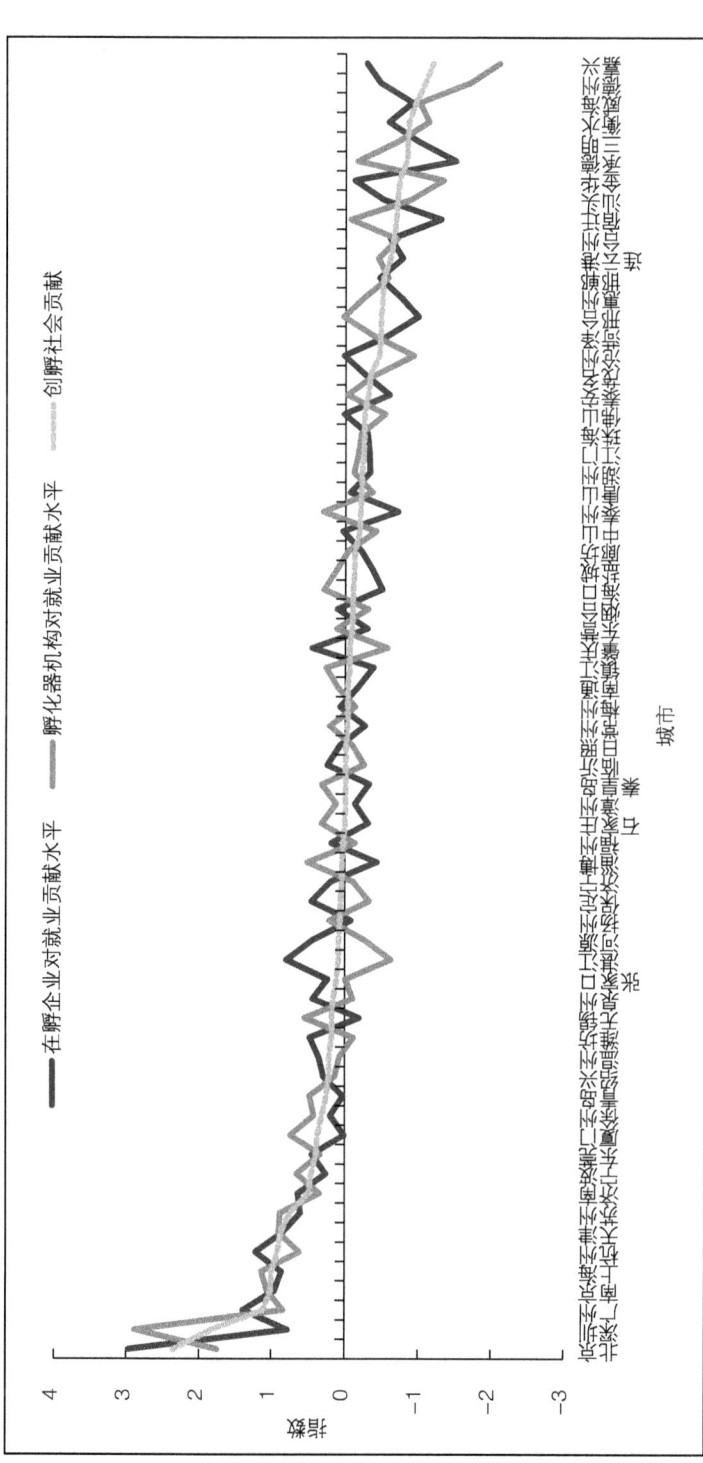

图2-17 东部地区指标变化

2018年中国中部地区城市创孵社会贡献指数及排名如表2-18所示。

表2-18 中部地区城市创孵社会贡献指数及排名

城市	指数	所有测评城市排名	区域内部排名
南昌	1.276	4	1
武汉	1.163	5	2
郑州	1.137	6	3
长沙	0.738	14	4
滁州	0.497	15	5
太原	0.486	17	6
合肥	0.257	28	7
洛阳	0.124	37	8
株洲	0.110	38	9
长治	0.067	44	10
芜湖	0.052	47	11
宜昌	-0.031	57	12
蚌埠	-0.064	64	13
阳泉	-0.108	70	14
赣州	-0.116	73	15
大同	-0.191	76	16
湘潭	-0.207	79	17
宣城	-0.296	87	18
六安	-0.333	90	19
马鞍山	-0.505	96	20
安庆	-0.603	101	21
十堰	-0.647	104	22

续表

城市	指数	所有测评城市排名	区域内部排名
淮南	-1.006	113	23
黄冈	-1.275	116	24

在位于中部的 24 个城市中，南昌以 1.276 的高分位居所有中部城市之首，其次是武汉、郑州、长沙和滁州等。其中，南昌、武汉和郑州 3 个城市的创孵社会贡献居所有城市的前 10 位，占中部城市的 12.5%。中部城市中，共 11 个城市的创孵社会贡献高于全国平均水平，占中部城市的 45.83%，优势明显。此外，除去全国排名前 10 位的 3 个城市外，长沙、滁州、太原等 8 个城市排在全国第 14～第 47 位不等的位置，它们的指数均高于全国平均水平；而宜昌、蚌埠、阳泉等其余的 13 个城市居所有城市的第 57～第 116 位，它们的指数均低于全国平均水平。

从区域内部差异来看，中部地区排名最高的南昌与排名最低的黄冈之间的位差为 112 位，指数差为 2.551。中部排名最低的城市黄冈在全国排名第 116 位，可见中部地区虽然整体较强，而且区域内部差距也较大（图 2-18）。

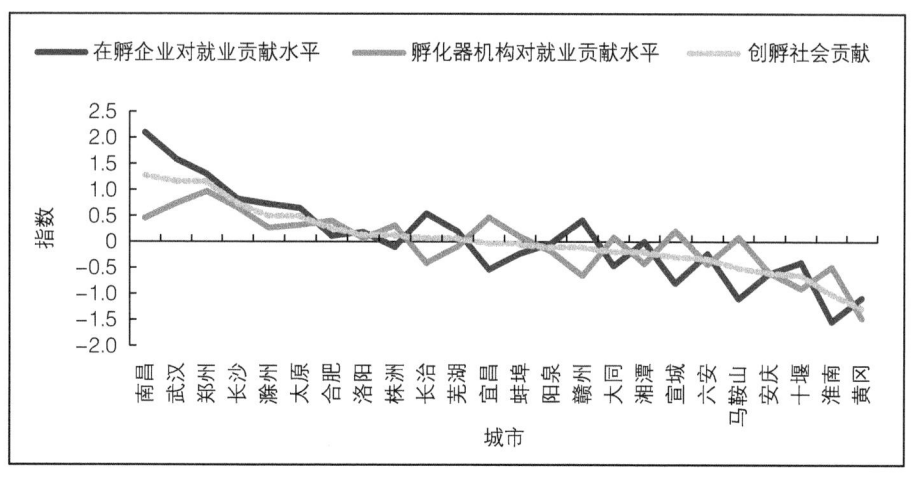

图 2-18　中部地区指标变化

2018年中国西部地区城市创孵社会贡献指数及排名如表2-19所示。

表2-19 西部地区城市创孵社会贡献指数及排名

城市	指数	所有测评城市排名	区域内部排名
重庆	1.851	2	1
西安	0.792	12	2
成都	0.460	18	3
贵阳	0.414	20	4
酒泉	0.396	21	5
昆明	0.388	22	6
兰州	0.325	26	7
绵阳	0.208	32	8
渭南	0.098	40	9
包头	-0.005	52	10
南宁	-0.041	61	11
鄂尔多斯	-0.070	65	12
乌鲁木齐	-0.074	66	13
呼和浩特	-0.109	72	14
柳州	-0.214	80	15
银川	-0.229	83	16
白银	-0.297	88	17
张掖	-0.464	93	18
泸州	-0.568	100	19
西宁	-1.500	117	20

在位于西部的20个城市中，重庆以1.851的高分位居所有西部城市之首，其次是西安、成都、贵阳、酒泉等。其中，重庆1个城市的创孵社会贡献居

所有城市的前 10 位，占西部城市的 5%。西部城市中，共 9 个城市的创孵社会贡献高于全国平均水平，占西部城市的 45%，优势非常明显。此外，除去全国排名前 10 位的 1 个城市外，西安、成都、贵阳等 8 个城市排在全国第 12～第 40 位不等的位置，它们的指数均高于全国平均水平；而包头、南宁、鄂尔多斯等其余的 11 个城市居所有城市的第 52～第 117 位，它们的指数均低于全国平均水平。总体来看，西部地区的 20 个城市在创孵社会贡献处于领先地位。

从区域内部差异来看，西部地区排名最高的重庆与排名最低的西宁之间的位差为 115 位，指数差为 3.351。西部排名最低的城市西宁在全国排名第 117 位，可见西部地区虽然整体较强，而且区域内部差距也较大（图 2-19）。

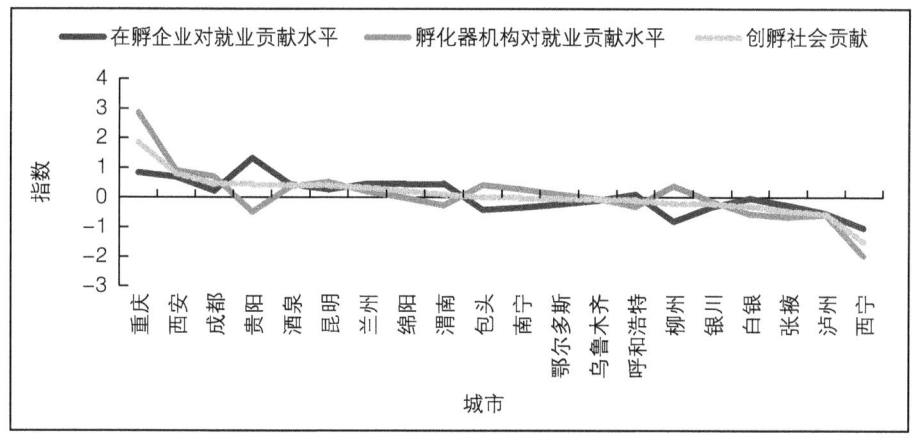

图 2-19　西部地区指标变化

2018 年中国东北部地区城市创孵社会贡献指数及排名如表 2-20 所示。

表 2-20　东北部地区城市创孵社会贡献指数及排名

城市	指数	所有测评城市排名	区域内部排名
沈阳	0.348	25	1
哈尔滨	0.186	33	2

续表

城市	指数	所有测评城市排名	区域内部排名
长春	0.077	43	3
大连	-0.097	67	4
吉林	-0.505	97	5
齐齐哈尔	-0.642	103	6

在位于东北的 6 个城市中，沈阳以 0.348 的高分位居所有东北城市之首，其次是哈尔滨、长春等。其中，没有城市的创孵社会贡献居所有城市的前 10 位。东北城市中，共 3 个城市的创孵社会贡献高于全国平均水平，占东北城市的 50%。沈阳、哈尔滨、长春 3 个城市分别排在全国第 25 位、第 33 位和第 43 位不等的位置，它们的指数均高于全国平均水平；而大连、吉林、齐齐哈尔 3 个城市分别位于所有城市的第 67 位、第 97 位和第 103 位，它们的指数均低于全国平均水平。

从区域内部差异来看，东北部地区排名最高的沈阳与排名最低的齐齐哈尔之间的位差为 78 位，指数差为 0.99。东北排名最低的城市齐齐哈尔在全国排名第 103 位，可见东北部地区城市少，但区域内部差距也相对较大（图 2-20）。

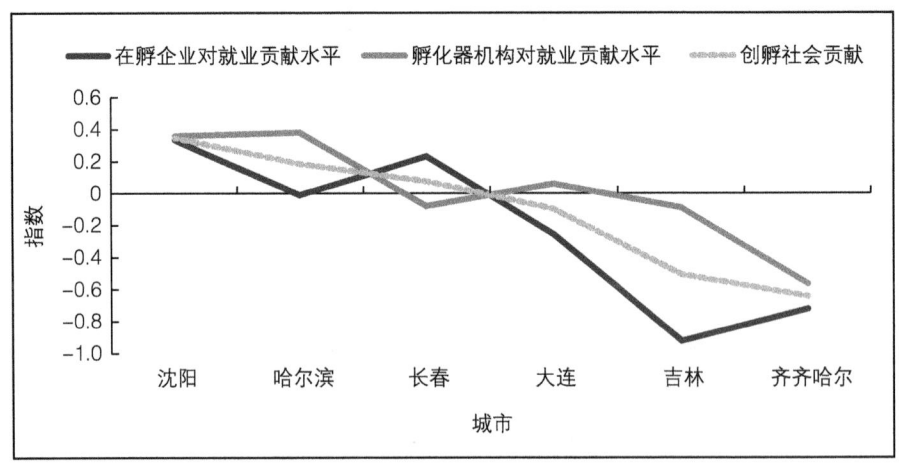

图 2-20　东北部地区指标变化

（三）创业孵化社会贡献对城市创业孵化能力的影响分析

整体来看，有 58 个城市的创孵社会贡献排名高于创孵总指数排名，表明有大约 49.57% 的城市注重创孵发展过程中的社会贡献，因此推动了城市的整体创孵水平。这些城市包括佛山、威海、嘉兴等；同时，有 57 个城市的创孵社会贡献排名低于创孵总指数排名，因而影响了城市整体创孵水平的提升，如秦皇岛、长治、滁州等城市；另外，北京、深圳 2 个城市的创孵社会贡献与其创孵总指数排名相同，保持了创孵水平与社会贡献的一致性（图 2-21）。

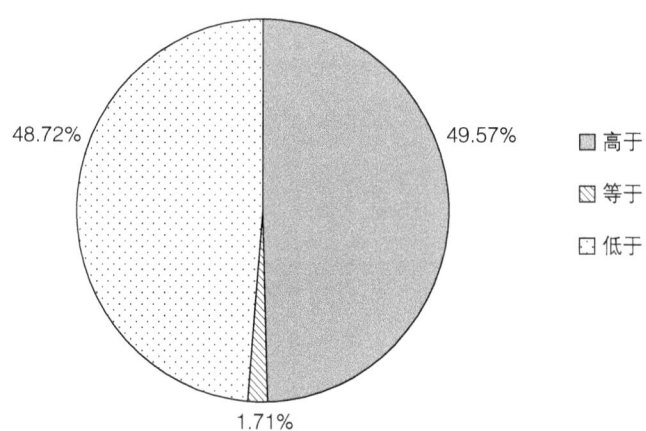

图 2-21　创孵社会贡献和总指数排名相比的占比情况

为了进一步分析不同城市创孵社会贡献对创孵总指数的贡献程度，创孵社会贡献和创孵总指数排名差异超过 20 位的城市如表 2-21 所示。

表 2-21　创孵社会贡献和创孵总指数排名差异超过 20 位的城市

城市	创孵总指数排名	创孵社会贡献排名	排名变化
佛山	18	86	68
滁州	68	15	53
长治	96	44	52

续表

城市	创孵总指数排名	创孵社会贡献排名	排名变化
威海	61	112	51
秦皇岛	104	54	50
嘉兴	66	115	49
湛江	90	41	49
酒泉	69	21	48
珠海	41	85	44
张家口	83	39	44
河源	84	42	42
漳州	95	53	42
株洲	79	38	41
湖州	43	82	39
赣州	35	73	38
金华	71	108	37
日照	93	56	37
盐城	38	74	36
德州	78	114	36
蚌埠	100	64	36
常州	26	58	32
中山	46	77	31
烟台	40	69	29
阳泉	99	70	29
南通	32	60	28
贵阳	48	20	28
湘潭	107	79	28
泉州	63	36	27
大连	42	67	25

续表

城市	创孵总指数排名	创孵社会贡献排名	排名变化
廊坊	50	75	25
邯郸	74	99	25
肇庆	88	63	25
大同	101	76	25
长春	19	43	24
呼和浩特	49	72	23
惠州	75	98	23
泰州	57	78	21
连云港	81	102	21

从影响程度分析，城市创孵社会贡献排名与创孵总指数排名差异较大（超过20位）的城市共有38个，占所有城市的32.48%，其中为正差（社会贡献高于总指数）的城市有21个，如佛山、威海、嘉兴、珠海等，这些城市的创孵社会贡献对城市总体创孵水平的贡献较大；为负差的城市有17个，如湛江、秦皇岛、长治、滁州等，这些城市的创孵社会贡献对城市总体创孵水平的贡献较小。其中，佛山的排名差异变化最大，其创孵总指数居所有城市第18位，但创孵社会贡献仅为第86位，变化幅度达到了68位。同时，名次变动差异较小（20位以内）的城市共有79个，占所有城市的67.52%，如北京、上海、深圳、杭州等。

四、城市创业孵化服务水平

创孵服务水平表征的是创孵机构对在孵企业提供服务的能力。创孵服务水平主要从创业孵化机构开展的创业辅导情况以及资源整合情况等方面考虑，包括孵化器创业辅导服务水平、孵化器资源整合服务水平两个二级指标，均为正向指标（表2-22）。

表 2-22 创孵服务水平下设指标及权重

二级指标	指标序号	三级指标	权重	指标属性
孵化器创业辅导服务水平	1	对在孵企业培训人次	1.7%	正
	2	开展创业教育培训活动场次	1.7%	正
	3	创业导师总数	1.7%	正
	4	创业导师对接企业总数	1.7%	正
	5	举办创新创业活动总数	1.7%	正
孵化器资源整合服务水平	6	孵化机构签约中介机构数量	1.7%	正
	7	孵化机构对公共技术服务平台投资额	1.7%	正
	8	当年提供技术支撑服务的团队和企业数量	1.7%	正
	9	当年开展国际合作交流活动的数量	1.7%	正
	10	当年享受财政资金支持额	1.7%	正

经测算，2018 年 117 个地级市的创孵服务水平指数及排名如表 2-23 所示。

表 2-23 117 个地级市创孵服务水平指数及排名

城市	一级指标		二级指标			
	创孵服务水平		孵化器创业辅导服务水平		孵化器资源整合服务水平	
	指数	排名	指数	排名	指数	排名
北京	4.353	1	4.373	1	4.332	1
上海	3.625	2	3.648	2	3.601	2
杭州	2.580	3	2.816	4	2.345	6
广州	2.532	4	3.263	3	1.801	8
深圳	2.474	5	2.584	5	2.364	5
武汉	2.148	6	2.067	6	2.229	7
南京	2.090	7	1.813	10	2.367	4
苏州	1.797	8	1.139	13	2.454	3

续表

城市	一级指标		二级指标			
	创孵服务水平		孵化器创业辅导服务水平		孵化器资源整合服务水平	
	指数	排名	指数	排名	指数	排名
西安	1.633	9	1.813	9	1.452	9
重庆	1.560	10	1.842	8	1.278	10
天津	1.499	11	1.901	7	1.096	12
成都	1.116	12	1.307	11	0.925	14
郑州	1.082	13	1.196	12	0.969	13
佛山	0.833	14	0.388	22	1.277	11
青岛	0.680	15	0.891	14	0.469	18
长沙	0.657	16	0.694	15	0.621	15
济南	0.525	17	0.521	16	0.530	17
厦门	0.363	18	0.437	20	0.288	21
宁波	0.360	19	0.142	29	0.577	16
长春	0.314	20	0.451	17	0.177	26
东莞	0.302	21	0.440	19	0.163	27
兰州	0.279	22	0.353	23	0.205	25
昆明	0.226	23	0.219	26	0.234	23
沈阳	0.217	24	0.106	32	0.328	20
太原	0.192	25	0.424	21	−0.040	32
南昌	0.178	26	0.447	18	−0.090	35
合肥	0.175	27	0.218	27	0.133	28
常州	0.129	28	0.052	34	0.206	24
无锡	0.117	29	−0.178	44	0.412	19
大连	0.103	30	0.308	24	−0.101	36
洛阳	0.078	31	−0.085	41	0.240	22
保定	0.046	32	0.231	25	−0.140	38

续表

城市	一级指标		二级指标			
	创孵服务水平		孵化器创业辅导服务水平		孵化器资源整合服务水平	
	指数	排名	指数	排名	指数	排名
徐州	0.046	33	0.142	30	−0.051	34
温州	0.035	34	0.094	33	−0.023	31
济宁	−0.002	35	−0.015	36	0.011	30
潍坊	−0.027	36	0.109	31	−0.163	41
哈尔滨	−0.030	37	0.164	28	−0.223	48
烟台	−0.078	38	−0.110	42	−0.046	33
盐城	−0.122	39	−0.019	37	−0.225	49
石家庄	−0.125	40	0.008	35	−0.258	53
威海	−0.136	41	−0.079	40	−0.193	44
呼和浩特	−0.142	42	−0.140	43	−0.145	39
乌鲁木齐	−0.176	43	−0.044	39	−0.309	58
绍兴	−0.184	44	−0.417	67	0.050	29
中山	−0.191	45	−0.201	46	−0.180	42
珠海	−0.202	46	−0.209	47	−0.195	45
湖州	−0.211	47	−0.305	55	−0.117	37
福州	−0.226	48	−0.180	45	−0.271	55
嘉兴	−0.226	49	−0.215	48	−0.237	51
临沂	−0.228	50	−0.227	49	−0.229	50
邯郸	−0.228	51	−0.042	38	−0.414	73
南通	−0.236	52	−0.316	58	−0.156	40
唐山	−0.283	53	−0.242	51	−0.325	61
廊坊	−0.302	54	−0.240	50	−0.363	67
镇江	−0.307	55	−0.366	62	−0.249	52
东营	−0.312	56	−0.414	65	−0.211	47
扬州	−0.313	57	−0.315	57	−0.311	59

续表

城市	一级指标		二级指标			
	创孵服务水平		孵化器创业辅导服务水平		孵化器资源整合服务水平	
	指数	排名	指数	排名	指数	排名
德州	-0.325	58	-0.378	63	-0.272	56
贵阳	-0.332	59	-0.340	61	-0.324	60
淄博	-0.335	60	-0.482	75	-0.188	43
金华	-0.340	61	-0.328	59	-0.351	66
柳州	-0.352	62	-0.338	60	-0.365	68
泉州	-0.352	63	-0.284	53	-0.421	75
江门	-0.359	64	-0.454	72	-0.264	54
西宁	-0.368	65	-0.394	64	-0.342	62
绵阳	-0.370	66	-0.282	52	-0.458	82
台州	-0.376	67	-0.547	89	-0.204	46
泰州	-0.378	68	-0.414	66	-0.343	63
宜昌	-0.388	69	-0.313	56	-0.463	84
衡水	-0.402	70	-0.291	54	-0.513	95
沧州	-0.406	71	-0.504	78	-0.308	57
南宁	-0.421	72	-0.442	69	-0.400	70
惠州	-0.433	73	-0.459	73	-0.407	72
赣州	-0.437	74	-0.429	68	-0.444	79
鄂尔多斯	-0.438	75	-0.532	86	-0.344	64
长治	-0.439	76	-0.532	85	-0.345	65
包头	-0.450	77	-0.497	77	-0.404	71
泸州	-0.453	78	-0.447	70	-0.460	83
芜湖	-0.460	79	-0.475	74	-0.444	78
邢台	-0.465	80	-0.452	71	-0.479	89
日照	-0.479	81	-0.523	80	-0.434	76
泰安	-0.482	82	-0.528	82	-0.436	77

续表

城市	一级指标 创孵服务水平		二级指标 孵化器创业辅导服务水平		孵化器资源整合服务水平	
	指数	排名	指数	排名	指数	排名
张掖	-0.487	83	-0.495	76	-0.479	88
海口	-0.488	84	-0.525	81	-0.450	81
菏泽	-0.491	85	-0.533	87	-0.449	80
株洲	-0.496	86	-0.529	83	-0.463	85
秦皇岛	-0.497	87	-0.518	79	-0.476	87
渭南	-0.499	88	-0.609	96	-0.389	69
银川	-0.508	89	-0.597	95	-0.418	74
连云港	-0.510	90	-0.531	84	-0.489	90
肇庆	-0.510	91	-0.549	90	-0.471	86
蚌埠	-0.517	92	-0.536	88	-0.499	91
十堰	-0.548	93	-0.554	92	-0.542	101
黄冈	-0.557	94	-0.549	91	-0.564	108
漳州	-0.557	95	-0.564	93	-0.551	104
滁州	-0.561	96	-0.616	98	-0.507	94
吉林	-0.562	97	-0.622	99	-0.501	92
湘潭	-0.565	98	-0.627	100	-0.503	93
马鞍山	-0.568	99	-0.612	97	-0.525	97
汕头	-0.577	100	-0.627	101	-0.527	98
阳泉	-0.586	101	-0.641	103	-0.530	99
大同	-0.586	102	-0.578	94	-0.594	115
张家口	-0.589	103	-0.654	106	-0.525	96
河源	-0.603	104	-0.663	108	-0.544	102
安庆	-0.603	105	-0.645	105	-0.562	107
白银	-0.604	106	-0.661	107	-0.547	103

续表

城市	一级指标		二级指标			
	创孵服务水平		孵化器创业辅导服务水平		孵化器资源整合服务水平	
	指数	排名	指数	排名	指数	排名
宿迁	-0.606	107	-0.670	109	-0.542	100
梅州	-0.610	108	-0.644	104	-0.576	110
齐齐哈尔	-0.615	109	-0.640	102	-0.591	113
宣城	-0.629	110	-0.707	115	-0.551	105
茂名	-0.631	111	-0.689	112	-0.573	109
承德	-0.632	112	-0.683	111	-0.582	111
酒泉	-0.633	113	-0.674	110	-0.593	114
三明	-0.636	114	-0.712	117	-0.560	106
淮南	-0.647	115	-0.707	114	-0.586	112
六安	-0.653	116	-0.705	113	-0.600	116
湛江	-0.656	117	-0.711	116	-0.601	117

从表 2-23 中可以看出，2018 年 117 个地级市中，创孵服务水平指数最高的城市为北京，达 4.353 分；最低的城市为湛江，指数为 -0.656；创孵服务水平的极差为 5.009。创孵服务水平排名居前 10 位的城市分别为北京、上海、杭州、广州、深圳、武汉、南京、苏州、西安和重庆。共有 34 个城市的创孵服务水平高于全国平均水平，占比 29.06%。创孵服务水平排名居前 10 位和后 10 位的城市如图 2-22 所示。

从二级指标来看，孵化器创业辅导服务水平指数排名居前 10 位的城市分别为北京、上海、广州、杭州、深圳、武汉、天津、重庆、西安和南京；孵化器资源整合服务水平指数排名居前 10 位的城市分别为北京、上海、苏州、南京、深圳、杭州、武汉、广州、西安和重庆。

下面进一步从创孵服务水平区域之间差异、区域内部差异，以及 2018 年中国城市创孵总指数与创孵服务水平的相关关系进行分析。

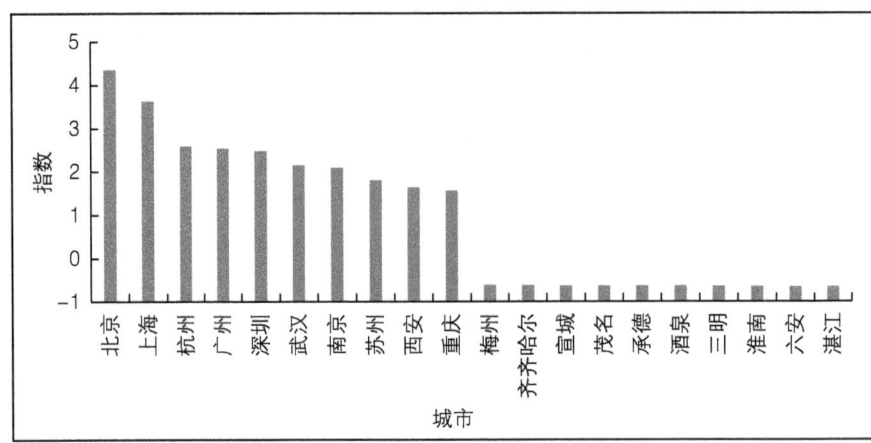

图 2-22 创孵服务水平指数排名居前 10 位和后 10 位的城市

（一）创业孵化服务水平区域间差异分析

总体来看，创孵服务水平的区域差异非常明显，其中东部地区城市遥遥领先，其他 3 个地区西部地区稍强，东北部地区次之，中部地区最弱。具体如图 2-23 所示。其中，东部所有测评城市的平均水平达到 0.1，远高于其他地区。中部、西部和东北部地区城市的平均水平分别为 −0.197、−0.071 和 −0.095，均远低于东部地区，同时也低于全国平均水平。

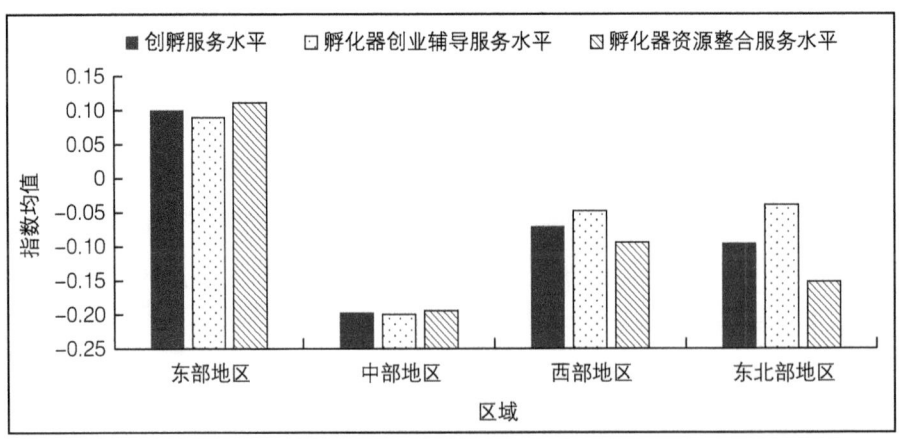

图 2-23 创孵服务水平区域间差异

具体到各二级指标，孵化器创业辅导服务水平指标中，东部地区平均水平为 0.089，与其他 3 个地区差距较大；西部地区平均水平稍逊于东北部地区，指数均值为 -0.048；东北部地区的指数均值为 -0.039；中部地区指数均值为 -0.200，排名垫底。四大地区中，只有东部地区指数均值高于全国平均水平。孵化器资源整合服务水平指标中，东部地区平均水平为 0.111，高于全国平均水平；西部地区指数为 -0.094，东北部地区指数为 -0.152，中部地区指数为 -0.194，均低于全国平均水平。

（二）创业孵化服务水平区域内差异分析

从创孵服务水平测算结果来看，城市排名呈现出区域化特征，东部地区多数城市排名相对靠前，西部及东北部地区多数城市总体排名次之，中部地区多数城市总体排名相对靠后。同时各区域内部城市之间的排名状况差异十分明显。

从区域内部最高位次与最低位次的位差数来看，东部地区差距为 116 位；中部地区和西部地区差距分别为 110 位和 104 位；东北部地区样本数量在四大区域中排名最小，最高与最低的位差数在四大区域中也是最小，为 89 位。

2018 年中国东部地区城市创孵服务水平指数及排名如表 2-24 所示。

表 2-24 东部地区城市创孵服务水平指数及排名

城市	指数	所有测评城市排名	区域内部排名
北京	4.353	1	1
上海	3.625	2	2
杭州	2.580	3	3
广州	2.532	4	4
深圳	2.474	5	5
南京	2.090	7	6
苏州	1.797	8	7

续表

城市	指数	所有测评城市排名	区域内部排名
天津	1.499	11	8
佛山	0.833	14	9
青岛	0.680	15	10
济南	0.525	17	11
厦门	0.363	18	12
宁波	0.360	19	13
东莞	0.302	21	14
常州	0.129	28	15
无锡	0.117	29	16
保定	0.046	32	17
徐州	0.046	33	18
温州	0.035	34	19
济宁	-0.002	35	20
潍坊	-0.027	36	21
烟台	-0.078	38	22
盐城	-0.122	39	23
石家庄	-0.125	40	24
威海	-0.136	41	25
绍兴	-0.184	44	26
中山	-0.191	45	27
珠海	-0.202	46	28
湖州	-0.211	47	29
福州	-0.226	48	30
嘉兴	-0.226	49	31

续表

城市	指数	所有测评城市排名	区域内部排名
临沂	-0.228	50	32
邯郸	-0.228	51	33
南通	-0.236	52	34
唐山	-0.283	53	35
廊坊	-0.302	54	36
镇江	-0.307	55	37
东营	-0.312	56	38
扬州	-0.313	57	39
德州	-0.325	58	40
淄博	-0.335	60	41
金华	-0.340	61	42
泉州	-0.352	63	43
江门	-0.359	64	44
台州	-0.376	67	45
泰州	-0.378	68	46
衡水	-0.402	70	47
沧州	-0.406	71	48
惠州	-0.433	73	49
邢台	-0.465	80	50
日照	-0.479	81	51
泰安	-0.482	82	52
海口	-0.488	84	53
菏泽	-0.491	85	54
秦皇岛	-0.497	87	55
连云港	-0.510	90	56

续表

城市	指数	所有测评城市排名	区域内部排名
肇庆	-0.510	91	57
漳州	-0.557	95	58
汕头	-0.577	100	59
张家口	-0.589	103	60
河源	-0.603	104	61
宿迁	-0.606	107	62
梅州	-0.610	108	63
茂名	-0.631	111	64
承德	-0.632	112	65
三明	-0.636	114	66
湛江	-0.656	117	67

在位于东部的67个城市中，北京以4.353的高分位居所有东部城市之首，其次是上海、杭州、广州等。其中，有7个城市的创孵服务水平居所有城市的前10位，分别是北京、上海、杭州、广州、深圳、南京和苏州，占东部城市的10.45%。东部城市中，共19个城市的创孵服务水平高于全国平均水平，占东部城市的28.36%，优势非常明显。此外，除去全国排名前10位的7个城市外，天津、佛山、青岛、济南、厦门、宁波、东莞、常州、无锡、保定、徐州、温州12个城市排在全国第11～第34位不等的位置，它们的指数均高于全国平均水平；而济宁、潍坊、烟台等其余的48个城市居所有城市的第35位及之后，它们的指数均低于全国平均水平。总体来看，东部地区的67个城市在创孵服务水平处于领先地位。

从区域内部差异来看，东部地区排名最高的北京与排名最低的湛江之间的位差为116位，指数差为5.009。东部排名最低的城市湛江在全国排名第117位，可见东部地区虽然整体较强，但是区域内部差距也较大（图2-24）。

第2章
中国城市创业孵化能力分析

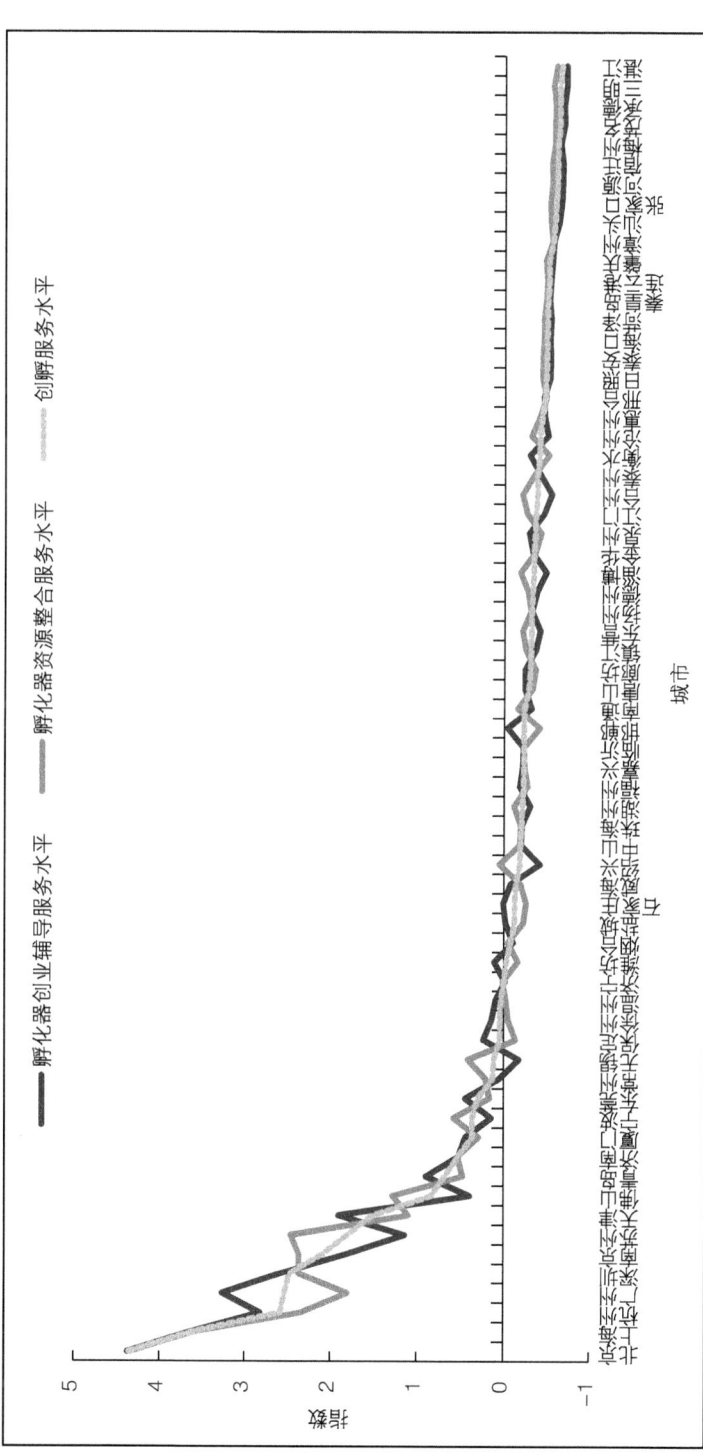

图 2-24 东部地区指标变化

从图 2-24 中可看出，东部地区 67 个城市的创孵服务水平及其二级指标整体变化较大。创孵服务水平排名较前的城市二级指标递减幅度较大，创孵服务水平排名中间的城市二级指标变化幅度不大，创孵服务水平排名较后的城市二级指标变化幅度也很小。

2018 年中国中部地区城市创孵服务水平指数及排名如表 2-25 所示。

表 2-25　中部地区城市创孵服务水平指数及排名

城市	指数	所有测评城市排名	区域内部排名
武汉	2.148	6	1
郑州	1.082	13	2
长沙	0.657	16	3
太原	0.192	25	4
南昌	0.178	26	5
合肥	0.175	27	6
洛阳	0.078	31	7
宜昌	-0.388	69	8
赣州	-0.437	74	9
长治	-0.439	76	10
芜湖	-0.460	79	11
株洲	-0.496	86	12
蚌埠	-0.517	92	13
十堰	-0.548	93	14
黄冈	-0.557	94	15
滁州	-0.561	96	16
湘潭	-0.565	98	17
马鞍山	-0.568	99	18
阳泉	-0.586	101	19
大同	-0.586	102	20
安庆	-0.603	105	21

续表

城市	指数	所有测评城市排名	区域内部排名
宣城	-0.629	110	22
淮南	-0.647	115	23
六安	-0.653	116	24

在位于中部的24个城市中,武汉以2.148的高分位居所有中部城市之首,其次是郑州、长沙和太原。其中,只有武汉1个城市的创孵服务水平居所有城市的前10位,占中部城市的4.17%。中部城市中,共7个城市的创孵服务水平高于全国平均水平,占中部城市的29.17%。此外,除去全国排名前10位的1个城市武汉外,郑州、长沙、太原、南昌、合肥、洛阳6个城市排在全国第13～第31位不等的位置,它们的指数均高于全国平均水平;而宜昌、赣州、长治等其余的17个城市居所有城市的第69～第116位,它们的指数均低于全国平均水平。总体来看,中部地区的24个城市在创孵服务水平处于相对落后地位。

从区域内部差异来看,中部地区排名最高的武汉与排名最低的六安之间的位差为110位,指数差为2.801。中部排名最低的城市六安在全国排名第116位,可见中部地区不但整体较弱,而且区域内部差距也较大(图2-25)。

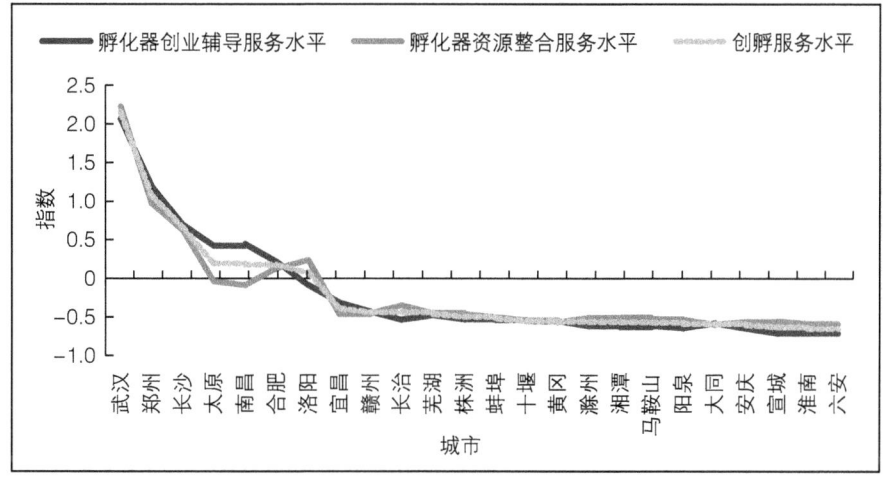

图2-25 中部地区指标变化

从图 2-25 中可看出，中部地区 24 个城市的创孵服务水平及其二级指标整体变化较大。创孵服务水平排名较前的城市二级指标递减幅度很大，创孵服务水平排名中间的城市二级指标变化幅度不大，创孵服务水平排名较后的城市二级指标变化幅度也很小。

2018 年中国西部地区城市创孵服务水平指数及排名如表 2-26 所示。

表 2-26　西部地区城市创孵服务水平指数及排名

城市	指数	所有测评城市排名	区域内部排名
西安	1.633	9	1
重庆	1.560	10	2
成都	1.116	12	3
兰州	0.279	22	4
昆明	0.226	23	5
呼和浩特	-0.142	42	6
乌鲁木齐	-0.176	43	7
贵阳	-0.332	59	8
柳州	-0.352	62	9
西宁	-0.368	65	10
绵阳	-0.370	66	11
南宁	-0.421	72	12
鄂尔多斯	-0.438	75	13
包头	-0.450	77	14
泸州	-0.453	78	15
张掖	-0.487	83	16
渭南	-0.499	88	17
银川	-0.508	89	18
白银	-0.604	106	19
酒泉	-0.633	113	20

在位于西部的20个城市中,西安以1.633的高分位居所有西部城市之首,其次是重庆、成都和兰州。其中,西安和重庆2个城市的创孵服务水平居所有城市的前10位,占西部城市的10%。西部城市中,共5个城市的创孵服务水平高于全国平均水平,占西部城市的25%。此外,除去全国排名前10位的2个城市外,成都、兰州和昆明3个城市排在全国第12位、第22位和第23位不等的位置,它们的指数均高于全国平均水平;而呼和浩特、乌鲁木齐和贵阳等其余的15个城市居所有城市的第42～第113位,它们的指数均低于全国平均水平。总体来看,西部地区的20个城市在创孵服务水平处于中游地位。

从区域内部差异来看,西部地区排名最高的西安与排名最低的酒泉之间的位差为104位,指数差为2.266。西部排名最低的城市酒泉在全国排名第113位,可见西部地区区域内部差距也较大(图2-26)。

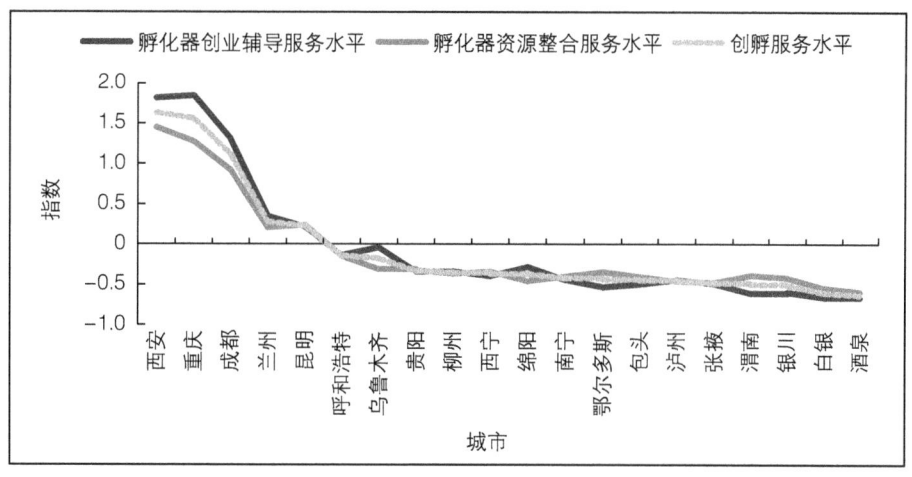

图2-26 西部地区指标变化

从图2-26中可看出,西部地区20个城市的创孵服务水平及其二级指标整体变化较大。创孵服务水平排名较前的城市二级指标递减幅度很大,创孵服务水平排名中间的城市二级指标变化幅度不大,创孵服务水平排名较后的城市二级指标变化幅度较小。

2018年中国东北部地区城市创孵服务水平指数及排名如表2-27所示。

表 2-27 东北部地区城市创孵服务水平指数及排名

城市	指数	所有测评城市排名	区域内部排名
长春	0.314	20	1
沈阳	0.217	24	2
大连	0.103	30	3
哈尔滨	-0.030	37	4
吉林	-0.562	97	5
齐齐哈尔	-0.615	109	6

在位于东北的 6 个城市中，长春以 0.314 的高分位居所有东北城市之首，其次是沈阳、大连、哈尔滨、吉林和齐齐哈尔。其中，没有城市的创孵服务水平居所有城市的前 10 位。东北城市中，共 3 个城市的创孵服务水平高于全国平均水平，占东北城市的 50%。而哈尔滨、吉林和齐齐哈尔 3 个城市位于所有城市的第 37 位、第 97 位和第 109 位，它们的指数均低于全国平均水平。总体来看，东北部地区的 6 个城市在创孵服务水平处于中游地位。

从区域内部差异来看，东北部地区排名最高的长春与排名最低的齐齐哈尔之间的位差为 89 位，指数差为 0.929。东北排名最低的城市齐齐哈尔在全国排名第 109 位，可见东北部地区整体处于中游水平，区域内部差距相对其他 3 个地区也是最小（图 2-27）。

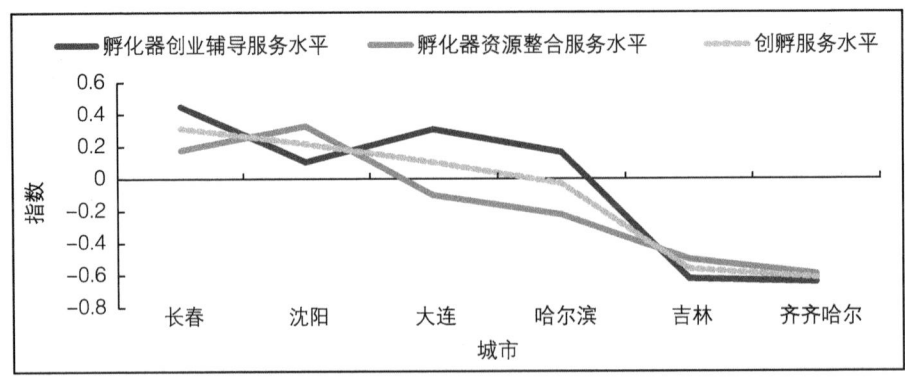

图 2-27 东北部地区指标变化

（三）创业孵化服务水平对城市创业孵化能力的影响分析

整体来看，有 55 个城市的创孵服务水平排名高于创孵总指数排名，表明有大约 47.01% 的城市注重创孵发展过程中的服务水平，因此推动了城市的整体创孵水平。这些城市包括酒泉、赣州、梅州等（位次差别最高的三个城市）；同时，有 53 个城市的创孵服务水平排名低于创孵总指数排名，因而影响了城市整体创孵水平的提升，如台州、衡水、西宁等城市；另外，北京、上海、西安、成都等 9 个城市的创孵服务水平与其创孵总指数排名相同，保持了创孵水平与创孵服务水平的一致性（图 2-28）。

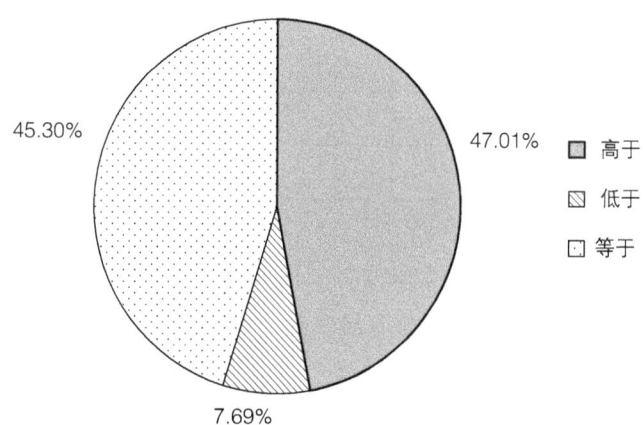

图 2-28　创孵服务水平和总指数排名相比的占比情况

为了进一步分析不同城市创孵服务水平对创孵总指数的贡献程度，创孵服务水平和中国城市创业孵化指数排名差异超过 20 位的城市如表 2-28 所示。

表 2-28　创孵服务水平和中国城市创业孵化指数排名超过 20 位的城市

城市	创孵总指数排名	创孵服务水平排名	排名变化
西宁	113	65	48
酒泉	69	113	44

续表

城市	创孵总指数排名	创孵服务水平排名	排名变化
赣州	35	74	39
梅州	70	108	38
渭南	60	88	28
滁州	68	96	28
衡水	97	70	27
湛江	90	117	27
台州	91	67	24
邯郸	74	51	23
黄冈	117	94	23
包头	55	77	22
江门	85	64	21

从影响程度分析，城市创孵服务水平排名与创孵总指数排名差异较大（超过20位）的城市共有13个，占所有城市的11.11%，其中为正差（创孵服务水平高于总指数）的城市有7个，如酒泉、赣州、梅州等，这些城市的创孵服务水平对城市总体创孵水平的贡献较大；为负差的城市有6个，如台州、衡水、西宁等，这些城市的创孵服务水平对城市总体创孵水平的贡献较小。其中，西宁的排名差异变化最大，虽然其创孵总指数居所有城市第113位，但创孵服务水平为第65位，变化幅度达到了48位。同时，名次变动差异较小（20位以内）的城市共有104个，占所有城市的88.89%，如杭州、广州、重庆、中山等。

五、城市创业孵化基础设施

创孵基础设施表征的是创孵机构当下基础设施的建设情况。创孵基础设施主要从数量、面积、孵化基金等方面对城市创业孵化机构的现有条件进行汇总，包括孵化器面积、孵化器数量、孵化资金条件3个二级指标（表2-29）。

表 2-29 创孵基础设施下设指标及权重

二级指标	指标序号	三级指标	权重	指标属性
孵化器面积	1	孵化机构总面积	5.6%	正
孵化器数量	2	孵化机构数量	2.8%	正
	3	专业型孵化器所占比重	2.8%	正
孵化资金条件	4	孵化基金总额	5.6%	正

经测算，2018 年 117 个地级市的创孵基础设施指数及排名如表 2-30 所示。

表 2-30 117 个地级市创孵基础设施指数及排名

城市	一级指标 创孵基础设施		二级指标					
			孵化器面积		孵化器数量		孵化资金条件	
	指数	排名	指数	排名	指数	排名	指数	排名
北京	4.337	1	3.471	4	1.523	4	8.019	1
上海	2.824	2	1.485	8	2.923	1	4.064	3
广州	2.648	3	3.909	2	2.455	2	1.581	5
西安	2.133	4	0.988	14	1.338	8	4.074	2
南京	2.042	5	3.948	1	1.268	10	0.910	7
深圳	2.036	6	3.695	3	1.451	5	0.960	6
杭州	1.857	7	2.052	6	1.374	7	2.145	4
苏州	1.584	8	2.882	5	1.163	11	0.706	9
武汉	0.786	9	0.947	16	1.398	6	0.013	23
佛山	0.751	10	1.259	9	1.050	13	-0.057	29
常州	0.685	11	1.140	10	0.624	20	0.289	12
无锡	0.680	12	1.066	11	0.245	42	0.729	8
潍坊	0.677	13	1.532	7	0.787	18	-0.287	58
东莞	0.676	14	0.755	19	0.878	16	0.395	11
重庆	0.631	15	0.597	22	1.105	12	0.189	15

续表

城市	一级指标 创孵基础设施		二级指标 孵化器面积		孵化器数量		孵化资金条件	
	指数	排名	指数	排名	指数	排名	指数	排名
长春	0.578	16	0.973	15	0.532	23	0.228	14
威海	0.557	17	0.896	17	0.841	17	-0.065	30
天津	0.514	18	0.598	21	0.951	14	-0.006	25
厦门	0.463	19	0.048	41	1.278	9	0.063	19
济南	0.388	20	0.376	30	0.935	15	-0.148	35
郑州	0.370	21	0.805	18	0.319	34	-0.014	26
成都	0.343	22	0.626	20	0.249	40	0.156	16
长沙	0.279	23	0.463	26	0.234	44	0.140	17
南通	0.259	24	1.015	13	-0.354	76	0.117	18
廊坊	0.243	25	0.055	39	0.129	46	0.544	10
淄博	0.219	26	-0.558	77	1.561	3	-0.347	103
兰州	0.216	27	0.585	24	0.044	51	0.019	22
济宁	0.207	28	0.174	35	0.771	19	-0.323	72
烟台	0.194	29	-0.009	43	0.606	21	-0.015	27
湖州	0.178	30	0.155	36	0.316	35	0.062	20
中山	0.168	31	0.375	31	0.293	37	-0.163	36
昆明	0.153	32	1.039	12	-0.374	77	-0.207	42
青岛	0.152	33	-0.034	44	0.511	26	-0.023	28
惠州	0.141	34	0.058	38	0.506	27	-0.140	34
金华	0.092	35	0.031	42	0.332	31	-0.087	32
徐州	0.088	36	0.457	28	-0.029	56	-0.164	37
宁波	0.080	37	0.542	25	-0.203	69	-0.099	33
保定	0.060	38	0.049	40	0.456	28	-0.323	71
温州	0.024	39	-0.186	50	0.570	22	-0.311	62

续表

城市	一级指标 创孵基础设施		二级指标 孵化器面积		孵化器数量		孵化资金条件	
	指数	排名	指数	排名	指数	排名	指数	排名
临沂	0.021	40	0.459	27	-0.186	68	-0.210	43
沈阳	-0.001	41	-0.278	56	0.516	25	-0.240	47
大连	-0.010	42	-0.083	46	0.333	30	-0.280	56
德州	-0.019	43	0.591	23	-0.423	82	-0.224	45
合肥	-0.019	44	-0.098	47	0.029	54	0.011	24
嘉兴	-0.030	45	0.221	34	-0.132	64	-0.178	40
绍兴	-0.032	46	-0.110	48	0.330	32	-0.315	65
哈尔滨	-0.049	47	-0.222	52	0.035	53	0.040	21
扬州	-0.059	48	0.112	37	-0.036	57	-0.254	52
珠海	-0.077	49	-0.277	55	0.294	36	-0.248	48
南昌	-0.077	50	-0.201	51	-0.316	74	0.285	13
泰州	-0.081	51	0.432	29	-0.406	79	-0.268	54
呼和浩特	-0.101	52	-0.332	61	0.350	29	-0.322	69
盐城	-0.109	53	0.353	32	-0.428	83	-0.252	50
太原	-0.146	54	-0.182	49	0.037	52	-0.292	59
芜湖	-0.151	55	-0.454	70	0.169	45	-0.168	38
洛阳	-0.162	56	-0.331	60	0.126	47	-0.280	57
南宁	-0.167	57	-0.396	65	0.234	43	-0.338	91
福州	-0.197	58	-0.438	68	-0.072	60	-0.080	31
镇江	-0.220	59	-0.042	45	-0.442	85	-0.177	39
梅州	-0.231	60	-0.878	112	0.527	24	-0.342	96
乌鲁木齐	-0.251	61	-0.418	67	-0.012	55	-0.324	73
马鞍山	-0.257	62	-0.786	101	0.328	33	-0.314	64
包头	-0.258	63	-0.689	88	0.262	39	-0.346	101

续表

城市	一级指标 创孵基础设施		二级指标 孵化器面积		孵化器数量		孵化资金条件	
	指数	排名	指数	排名	指数	排名	指数	排名
衡水	-0.267	64	-0.715	92	0.248	41	-0.333	82
三明	-0.274	65	-0.737	96	0.266	38	-0.352	113
江门	-0.276	66	-0.517	74	-0.118	62	-0.193	41
贵阳	-0.305	67	-0.416	66	-0.275	71	-0.223	44
宜昌	-0.310	68	-0.528	75	-0.078	61	-0.326	74
淮南	-0.311	69	-0.700	89	0.097	48	-0.331	80
渭南	-0.315	70	-0.779	100	0.085	50	-0.250	49
石家庄	-0.323	71	-0.314	58	-0.394	78	-0.261	53
连云港	-0.343	72	0.298	33	-0.988	106	-0.340	94
邯郸	-0.363	73	-0.322	59	-0.429	84	-0.338	90
吉林	-0.372	74	-0.714	91	-0.062	59	-0.339	92
茂名	-0.373	75	-0.862	111	0.090	49	-0.347	105
张掖	-0.381	76	-0.227	53	-0.569	89	-0.347	102
泰安	-0.383	77	-0.566	78	-0.264	70	-0.319	68
沧州	-0.402	78	-0.539	76	-0.337	75	-0.330	78
泸州	-0.403	79	-0.735	94	-0.132	63	-0.342	97
株洲	-0.411	80	-0.609	82	-0.312	73	-0.312	63
泉州	-0.412	81	-0.373	62	-0.586	90	-0.277	55
河源	-0.415	82	-0.851	108	-0.048	58	-0.347	104
绵阳	-0.418	83	-0.298	57	-0.639	95	-0.316	66
台州	-0.425	84	-0.517	73	-0.417	81	-0.341	95
唐山	-0.438	85	-0.379	63	-0.599	91	-0.336	89
海口	-0.442	86	-0.899	115	-0.174	66	-0.253	51
赣州	-0.466	87	-0.445	69	-0.623	94	-0.330	77

续表

城市	一级指标 创孵基础设施		二级指标 孵化器面积		孵化器数量		孵化资金条件	
	指数	排名	指数	排名	指数	排名	指数	排名
承德	-0.470	88	-0.885	113	-0.174	65	-0.353	114
酒泉	-0.474	89	-0.889	114	-0.180	67	-0.353	115
柳州	-0.478	90	-0.633	83	-0.458	87	-0.344	99
宿迁	-0.478	91	-0.591	80	-0.550	88	-0.294	60
菏泽	-0.489	92	-0.488	71	-0.645	96	-0.333	84
湛江	-0.522	93	-0.932	117	-0.285	72	-0.350	109
汕头	-0.536	94	-0.845	106	-0.413	80	-0.349	108
东营	-0.543	95	-0.383	64	-0.916	103	-0.331	81
银川	-0.556	96	-0.712	90	-0.617	93	-0.339	93
邢台	-0.565	97	-0.586	79	-0.756	99	-0.351	110
大同	-0.566	98	-0.904	116	-0.443	86	-0.351	111
西宁	-0.569	99	-0.242	54	-1.162	107	-0.302	61
肇庆	-0.569	100	-0.679	86	-0.698	98	-0.330	79
安庆	-0.592	101	-0.758	98	-0.689	97	-0.328	76
宣城	-0.600	102	-0.670	85	-0.782	101	-0.347	106
黄冈	-0.603	103	-0.861	110	-0.601	92	-0.346	100
日照	-0.617	104	-0.682	87	-0.834	102	-0.334	85
六安	-0.624	105	-0.737	97	-0.782	100	-0.354	116
张家口	-0.640	106	-0.670	84	-0.928	105	-0.323	70
湘潭	-0.691	107	-0.510	72	-1.228	117	-0.335	88
齐齐哈尔	-0.699	108	-0.839	105	-0.922	104	-0.335	87
鄂尔多斯	-0.716	109	-0.594	81	-1.198	111	-0.355	117
秦皇岛	-0.743	110	-0.732	93	-1.180	108	-0.317	67
十堰	-0.755	111	-0.803	102	-1.222	115	-0.239	46

续表

城市	一级指标 创孵基础设施		二级指标					
			孵化器面积		孵化器数量		孵化资金条件	
	指数	排名	指数	排名	指数	排名	指数	排名
长治	-0.765	112	-0.735	95	-1.228	116	-0.333	83
蚌埠	-0.768	113	-0.772	99	-1.204	112	-0.327	75
漳州	-0.786	114	-0.814	103	-1.192	109	-0.351	112
滁州	-0.792	115	-0.817	104	-1.216	113	-0.342	98
白银	-0.797	116	-0.850	107	-1.192	110	-0.349	107
阳泉	-0.805	117	-0.858	109	-1.222	114	-0.334	86

从表2-30中可以看出，2018年117个地级市中，创孵基础设施指数最高的城市为北京，达4.34分；最低的城市为阳泉，指数为-0.8；创孵基础设施的极差为5.14。创孵基础设施排名居前10位的城市分别为北京、上海、广州、西安、南京、深圳、杭州、苏州、武汉、佛山和常州。共有40个城市的创孵基础设施高于全国平均水平，占比34.19%。创孵基础设施排名居前10位和后10位的城市如图2-29所示。

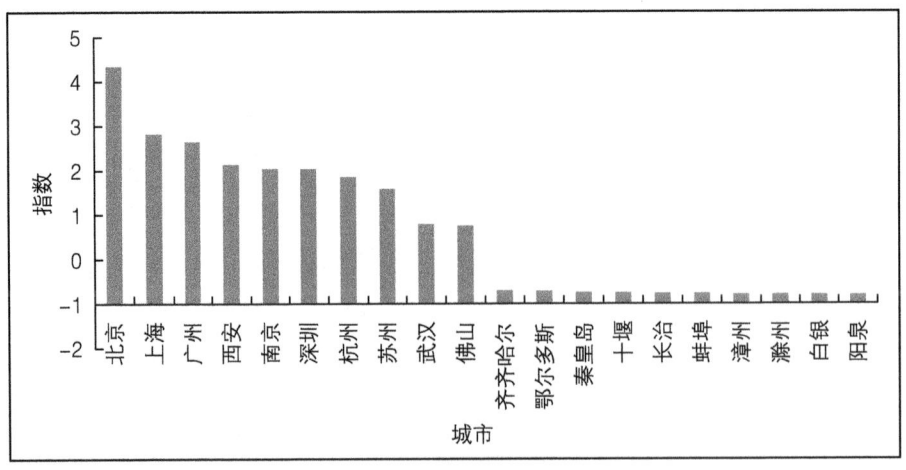

图2-29 孵化基础设施指数排名居前10位和后10位的城市

从二级指标来看，孵化器面积指数排名居前10位的城市分别为南京、广州、深圳、北京、苏州、杭州、潍坊、上海、佛山和常州；孵化器数量指数排名居前10位的城市分别为上海、广州、淄博、北京、深圳、武汉、杭州、西安、厦门和南京；孵化资金条件指数排名居前10位的城市分别为北京、西安、上海、杭州、广州、深圳、南京、无锡、苏州和廊坊。

下面进一步从创孵基础设施区域之间差异、区域内部差异，以及2018年中国城市创孵总指数与创孵基础设施的相关关系进行分析。

（一）创业孵化基础设施区域间差异分析

总体来看，创孵基础设施的区域差异非常明显，其中东部地区城市遥遥领先，其他3个地区东北部地区稍强，西部地区次之，中部地区最弱。具体如图2-30所示。其中，东部所有测评城市的平均水平达到0.175，远高于其他地区。中部、西部和东北部地区城市的平均水平分别为-0.351、-0.136和-0.092，均远低于东部地区，同时也低于全国平均水平。

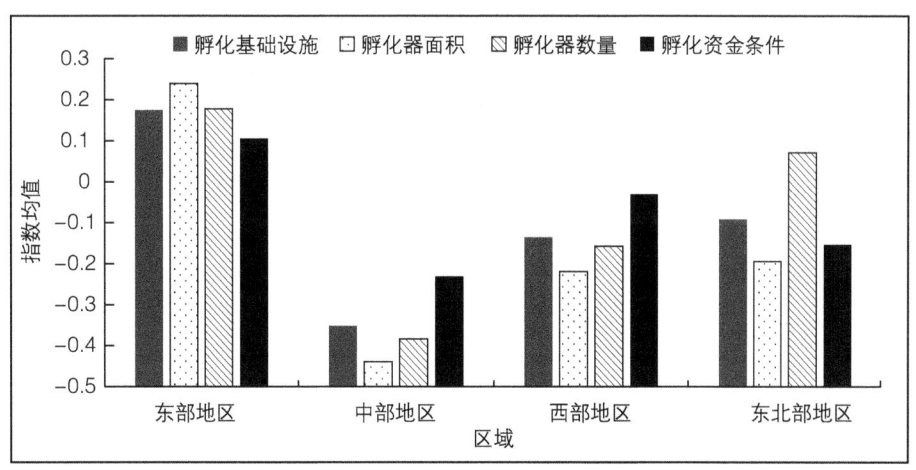

图2-30 创孵基础设施区域间差异

具体到各二级指标，孵化器面积指标中，只有东部地区超过全国平均水平，其他3个地区均低于全国平均水平。东部地区的平均指数为0.240，其他

3个地区中，东北地区较高，平均指数为 -0.194；其次是西部地区，平均指数为 -0.219；中部地区垫底，平均指数为 -0.439。

孵化器数量指标中，东部地区和东北部地区超过全国平均水平，其中东部地区优势较强，平均指数达 0.178。东北部地区次之，平均指数达 0.072。而中部地区和西部地区的指标水平都低于全国平均水平，其中西部地区的平均指数为 -0.157，中部地区仍垫底，平均指数为 -0.384。

孵化资金条件指标中，只有东部地区超过全国平均水平，平均指数达 0.106；其次是西部地区，指数稍低于全国平均水平，平均指数为 -0.031；东北地区的平均指数为 -0.154，位于第三；中部地区的平均指数为 -0.231，仍垫底。

（二）创业孵化基础设施区域内差异分析

从区域内部最高位次与最低位次的位差数来看，东部、中部、西北部地区差距接近，其中，东部地区差距为 113 位；中部地区和西部地区差距分别为 108 位和 112 位；东北部地区样本数量在四大区域中排名最小，最高与最低的位差数在四大区域中也是最小，为 92 位。

2018 年中国东部地区城市创孵基础设施指数及排名如表 2-31 所示。

表 2-31　东部地区城市创孵基础设施指数及排名

城市	指数	所有测评城市排名	区域内部排名
北京	4.337	1	1
上海	2.824	2	2
广州	2.648	3	3
南京	2.042	5	4
深圳	2.036	6	5
杭州	1.857	7	6
苏州	1.584	8	7

续表

城市	指数	所有测评城市排名	区域内部排名
佛山	0.751	10	8
常州	0.685	11	9
无锡	0.680	12	10
潍坊	0.677	13	11
东莞	0.676	14	12
威海	0.557	17	13
天津	0.514	18	14
厦门	0.463	19	15
济南	0.388	20	16
南通	0.259	24	17
廊坊	0.243	25	18
淄博	0.219	26	19
济宁	0.207	28	20
烟台	0.194	29	21
湖州	0.178	30	22
中山	0.168	31	23
青岛	0.152	33	24
惠州	0.141	34	25
金华	0.092	35	26
徐州	0.088	36	27
宁波	0.080	37	28
保定	0.060	38	29
温州	0.024	39	30
临沂	0.021	40	31
德州	-0.019	43	32

续表

城市	指数	所有测评城市排名	区域内部排名
嘉兴	-0.030	45	33
绍兴	-0.032	46	34
扬州	-0.059	48	35
珠海	-0.077	49	36
泰州	-0.081	51	37
盐城	-0.109	53	38
福州	-0.197	58	39
镇江	-0.220	59	40
梅州	-0.231	60	41
衡水	-0.267	64	42
三明	-0.274	65	43
江门	-0.276	66	44
石家庄	-0.323	71	45
连云港	-0.343	72	46
邯郸	-0.363	73	47
茂名	-0.373	75	48
泰安	-0.383	77	49
沧州	-0.402	78	50
泉州	-0.412	81	51
河源	-0.415	82	52
台州	-0.425	84	53
唐山	-0.438	85	54
海口	-0.442	86	55
承德	-0.470	88	56
宿迁	-0.478	91	57

续表

城市	指数	所有测评城市排名	区域内部排名
菏泽	-0.489	92	58
湛江	-0.522	93	59
汕头	-0.536	94	60
东营	-0.543	95	61
邢台	-0.565	97	62
肇庆	-0.569	100	63
日照	-0.617	104	64
张家口	-0.640	106	65
秦皇岛	-0.743	110	66
漳州	-0.786	114	67

在位于东部的 67 个城市中，北京以 4.337 的高分位居所有东部城市之首，其次是上海。其中，有 8 个城市的创孵基础设施居所有城市的前 10 位，分别是北京、上海、广州、南京、深圳、杭州、苏州和佛山，占东部城市的 11.94%。东部城市中，共 31 个城市的创孵基础设施高于全国平均水平，占东部城市的 46.27%，优势非常明显。此外，除去全国排名前 10 位的 8 个城市外，常州、无锡、潍坊、东莞、威海、天津、厦门、济南、南通、廊坊、淄博、济宁、烟台、湖州、中山、青岛、惠州、金华、徐州、宁波、保定、温州、临沂 23 个城市排在全国第 11～第 40 位不等的位置，它们的指数均高于全国平均水平；而德州、嘉兴、绍兴、扬州、珠海、泰州、盐城、福州等其余的 36 个城市居所有城市的第 43～第 114 位，它们的指数均低于全国平均水平。总体来看，东部地区的 15 个城市在创孵基础设施处于领先地位。

从区域内部差异来看，东部地区排名最高的北京与排名最低的漳州之间的位差为 113 位，指数差为 5.123。东部排名最低的城市漳州在全国排名第 114 位，可见东部地区虽然整体较强，但是区域内部差距也较大（图 2-31）。

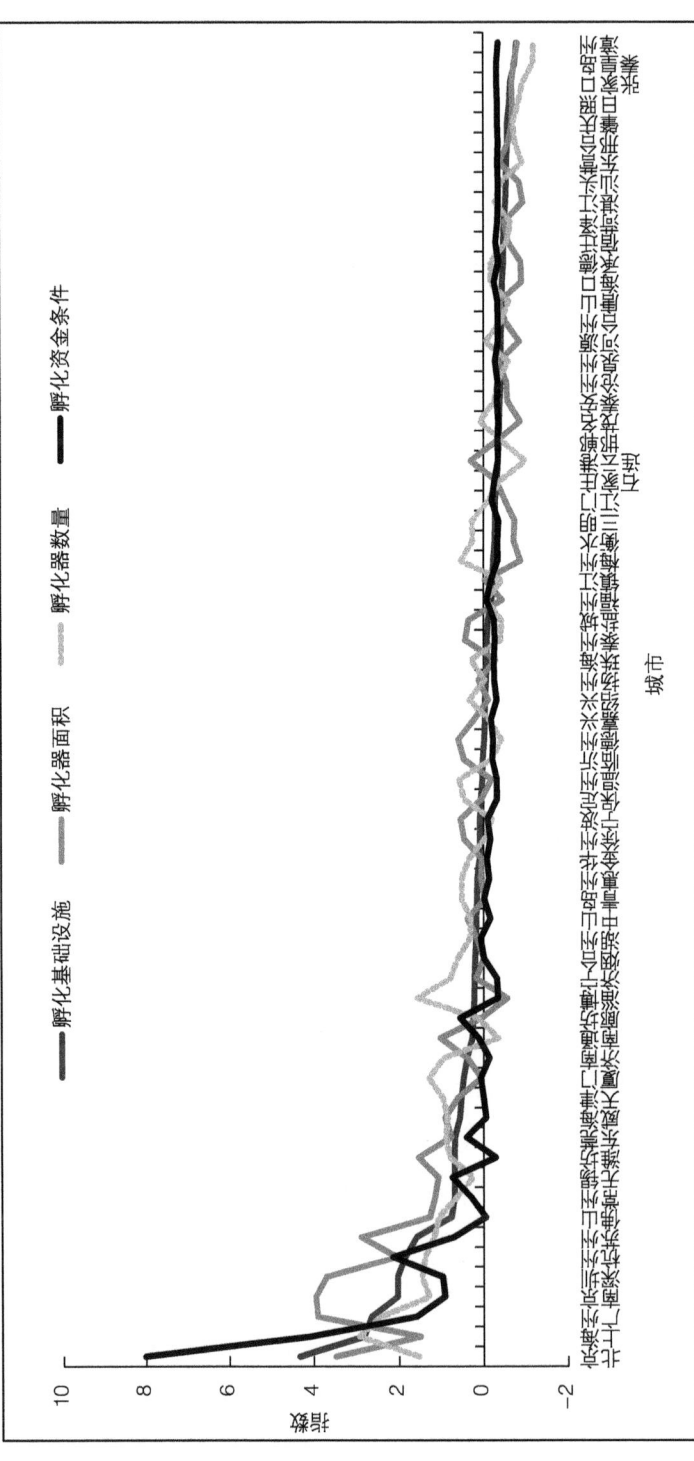

图 2-31 东部地区指标变化

2018年中国中部地区城市创孵基础设施指数及排名如表 2-32 所示。

表 2-32　中部地区城市创孵基础设施指数及排名

城市	指数	所有测评城市排名	区域内部排名
武汉	0.786	9	1
郑州	0.370	21	2
长沙	0.279	23	3
合肥	−0.019	44	4
南昌	−0.077	50	5
太原	−0.146	54	6
芜湖	−0.151	55	7
洛阳	−0.162	56	8
马鞍山	−0.257	62	9
宜昌	−0.310	68	10
淮南	−0.311	69	11
株洲	−0.411	80	12
赣州	−0.466	87	13
大同	−0.566	98	14
安庆	−0.592	101	15
宣城	−0.600	102	16
黄冈	−0.603	103	17
六安	−0.624	105	18
湘潭	−0.691	107	19
十堰	−0.755	111	20
长治	−0.765	112	21
蚌埠	−0.768	113	22
滁州	−0.792	115	23
阳泉	−0.805	117	24

在位于中部的 24 个城市中，武汉以 0.786 的高分位居所有中部城市之首，其次是郑州。其中，只有武汉的创孵基础设施居所有城市的前 10 位。中部城市中，共 3 个城市的创孵基础设施高于全国平均水平，占中部城市的 12.5%。除去全国排名前 10 位的武汉外，郑州在全国排名第 21 位，长沙在全国排名第 23 位；而合肥、南昌、太原、芜湖、洛阳等其余的 21 个城市居所有城市的第 44～第 117 位，它们的指数均低于全国平均水平。总体来看，中部地区只有武汉在创孵基础设施处于领先地位。

从区域内部差异来看，中部地区排名最高的武汉与排名最低的阳泉之间的位差为 108 位，指数差为 1.591。中部排名最低的城市阳泉在全国排名也最低，可见中部地区整体实力一般，区域内部差距也较大（图 2-32）。

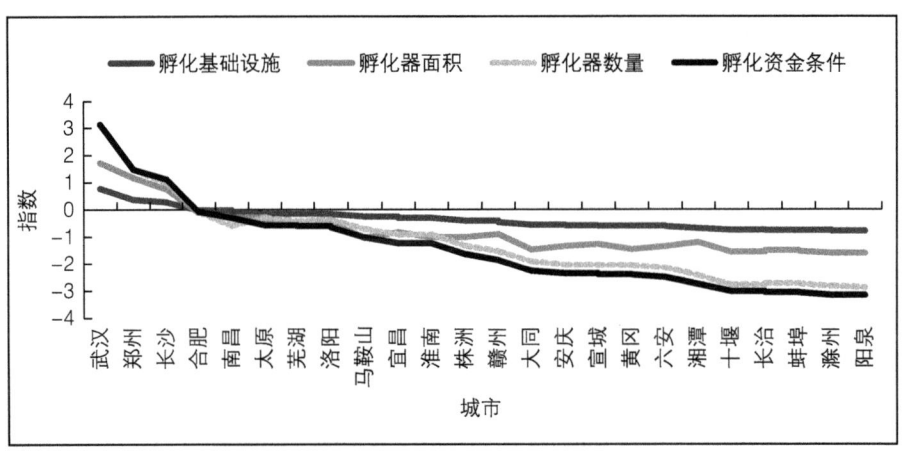

图 2-32　中部地区指标变化

2018 年中国西部地区城市创孵基础设施指数及排名如表 2-33 所示。

表 2-33　西部地区城市创孵基础设施指数及排名

城市	指数	所有测评城市排名	区域内部排名
西安	2.133	4	1
重庆	0.631	15	2

续表

城市	指数	所有测评城市排名	区域内部排名
成都	0.343	22	3
兰州	0.216	27	4
昆明	0.153	32	5
呼和浩特	-0.101	52	6
南宁	-0.167	57	7
乌鲁木齐	-0.251	61	8
包头	-0.258	63	9
贵阳	-0.305	67	10
渭南	-0.315	70	11
张掖	-0.381	76	12
泸州	-0.403	79	13
绵阳	-0.418	83	14
酒泉	-0.474	89	15
柳州	-0.478	90	16
银川	-0.556	96	17
西宁	-0.569	99	18
鄂尔多斯	-0.716	109	19
白银	-0.797	116	20

在位于西部的20个城市中，西安以2.133的高分位居所有西部城市之首，其次是重庆。其中，只有西安的创孵基础设施居所有城市的前10位。西部城市中，共5个城市的创孵基础设施高于全国平均水平，占西部城市的25%，除去全国排名前10位的西安外，重庆在全国排名第15位，成都在全国排名第22位，兰州在全国排名第27位，昆明在全国排名第32位；而呼和浩特、南宁、乌鲁木齐、包头、贵阳等其余的15个城市居所有城市的第52~第116位，它们的指数均低于全国平均水平。总体来看，西部地区只有西安在创孵基础设施处于领先地位。

从区域内部差异来看，西部地区排名最高的西安与排名最低的白银之间的位差为 112 位，指数差为 2.930。西部排名最低的城市白银在全国排名倒数第二，可见西部地区整体实力一般，区域内部差距也较大（图 2-33）。

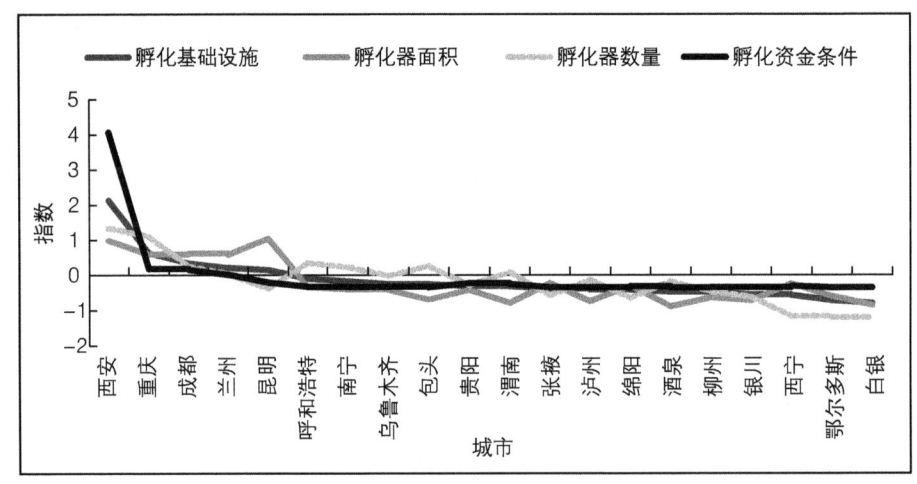

图 2-33 西部地区指标变化

2018 年中国东北部地区城市创孵基础设施指数及排名如表 2-34 所示。

表 2-34 东北部地区城市创孵基础设施指数及排名

城市	指数	所有测评城市排名	区域内部排名
长春	0.578	16	1
沈阳	-0.001	41	2
大连	-0.010	42	3
哈尔滨	-0.049	47	4
吉林	-0.372	74	5
齐齐哈尔	-0.699	108	6

在位于东北部的 6 个城市中，长春以 0.578 的指数位居所有东北部城市之首，其次是沈阳。其中，只有长春的创孵基础设施高于全国平均水平，排名全

国第 16 位。而其余的沈阳、大连、哈尔滨、吉林、齐齐哈尔 5 个城市居所有城市的第 41 ~ 第 108 位，它们的指数均低于全国平均水平。

从区域内部差异来看，东北部地区排名最高的长春与排名最低的齐齐哈尔之间的位差为 92 位，指数差为 1.277。东北部排名最低的城市齐齐哈尔在全国排名第 108 位，可见东北部地区整体实力一般，区域内部差距相比于其他地区较小（图 2-34）。

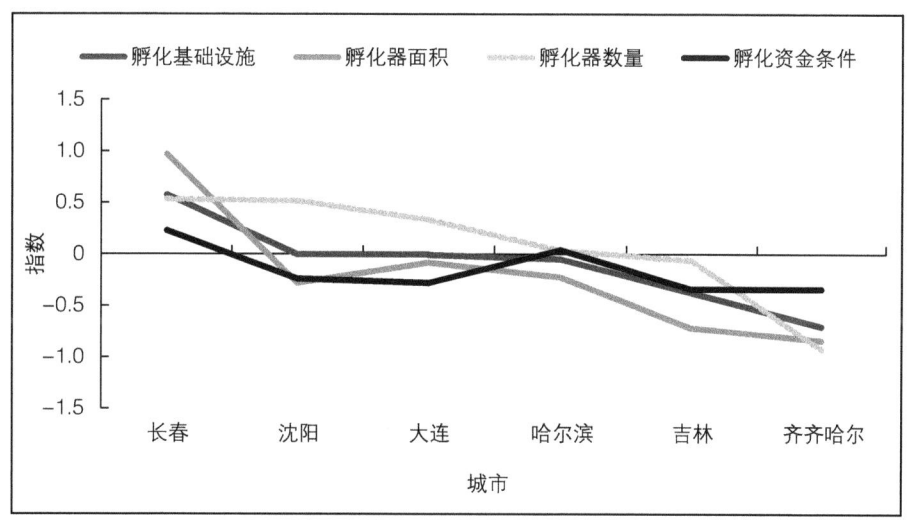

图 2-34　东北部地区指标变化

（三）创业孵化基础设施对城市创业孵化能力的影响分析

整体来看，有 51 个城市的创孵基础设施排名高于创孵总指数排名，表明有大约 43.59% 的城市注重创孵发展过程中的经济发展和基础设施，因此推动了城市的整体创孵水平。这些城市包括三明、淮南、惠州等；同时，有 58 个城市的创孵基础设施排名低于创孵总指数排名，因而影响了城市整体创孵水平的提升，如赣州、滁州、绵阳等城市；另外，北京、上海等城市的创孵经济及绩效与其创孵总指数排名相同，保持了创孵水平与基础设施的一致性（图 2-35）。

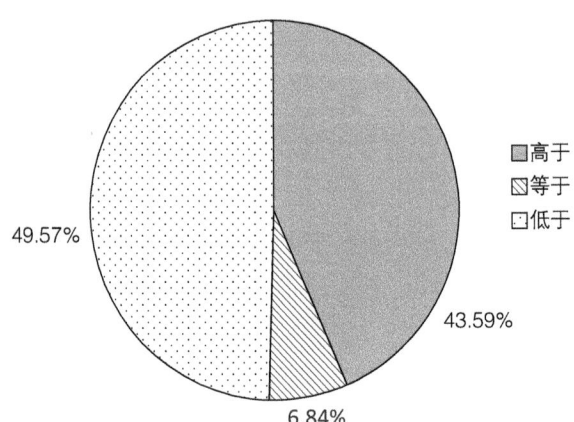

图 2-35 创孵基础设施和总指数排名相比的占比情况

为了进一步分析不同城市创孵基础设施对创孵总指数的贡献程度，创孵基础设施和中国城市创业孵化指数排名差异超过 20 位的城市如表 2-35 所示。

表 2-35 创孵基础设施和中国城市创业孵化指数排名超过 20 位的城市

城市	创孵基础设施指数排名	创孵总指数排名	排名变化
威海	17	61	44
三明	65	108	43
淮南	69	112	43
惠州	34	75	41
金华	35	71	36
德州	43	78	35
衡水	64	97	33
茂名	75	105	30
吉林	74	103	29
承德	88	116	28
廊坊	25	50	25
宿迁	91	114	23

续表

城市	创孵基础设施指数排名	创孵总指数排名	排名变化
嘉兴	45	66	21
汕头	94	115	21
合肥	44	22	-22
张家口	106	83	-23
太原	54	30	-24
南昌	50	24	-26
东营	95	65	-30
鄂尔多斯	109	77	-32
绵阳	83	47	-36
滁州	115	68	-47
赣州	87	35	-52

从影响程度分析，城市创孵基础设施排名与创孵总指数排名差异较大（超过20位）的城市共有23个，占所有城市的19.66%，其中为正差（基础设施高于总指数）的城市有14个，如威海、三明、淮南等，这些城市的创孵基础设施对城市总体创孵水平的贡献较大；为负差的城市有9个，如合肥、张家口、太原等，这些城市的创孵基础设施对城市总体创孵水平的贡献较小。其中，赣州的排名差异变化最大，其创孵总指数居所有城市第35位，但创孵基础设施仅为第87位，变化幅度达到了52位。同时，名次变动差异较小（20位以内）的城市共有94个，占所有城市的80.34%，如北京、上海、广州等，说明创孵基础设施的增长对城市总体创孵发展的影响，与其他因素基本平分秋色。

六、城市创业孵化运营绩效

创孵运营绩效表征的是创孵机构自身的绩效情况。创孵运营绩效主要从创业孵化机构营收水平、自身获得投融资情况等方面衡量，包含孵化器营收能力、孵化器获得投资与资助 2 个二级指标。城市的创孵能力不仅应该包含在孵企业创造的绩效情况，还包含创业孵化机构自身创造的绩效情况（表 2-36）。

表 2-36 创孵运营绩效下设指标及权重

二级指标	指标序号	三级指标	权重	指标属性
孵化器营收能力	1	孵化机构总收入	2.80%	正
	2	净利润	2.80%	正
	3	房租之外收入额占总收入的比重	2.80%	正
孵化器获得投资与资助	4	获得投资总额	4.20%	正
	5	获得各级财政资助额	4.20%	正

经测算，2018 年 117 个地级市的创孵运营绩效指数及排名如表 2-37 所示。

表 2-37 117 个地级市创孵运营绩效指数及排名

城市	一级指标		二级指标			
	创孵运营绩效		孵化器营收能力		孵化器获得投资与资助	
	指数	排名	指数	排名	指数	排名
北京	3.471	1	2.889	3	4.697	1
杭州	2.808	2	2.526	2	3.091	2
深圳	2.577	3	2.244	1	2.475	4
武汉	2.023	4	1.572	4	2.264	3
赣州	1.460	5	1.067	6	2.181	5
广州	1.304	6	0.739	5	2.105	9
成都	1.291	7	0.693	11	1.736	6
南京	1.187	8	0.664	8	1.710	8
上海	1.043	9	0.548	15	1.540	7

续表

城市	一级指标 创孵运营绩效		二级指标 孵化器营收能力		孵化器获得投资与资助	
	指数	排名	指数	排名	指数	排名
郑州	0.576	10	0.507	58	1.192	10
长春	0.531	11	0.478	29	0.874	11
徐州	0.474	12	0.435	10	0.841	18
西安	0.444	13	0.431	46	0.833	13
苏州	0.423	14	0.355	53	0.626	12
重庆	0.340	15	0.350	26	0.507	16
兰州	0.277	16	0.326	40	0.465	17
包头	0.264	17	0.325	19	0.452	24
珠海	0.255	18	0.322	7	0.441	50
菏泽	0.215	19	0.284	35	0.425	22
西宁	0.192	20	0.244	48	0.336	20
佛山	0.183	21	0.241	31	0.305	25
济南	0.147	22	0.235	23	0.266	32
渭南	0.145	23	0.227	13	0.260	43
厦门	0.145	24	0.225	81	0.244	15
长沙	0.139	25	0.223	72	0.181	19
宁波	0.131	26	0.215	60	0.162	21
合肥	0.087	27	0.211	51	0.153	26
连云港	0.078	28	0.199	28	0.122	36
南通	0.051	29	0.187	56	0.095	28
盐城	0.051	30	0.187	32	0.081	39
德州	0.050	31	0.186	36	0.071	37
潍坊	0.046	32	0.178	52	0.068	30

续表

城市	一级指标		二级指标			
	创孵运营绩效		孵化器营收能力		孵化器获得投资与资助	
	指数	排名	指数	排名	指数	排名
邢台	0.043	33	0.178	9	0.065	84
东莞	0.023	34	0.172	106	0.057	14
绵阳	0.013	35	0.164	33	0.016	45
鄂尔多斯	0.000	36	0.159	12	−0.042	81
淄博	−0.019	37	0.134	20	−0.059	60
呼和浩特	−0.030	38	0.131	47	−0.060	41
泰安	−0.038	39	0.107	21	−0.077	64
沈阳	−0.049	40	0.103	37	−0.108	53
齐齐哈尔	−0.056	41	0.083	18	−0.109	80
温州	−0.060	42	0.076	76	−0.140	34
无锡	−0.060	43	0.060	80	−0.141	29
宣城	−0.064	44	0.056	41	−0.149	52
张掖	−0.071	45	0.055	16	−0.153	85
泸州	−0.074	46	0.054	25	−0.159	69
衡水	−0.079	47	0.048	14	−0.162	93
常州	−0.083	48	0.048	62	−0.165	40
淮南	−0.087	49	0.018	17	−0.177	88
昆明	−0.093	50	0.016	67	−0.182	38
邯郸	−0.121	51	0.012	44	−0.194	61
马鞍山	−0.122	52	0.011	38	−0.211	72
湖州	−0.128	53	0.005	63	−0.231	47
天津	−0.138	54	−0.010	88	−0.231	31
白银	−0.139	55	−0.019	22	−0.232	94

续表

城市	一级指标 创孵运营绩效		二级指标 孵化器营收能力		孵化器获得投资与资助	
	指数	排名	指数	排名	指数	排名
滁州	-0.150	56	-0.021	24	-0.245	101
洛阳	-0.150	57	-0.035	73	-0.252	42
银川	-0.155	58	-0.041	34	-0.270	86
嘉兴	-0.165	59	-0.042	94	-0.275	33
太原	-0.166	60	-0.043	108	-0.282	23
梅州	-0.172	61	-0.044	27	-0.298	109
贵阳	-0.180	62	-0.058	68	-0.308	54
柳州	-0.187	63	-0.094	49	-0.317	76
三明	-0.193	64	-0.113	30	-0.317	115
保定	-0.194	65	-0.120	64	-0.323	59
绍兴	-0.204	66	-0.122	74	-0.333	56
沧州	-0.208	67	-0.126	59	-0.358	71
漳州	-0.211	68	-0.129	39	-0.361	103
泉州	-0.222	69	-0.133	70	-0.372	62
青岛	-0.231	70	-0.136	87	-0.373	44
阳泉	-0.233	71	-0.144	43	-0.374	100
张家口	-0.236	72	-0.146	45	-0.375	102
十堰	-0.236	73	-0.161	54	-0.380	83
湛江	-0.237	74	-0.164	42	-0.381	108
黄冈	-0.247	75	-0.172	50	-0.391	91
宜昌	-0.260	76	-0.177	78	-0.392	65
唐山	-0.263	77	-0.182	71	-0.402	74
泰州	-0.269	78	-0.196	89	-0.419	49

续表

城市	一级指标		二级指标			
	创孵运营绩效		孵化器营收能力		孵化器获得投资与资助	
	指数	排名	指数	排名	指数	排名
东营	-0.276	79	-0.211	69	-0.429	78
海口	-0.279	80	-0.215	57	-0.434	98
酒泉	-0.281	81	-0.217	61	-0.436	95
南昌	-0.283	82	-0.225	96	-0.450	46
济宁	-0.284	83	-0.234	95	-0.462	48
安庆	-0.286	84	-0.238	79	-0.462	68
六安	-0.292	85	-0.258	55	-0.469	114
烟台	-0.300	86	-0.305	114	-0.483	27
扬州	-0.305	87	-0.313	93	-0.493	55
哈尔滨	-0.308	88	-0.347	85	-0.499	67
肇庆	-0.311	89	-0.360	75	-0.500	82
芜湖	-0.317	90	-0.364	66	-0.500	92
镇江	-0.327	91	-0.369	82	-0.510	79
蚌埠	-0.338	92	-0.374	65	-0.511	110
大同	-0.372	93	-0.377	77	-0.514	112
金华	-0.375	94	-0.395	115	-0.514	35
廊坊	-0.383	95	-0.403	90	-0.518	77
中山	-0.384	96	-0.406	100	-0.518	58
吉林	-0.389	97	-0.479	83	-0.522	107
宿迁	-0.399	98	-0.485	86	-0.524	87
承德	-0.406	99	-0.496	84	-0.525	116
南宁	-0.415	100	-0.498	99	-0.525	66
乌鲁木齐	-0.421	101	-0.509	107	-0.525	57

续表

城市	一级指标		二级指标			
	创孵运营绩效		孵化器营收能力		孵化器获得投资与资助	
	指数	排名	指数	排名	指数	排名
台州	-0.435	102	-0.532	97	-0.527	75
威海	-0.441	103	-0.546	112	-0.529	51
河源	-0.452	104	-0.546	91	-0.533	105
日照	-0.456	105	-0.577	92	-0.535	106
石家庄	-0.501	106	-0.581	110	-0.537	63
临沂	-0.505	107	-0.590	101	-0.545	90
大连	-0.513	108	-0.592	109	-0.551	73
汕头	-0.530	109	-0.647	98	-0.555	117
福州	-0.531	110	-0.685	111	-0.556	70
江门	-0.532	111	-0.688	103	-0.559	96
长治	-0.534	112	-0.688	104	-0.562	97
茂名	-0.548	113	-0.704	102	-0.563	113
株洲	-0.555	114	-0.754	105	-0.564	104
秦皇岛	-0.631	115	-0.765	113	-0.573	111
湘潭	-0.652	116	-0.779	116	-0.574	99
惠州	-0.661	117	-0.822	117	-0.575	89

从表 2-37 中可以看出，2018 年 117 个地级市中，创孵运营绩效指数最高的城市为北京，达 3.471 分；最低的城市为惠州，指数为 -0.661；创孵运营绩效的极差为 4.132。创孵运营绩效排名居前 10 位的城市分别为北京、杭州、深圳、武汉、赣州、广州、成都、南京、上海和郑州。共有 35 个城市的创孵运营绩效高于全国平均水平，占比 29.91%。创孵运营绩效排名居前 10 位和后 10 位的城市如图 2-36 所示。

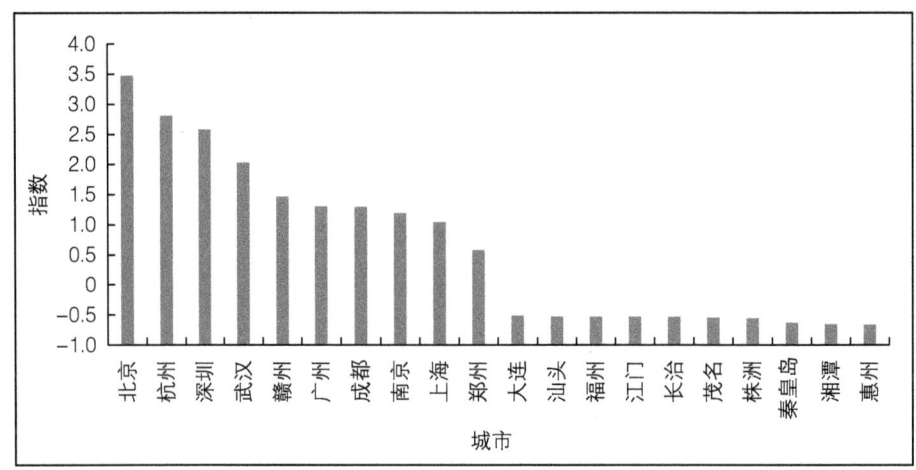

图 2-36 创孵运营绩效排名居前 10 位和后 10 位的地级市

从二级指标来看，孵化器营收能力指数排名居前 10 位的城市分别为北京、杭州、深圳、武汉、赣州、广州、成都、南京、上海和郑州；孵化器获得投资与资助指数排名居前 10 位的城市分别为北京、杭州、武汉、深圳、赣州、成都、上海、南京、广州和郑州。

下面进一步从创孵运营绩效区域之间差异、区域内部差异，以及 2018 年中国城市创孵总指数与创孵运营绩效的相关关系进行分析。

（一）创业孵化运营绩效区域间差异分析

总体来看，创孵运营绩效的区域差异非常明显，其中西部地区城市创孵运营绩效相比于其他 3 个地区较高，东部地区比西部地区稍低，东北部地区最弱。具体如图 2-37 所示。其中，西部所有测评城市的平均水平达到 0.046，高于其他地区。东部、中部和东北部地区城市的平均水平分别为 0.014、-0.044 和 -0.131。所有地区中，西部和东部地区的城市平均水平高于全国平均水平，而中部地区和东北部地区的城市平均水平低于全国平均水平。

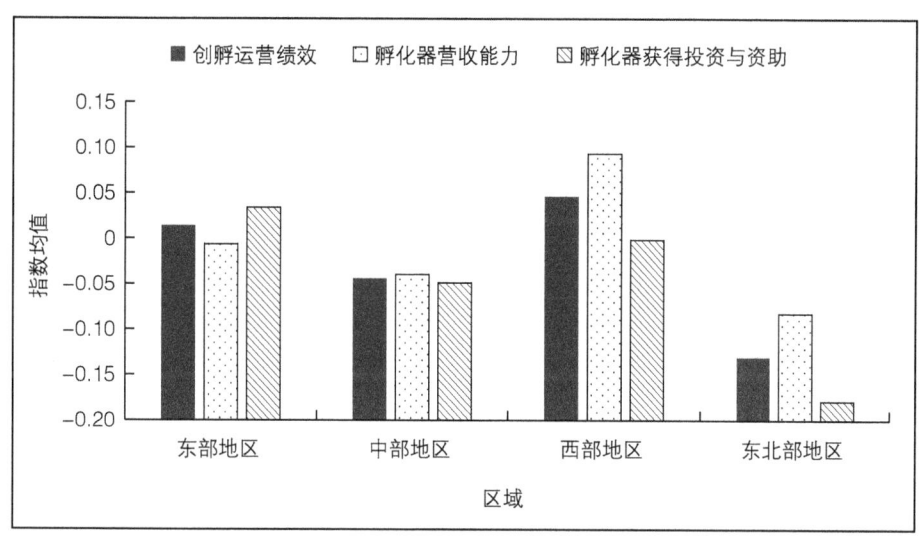

图2-37 创孵运营绩效区域间差异

具体到各二级指标，创孵营收能力指标中，西部地区平均水平为0.093，与其他3个地区差距较大；东部地区平均水平稍逊于西部地区，指数均值为-0.006；中部部地区次之，指数均值为-0.029；东北部地区指数均值为-0.083，排名垫底。四大地区中，只有西部指数均值高于全国平均水平，其他地区的均值指数都低于全国平均水平。

孵化器获得投资与资助指标中，东部地区平均水平为0.034，稍高于全国平均水平；西部地区与全国水平相当，指数为-0.001；中地区稍低于全国平均水平，指数为-0.049，东北部地区指数最低，为-0.179。

（二）创业孵化运营绩效区域内差异分析

从区域内部最高位次与最低位次的位差数来看，东部地区差距为116位；中部地区和东北部地区差距分别为112位和97位；西部地区样本数量在四大区域中排名最小，最高与最低的位差数为94位。

2018年中国东部地区城市创孵运营绩效指数及排名如表2-38所示。

表 2-38 东部地区城市创孵运营绩效指数及排名

城市	指数	所有测评城市排名	区域内部排名
北京	3.471	1	1
杭州	2.808	2	2
深圳	2.577	3	3
广州	1.304	6	4
南京	1.187	8	5
上海	1.043	9	6
徐州	0.474	12	7
苏州	0.423	14	8
珠海	0.255	18	9
菏泽	0.215	19	10
佛山	0.183	21	11
济南	0.147	22	12
厦门	0.145	24	13
宁波	0.131	26	14
连云港	0.078	28	15
南通	0.051	29	16
盐城	0.051	30	17
德州	0.050	31	18
潍坊	0.046	32	19
邢台	0.043	33	20
东莞	0.023	34	21
淄博	-0.019	37	22
泰安	-0.038	39	23
温州	-0.060	42	24
无锡	-0.060	43	25
衡水	-0.079	47	26
常州	-0.083	48	27

续表

城市	指数	所有测评城市排名	区域内部排名
邯郸	−0.121	51	28
湖州	−0.128	53	29
天津	−0.138	54	30
嘉兴	−0.165	59	31
梅州	−0.172	61	32
三明	−0.193	64	33
保定	−0.194	65	34
绍兴	−0.204	66	35
沧州	−0.208	67	36
漳州	−0.211	68	37
泉州	−0.222	69	38
青岛	−0.231	70	39
张家口	−0.236	72	40
湛江	−0.237	74	41
唐山	−0.263	77	42
泰州	−0.269	78	43
东营	−0.276	79	44
海口	−0.279	80	45
济宁	−0.284	83	46
烟台	−0.300	86	47
扬州	−0.305	87	48
肇庆	−0.311	89	49
镇江	−0.327	91	50
金华	−0.375	94	51
廊坊	−0.383	95	52
中山	−0.384	96	53
宿迁	−0.399	98	54

续表

城市	指数	所有测评城市排名	区域内部排名
承德	-0.406	99	55
台州	-0.435	102	56
威海	-0.441	103	57
河源	-0.452	104	58
日照	-0.456	105	59
石家庄	-0.501	106	60
临沂	-0.505	107	61
汕头	-0.530	109	62
福州	-0.531	110	63
江门	-0.532	111	64
茂名	-0.548	113	65
秦皇岛	-0.631	115	66
惠州	-0.661	117	67

在位于东部的67个城市中，北京以3.471的高分位居所有东部城市之首，其次是杭州。其中，有6个城市的创孵运营绩效居所有城市的前10位，分别是北京、杭州、深圳、广州、南京和上海，占东部城市的8.96%。东部城市中，共21个城市的创孵运营绩效高于全国平均水平，占东部城市的31.34%，优势非常明显。此外，除去全国排名前10位的6个城市外，徐州、苏州、珠海等15个城市排在全国第12～第34位不等的位置，它们的指数均高于全国平均水平；而淄博、泰安、温州等其余的46个城市居所有城市的第37～第117位，它们的指数均低于全国平均水平。总体来看，东部地区的10个城市在创孵运营绩效处于领先地位。

从区域内部差异来看，东部地区排名最高的北京与排名最低的惠州之间的位差为116位，指数差为4.132。东部排名最低的城市惠州在全国排名第117位，可见东部地区虽然整体较强，但是区域内部差距也较大（图2-38）。

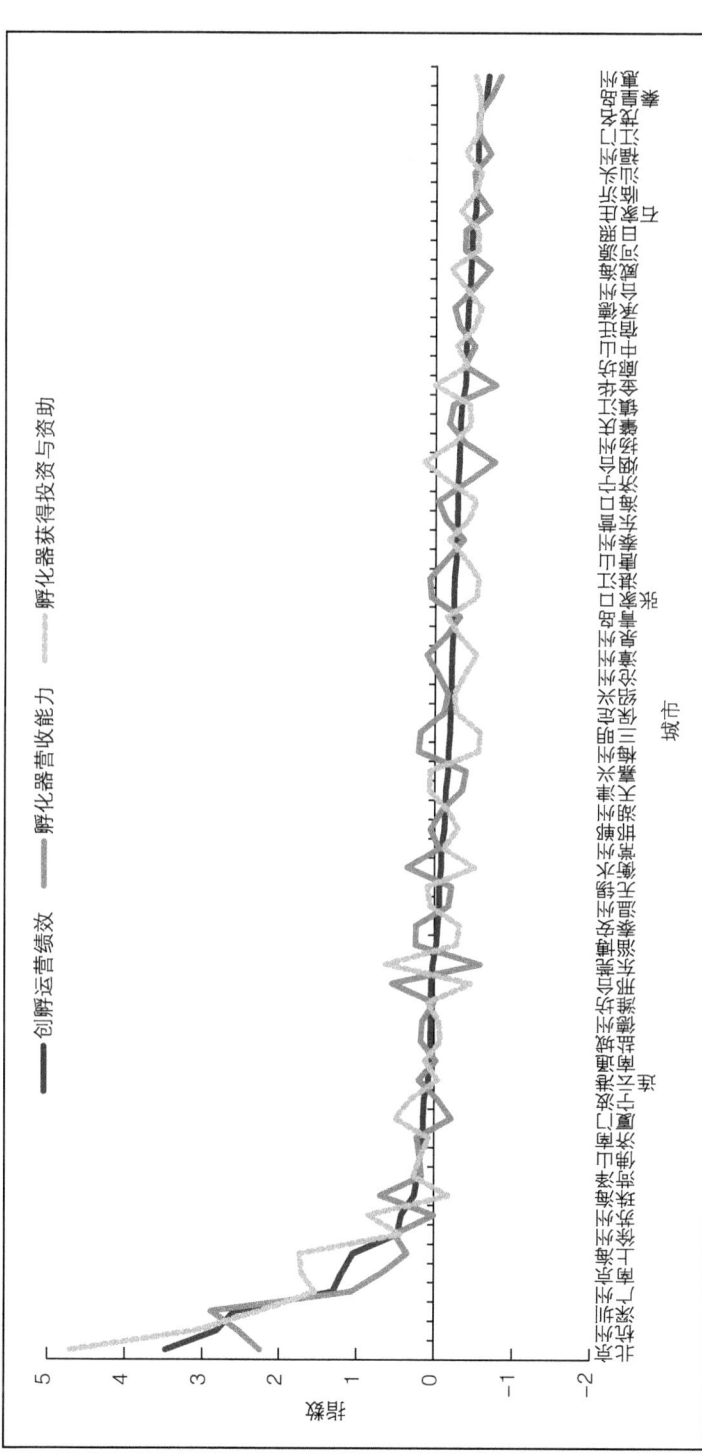

图 2-38 东部地区指标变化

从图 2-38 中可看出，东部地区内部城市的指数差距较大，各个指标的变化趋势相似，排名较前的城市递减幅度较大，后面趋于平稳。

2018 年中国中部地区城市创孵运营绩效指数及排名如表 2-39 所示。

表 2-39 中部地区城市创孵运营绩效指数及排名

城市	指数	所有测评城市排名	区域内部排名
武汉	2.023	4	1
赣州	1.460	5	2
郑州	0.576	10	3
长沙	0.139	25	4
合肥	0.087	27	5
宣城	-0.064	44	6
淮南	-0.087	49	7
马鞍山	-0.122	52	8
滁州	-0.150	56	9
洛阳	-0.150	57	10
太原	-0.166	60	11
阳泉	-0.233	71	12
十堰	-0.236	73	13
黄冈	-0.247	75	14
宜昌	-0.260	76	15
南昌	-0.283	82	16
安庆	-0.286	84	17
六安	-0.292	85	18
芜湖	-0.317	90	19
蚌埠	-0.338	92	20
大同	-0.372	93	21
长治	-0.534	112	22
株洲	-0.555	114	23
湘潭	-0.652	116	24

在位于中部的 24 个城市中,武汉以 2.023 的高分位居所有中部城市之首,其次是赣州,只有这两个城市的创孵运营绩效居所有城市的前 10 位,占比 8.33%。中部城市中,共 5 个城市的创孵运营绩效高于全国平均水平,占中部城市的 20.83%。此外,除去全国排名前 10 位的两个城市外,郑州在全国排名第 10 位,长沙在全国排名第 25 位,合肥在全国排名第 27 位,它们的指数均高于全国平均水平;而宣城、淮南、马鞍山等其余的 19 个城市居所有城市的第 44~第 116 位,它们的指数均低于全国平均水平。总体来看,中部地区的 3 个城市在创孵运营绩效处于领先地位(图 2-39)。

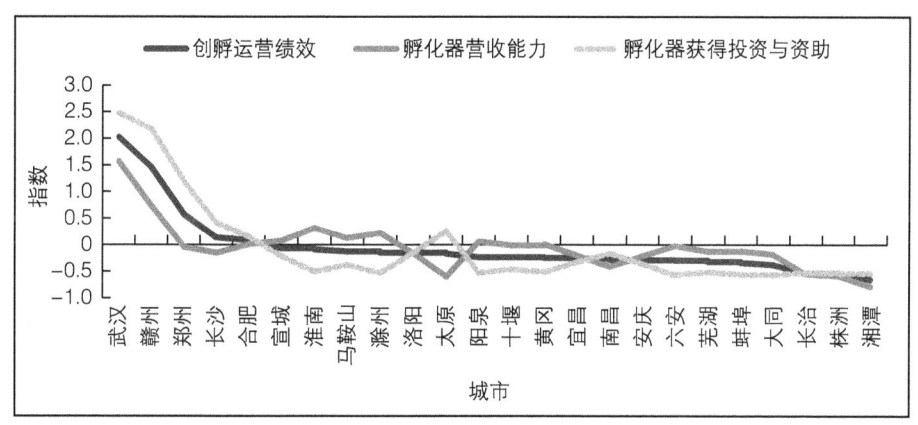

图 2-39 中部地区指标变化

从图 2-39 中可看出,中部地区内部城市的指数差距较大,各个指标的变化趋势相似,排名较前的城市递减幅度较大,后面趋于平稳。

2018 年中国西部地区城市创孵运营绩效指数及排名如表 2-40 所示。

表 2-40 西部地区城市创孵运营绩效指数及排名

城市	指数	所有测评城市排名	区域内部排名
成都	1.291	7	1
西安	0.444	13	2

续表

城市	指数	所有测评城市排名	区域内部排名
重庆	0.340	15	3
兰州	0.277	16	4
包头	0.264	17	5
西宁	0.192	20	6
渭南	0.145	23	7
绵阳	0.013	35	8
鄂尔多斯	0.000	36	9
呼和浩特	-0.030	38	10
张掖	-0.071	45	11
泸州	-0.074	46	12
昆明	-0.093	50	13
白银	-0.139	55	14
银川	-0.155	58	15
贵阳	-0.180	62	16
柳州	-0.187	63	17
酒泉	-0.281	81	18
南宁	-0.415	100	19
乌鲁木齐	-0.421	101	20

在位于西部的20个城市中，成都以1.291的高分位居所有西部城市之首，其次是西安，只有成都的创孵运营绩效居所有城市的前10位。西部城市中，共8个城市的创孵运营绩效高于全国平均水平，占西部城市的40%。此外，除去全国排名前10位的成都外，西安、重庆、兰州等7个城市排在全国第13~第35位不等的位置，它们的指数均高于全国平均水平；而呼和浩特、张掖、泸州等其余的13个城市居所有城市的第38~第101位，它们的指数均低于全国

平均水平。总体来看,西部地区的6个城市在创孵运营绩效处于领先地位(图2-40)。

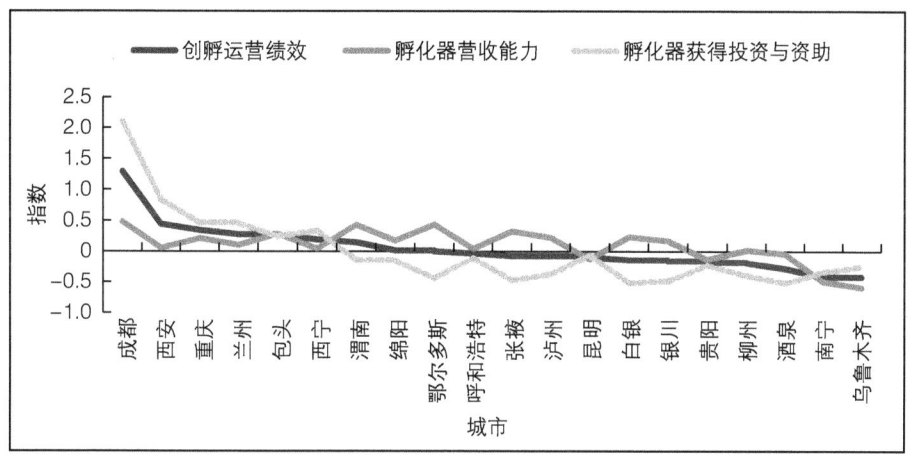

图2-40 西部地区指标变化

从图2-40中可看出,西部地区内部城市的指数差距相比其他3个地区较小,除成都、西安外,其余的指数差距都在0.5以内。

2018年中国东北部地区城市创孵运营绩效指数及排名如表2-41所示。

表2-41 东北部地区城市创孵运营绩效指数及排名

城市	指数	所有测评城市排名	区域内部排名
长春	0.531	11	1
沈阳	-0.049	40	2
齐齐哈尔	-0.056	41	3
哈尔滨	-0.308	88	4
吉林	-0.389	97	5
大连	-0.513	108	6

在位于东北部的 6 个城市中，长春以 0.531 的指数位居所有东北部城市之首，其次是沈阳。在所有的东北城市中，只有长春的创孵运营绩效高于全国平均水平，其他 5 个城市均低于全国平均水平（图 2-41）。

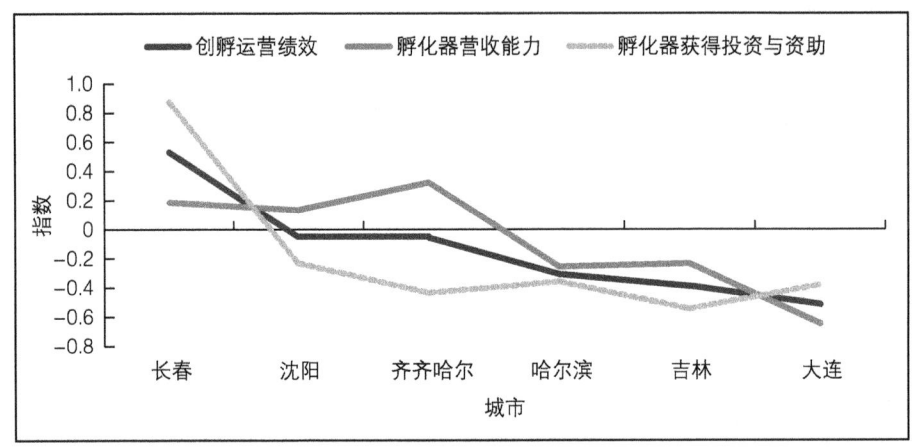

图 2-41　东北部地区指标变化

从图 2-41 中可看出，东部地区内部城市的指数差距较大，只有长春的运营绩效高于全国平均水平，其他城市都低于全国平均水平。关于孵化器获得投资与资助这个指标，也只有长春这个城市高于全国平均水平，说明东北部地区对孵化器的投资较低，有待提高，来拉动整个地区孵化器的发展。

（三）创业孵化运营绩效对城市创业孵化能力的影响分析

整体来看，有 52 个城市的创孵运营绩效排名高于创孵总指数排名，表明有大约 44.44% 的城市注重创孵发展过程中的运营发展和运营绩效，因此推动了城市的整体创孵水平。这些城市包括西宁、齐齐哈尔、淮南等；同时，有 61 个城市的创孵运营绩效排名低于创孵总指数排名，因而影响了城市整体创孵水平的提升，如大连、南昌、哈尔滨等城市；另外，北京、深圳、郑州、海口等城市的创孵运营及绩效与其创孵总指数排名相同，保持了创孵水平与运营绩效的一致性（图 2-42）。

第 2 章
中国城市创业孵化能力分析

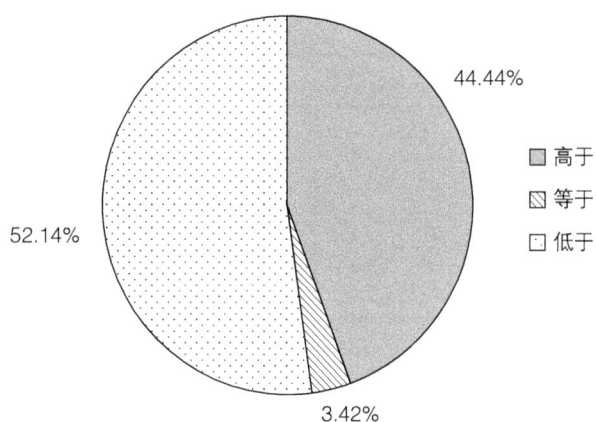

图 2-42 创孵运营绩效和总指数排名相比的占比情况

为了进一步分析不同城市创孵运营绩效对创孵总指数的贡献程度，创孵运营绩效和中国城市创业孵化指数排名差异超过 20 位的城市如表 2-42 所示。

表 2-42 创孵运营绩效和中国城市创业孵化指数排名超过 20 位的城市

城市	创孵运营绩效指数排名	创孵总指数排名	排名变化
西宁	20	113	93
齐齐哈尔	41	109	68
淮南	49	112	63
邢台	33	94	61
菏泽	19	76	57
宣城	44	98	54
连云港	28	81	53
衡水	47	97	50
德州	31	78	47
白银	55	102	47
泸州	46	92	46

续表

城市	创孵运营绩效指数排名	创孵总指数排名	排名变化
三明	64	108	44
张掖	45	87	42
黄冈	75	117	42
鄂尔多斯	36	77	41
包头	17	55	38
十堰	73	111	38
渭南	23	60	37
泰安	39	73	34
赣州	5	35	30
马鞍山	52	82	30
银川	58	86	28
阳泉	71	99	28
漳州	68	95	27
安庆	84	110	26
珠海	18	41	23
邯郸	51	74	23
沧州	67	89	22
六安	85	106	21
昆明	50	29	−21
洛阳	57	36	−21
泰州	78	57	−21
常州	48	26	−22
绍兴	66	44	−22
金华	94	71	−23
无锡	43	17	−26

续表

城市	创孵运营绩效指数排名	创孵总指数排名	排名变化
保定	65	39	−26
江门	111	85	−26
太原	60	30	−30
芜湖	90	59	−31
株洲	114	79	−35
扬州	87	51	−36
镇江	91	52	−39
乌鲁木齐	101	62	−39
天津	54	13	−41
威海	103	61	−42
惠州	117	75	−42
南宁	100	56	−44
廊坊	95	50	−45
烟台	86	40	−46
青岛	70	23	−47
济宁	83	34	−49
中山	96	46	−50
哈尔滨	88	37	−51
石家庄	106	54	−52
福州	110	58	−52
临沂	107	53	−54
南昌	82	24	−58
大连	108	42	−66

从影响程度分析，城市创孵运营绩效排名与创孵总指数排名差异较大（超过 20 位）的城市共有 59 个，占所有城市的 50.43%，其中为正差（运营绩效高于总指数）的城市有 29 个，如西宁、齐齐哈尔、淮南等，这些城市的创孵运营绩效对城市总体创孵水平的贡献较大；为负差的城市有 30 个，如临沂、南昌、大连等，这些城市的创孵运营绩效对城市总体创孵水平的贡献较小。其中，西宁的排名差异变化最大，其创孵总指数居所有城市第 113 位，但创孵运营绩效为第 20 位，变化幅度达到了 93 位。同时，名次变动差异较小（20 位以内）的城市共有 58 个，占所有城市的 49.57%，如北京、上海、广州等，说明创孵运营绩效对孵化器的整体发展的影响，与其他因素基本平分秋色。

第3章
主要城市创业孵化能力分析

为了更好地指导重点城市的创孵事业发展,本章选取副省级城市,具体分析这些城市的创孵总指数、一级指标、二级指标及三级指标的表现情况。在 117 个城市中,共有 35 个副省级城市,分别为北京、上海、深圳、杭州、广州、南京、武汉、西安、郑州、重庆、成都、天津、厦门、长沙、长春、济南、宁波、合肥、青岛、南昌、兰州、昆明、太原、沈阳、哈尔滨、大连、贵阳、呼和浩特、石家庄、南宁、福州、乌鲁木齐、海口、银川、西宁。

一、北京

北京市的城市创孵总指数为 4.105,在 117 个城市中列第 1 位。下面分别从创业孵化指数一级指标、二级指标和三级指标 3 个方面具体分析北京市的创业孵化发展情况。

(一)一级指标情况

北京市的 6 个一级指标均远高于全国平均值。其中,北京市在创孵经济绩效、创孵社会贡献、创孵服务水平、创孵基础条件、创孵运营绩效 5 个方面表现优异,列全国第 1 位,创孵创新绩效列全国第 2 位。可见,北京市在创孵的各个维度均具有显著优势(图 3-1)。

(二)二级指标情况

在 14 个二级指标中,北京市的所有二级指标均高于全国平均水平,且在孵化资金条件、在孵企业获投融资能力、在孵企业规模水平、在孵企业知识产权情况等方面优势显著,其指数均高于5。相对而言,北京市的孵化器数量、在孵企业科研能力、孵化器机构对就业贡献水平等二级指标的表现则一般(图3-2)。

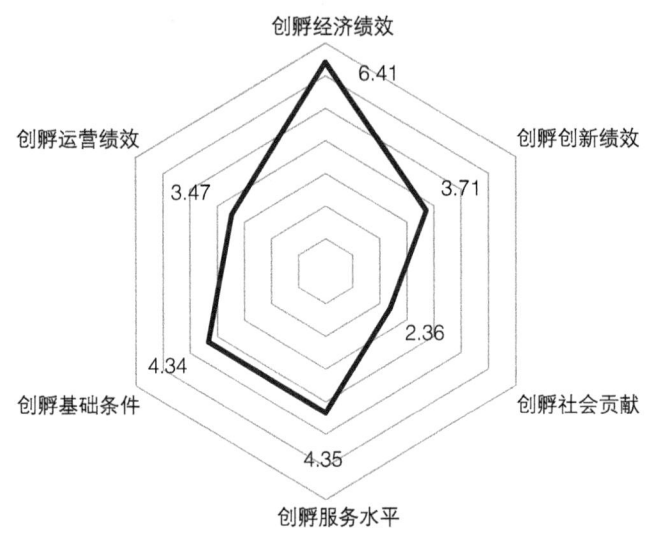

图3-1 北京市一级指标

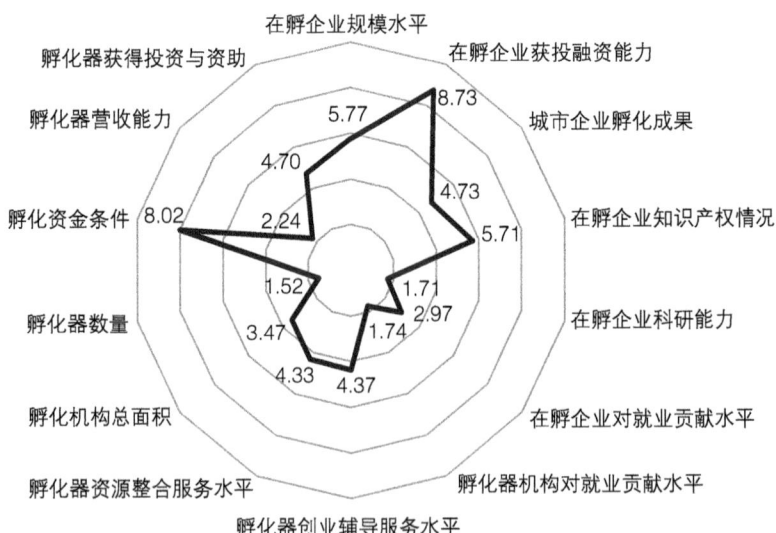

图3-2 北京市二级指标

(三)三级指标情况

在 36 个三级指标中,北京市共有 16 个三级指标在 117 个城市中位居第一,占比高达 44.4%,优势显著。同时,北京市在部分三级指标方面的表现较差,如吸纳应届大学毕业生占比仅为 9.61%,低于全国平均水平,居第 98 位;房租及物业收入外其他收入中占比仅为 42.09%,居全国第 115 位(表 3-1)。

表 3-1 北京市三级指标数据

三级指标	单位	北京	平均值	位次
在孵企业总收入	千元	74628842	6374033	2
在孵企业总数	个	26452	2782	1
当年服务的创业团队数量	个	23134	1935	2
当年获得风险投资额	千元	12855653	523212	1
团队及企业当年获得投资总额	千元	20614408	384276	1
当年毕业企业	个	1654	172	1
当年上市/挂牌企业数量	个	122	11	2
当年被兼并和收购企业	个	55	6	1
当年营业收入超过 5 千万元企业	个	114	24	6
当年知识产权申请数	个	15594	2089	4
当年拥有的有效知识产权数	个	86112	5330	1
当年获得省级以上奖励	个	436	73	6
当年承担国家级科技计划项目	个	109	21	4
在孵企业从业人员	人	325722	32547	1
吸纳应届大学毕业生占比	%	9.61%	13.00%	98
管理机构从业人员	人	7545	1396	3
大专以上从业人员占比	%	93.11%	91.20%	54
对在孵企业培训人次	人次	154151	29936	4

续表

三级指标	单位	北京	平均值	位次
开展创业教育培训活动场次	场	7782	1350	2
创业导师总数	人	11507	1547	1
创业导师对接企业	个	8229	1107	1
举办创新创业活动	场	6029	948	1
孵化器签约中介机构数量	个	2626	325	1
孵化器对公共技术服务平台投资额	千元	261789	57099	6
当年提供技术支撑服务的团队和企业数量	个	5117	642	1
当年开展国际合作交流活动的数量	场	983	78	1
当年享受财政资金支持额	千元	155595	24699	5
孵化机构总面积	平方米	5145910	1149206	4
孵化机构总数量	个	299	85	6
专业孵化器比重	%	34.21%	26.69%	36
孵化器孵化基金总额	千元	20525058	870819	1
孵化机构总收入	千元	6752202	481200	1
净利润	千元	494949	41361	3
房租及物业收入外其他收入中占比	%	42.09%	70.38%	115
获得投资总额	千元	350898	24823	1
获得各级财政助额	千元	417287	82126	4

二、上海

上海市的城市创孵总指数为 2.224，在 117 个城市中列第 2 位。下面分别从创业孵化指数一级指标、二级指标和三级指标 3 个方面具体分析上海市的创业孵化发展情况。

（一）一级指标情况

上海市的 6 个一级指标均远高于全国平均值。其中，上海市在创孵经济绩效、创孵服务水平、创孵基础条件 3 个方面表现优异，列全国第 2 位，创孵社会贡献、创孵运营绩效、创孵创新绩效列全国前 10 位（图 3-3）。

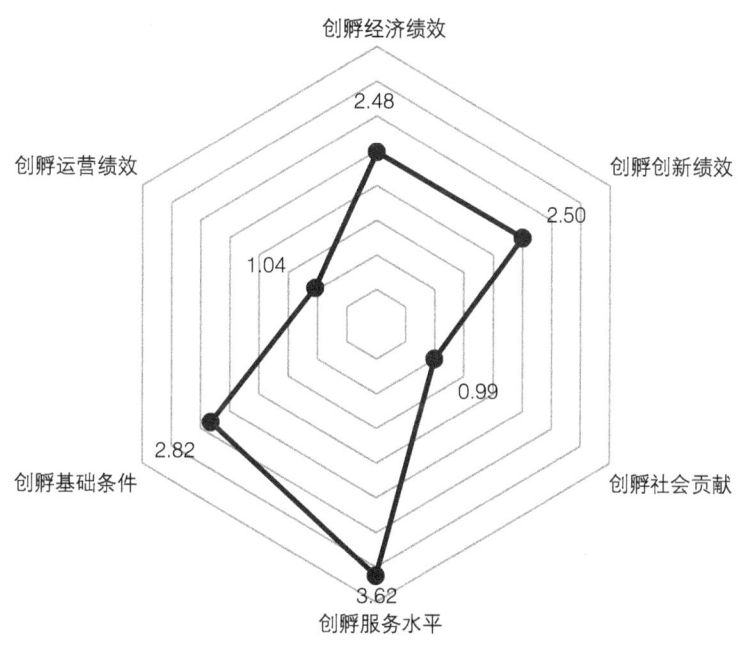

图 3-3　上海市一级指标

（二）二级指标情况

在 14 个二级指标中，上海市的所有二级指标均高于全国平均水平，且在孵化企业获投融资能力、孵化资金条件、孵化器资源整合服务水平、孵化器创业辅导服务水平等方面优势显著，其指数均高于 3.5。相对而言，上海市的孵化器营收能力、在孵企业对就业贡献水平等二级指标的表现一般，均低于 1（图 3-4）。

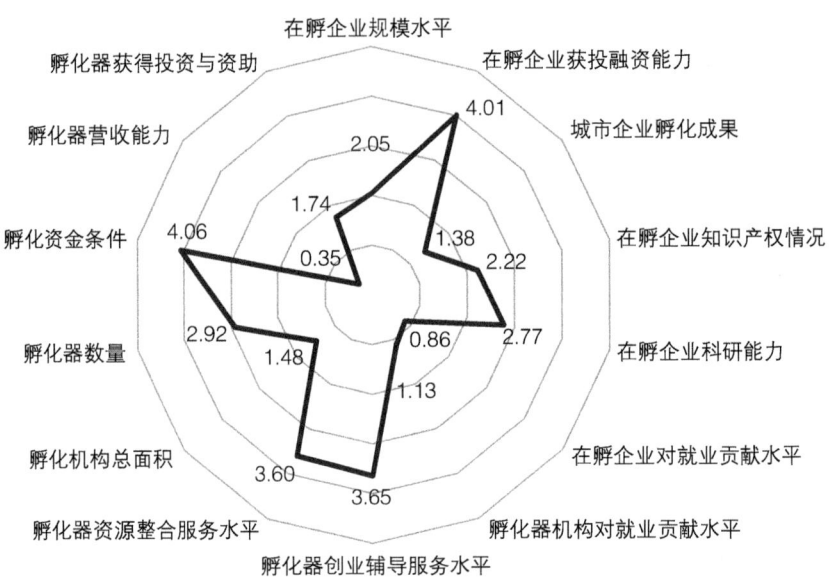

图 3-4 上海市二级指标

（三）三级指标情况

在 36 个三级指标中，上海市共有 29 个三级指标在 117 个城市中居前 10 位，其中 3 个指标列全国第 1 位，优势显著。同时，上海市在部分三级指标方面的表现较差，如吸纳应届大学毕业生占比仅为 8.84%，低于全国平均水平，居第 101 位；房租及物业收入外其他收入中占比仅为 47.58%，居全国第 108 位（表 3-2）。

表 3-2 上海市三级指标数据

三级指标	单位	上海	平均值	位次
在孵企业总收入	千元	31698998	6374033	6
在孵企业总数	个	14528	2782	3
当年服务的创业团队数量	个	5558	1935	7
当年获得风险投资额	千元	94095628	523212	2

续表

三级指标	单位	上海	平均值	位次
团队及企业当年获得投资总额	千元	5860421	384276	2
当年毕业企业	个	426	172	10
当年上市/挂牌企业数量	个	23	11	13
当年被兼并和收购企业	个	14	6	17
当年营业收入超过5千万元企业	个	133	24	4
当年知识产权申请数	个	9642	2089	6
当年拥有的有效知识产权数	个	30400	5330	5
当年获得省级以上奖励	个	874	73	2
当年承担国家级科技计划项目	个	42	21	9
在孵企业从业人员	人	149534	32547	3
吸纳应届大学毕业生占比	%	8.84%	13.00%	101
管理机构从业人员	人	4196	1396	4
大专以上从业人员占比	%	96%	91.20%	24
对在孵企业培训人次	人次	273842	29936	1
开展创业教育培训活动场次	场	7811	1350	1
创业导师总数	人	5347	1547	8
创业导师对接企业	个	4734	1107	5
举办创新创业活动	场	5154	948	2
孵化器签约中介机构数量	个	2570	325	2
孵化器对公共技术服务平台投资额	千元	128736	57099	14
当年提供技术支撑服务的团队和企业数量	个	2674	642	2
当年开展国际合作交流活动的数量	场	863	78	2
当年享受财政资金支持额	千元	227338	24699	1
孵化机构总面积	平方米	5145910	2858765	8
孵化机构总数量	个	332	85	3

续表

三级指标	单位	上海	平均值	位次
专业孵化器比重	%	72.22%	26.69%	2
孵化器孵化基金总额	千元	10832254	870819	3
孵化机构总收入	千元	2738356	481200	5
净利润	千元	89200	41361	9
房租及物业收入外其他收入中占比	%	47.58%	70.38%	108
获得投资总额	千元	41924	24823	16
获得各级财政资助额	千元	444863	82126	3

三、深圳

深圳市的城市创孵总指数为2.119，在117个城市中列第3位。下面分别从创业孵化指数一级指标、二级指标和三级指标3个方面具体分析深圳市的创业孵化发展情况。

（一）一级指标情况

深圳市的6个一级指标均远高于全国平均值。其中，深圳市在创孵经济绩效、创孵社会贡献、创孵服务水平、创孵基础条件、创孵运营绩效、创孵创新绩效6个方面表现均衡。可见，深圳市在创孵的各个维度均具有显著优势（图3-5）。

（二）二级指标情况

在14个二级指标中，深圳市的所有二级指标均高于全国平均水平，且在孵化器营收能力、孵化机构总面积、城市企业孵化成果、在孵企业知识产权情况、孵化器机构对就业贡献水平等方面较有优势。相对而言，深圳市的在孵企业科研能力、孵化资金条件、孵化企业对就业贡献水平等二级指标的表现则一般（图3-6）。

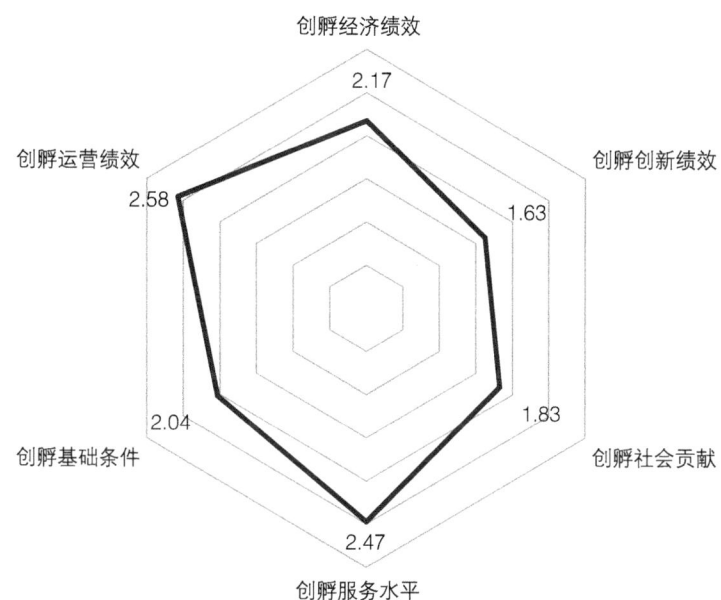

图 3-5　深圳市一级指标

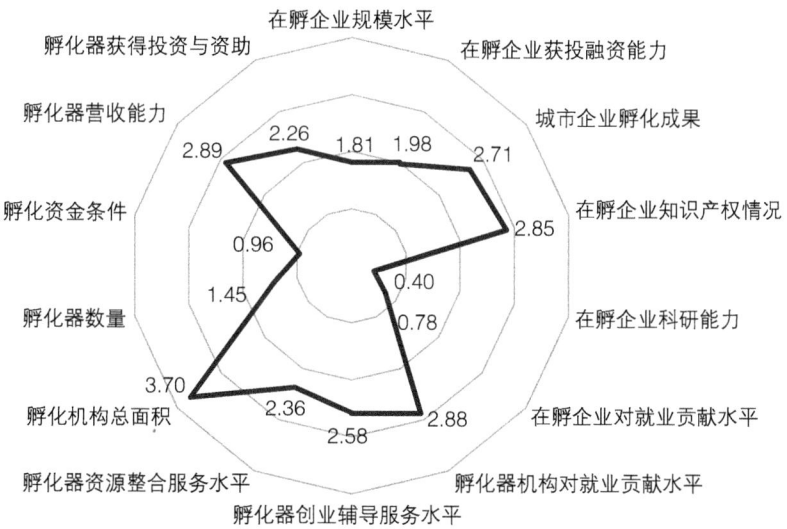

图 3-6　深圳市二级指标

（三）三级指标情况

在 36 个三级指标中，深圳市共有 20 个三级指标在 117 个城市中居前 5 位，其中管理机构从业人员居第 1 位，优势显著。同时，深圳市在吸纳应届大学毕业生占比、大专以上从业人员占比、房租及物业收入外其他收入中占比等三级指标方面的表现较差，在全部城市中排名靠后（表 3-3）。

表 3-3　深圳市三级指标数据

三级指标	单位	深圳	平均值	位次
在孵企业总收入	千元	41773976	6374033	3
在孵企业总数	个	9275	2782	8
当年服务的创业团队数量	个	5258	1935	8
当年获得风险投资额	千元	6130397	523212	3
团队及企业当年获得投资总额	千元	1636864	384276	6
当年毕业企业	个	1125	172	2
当年上市/挂牌企业数量	个	26	11	10
当年被兼并和收购企业	个	42	6	2
当年营业收入超过 5 千万元企业	个	106	24	7
当年知识产权申请数	个	13580	2089	5
当年拥有的有效知识产权数	个	32784	5330	3
当年获得省级以上奖励	个	101	73	18
当年承担国家级科技计划项目	个	75	21	5
在孵企业从业人员	人	146928	32547	4
吸纳应届大学毕业生占比	%	84.11%	13.00%	104
管理机构从业人员	人	15082	1396	1
大专以上从业人员占比	%	82.99%	91.20%	109

续表

三级指标	单位	深圳	平均值	位次
对在孵企业培训人次	人次	159654	29936	3
开展创业教育培训活动场次	场	5849	1350	4
创业导师总数	人	5477	1547	7
创业导师对接企业	个	5295	1107	4
举办创新创业活动	场	3096	948	9
孵化器签约中介机构数量	个	1723	325	4
孵化器对公共技术服务平台投资额	千元	244019	57099	7
当年提供技术支撑服务的团队和企业数量	个	2282	642	7
当年开展国际合作交流活动的数量	场	696	78	3
当年享受财政资金支持额	千元	60799	24699	14
孵化机构总面积	平方米	5404808	1149206	3
孵化机构总数量	个	339	85	2
专业孵化器比重	%	24.35%	26.69%	65
孵化器孵化基金总额	千元	3224501	870819	6
孵化机构总收入	千元	4715503	481200	2
净利润	千元	1318529	41361	2
房租及物业收入外其他收入中占比	%	47.06%	70.38%	109
获得投资总额	千元	115700	24823	4
获得各级财政资助额	千元	396887	82126	5

四、杭州

杭州市的城市创孵总指数为2.014，在117个城市中列第4位。下面分别从创业孵化指数一级指标、二级指标和三级指标3个方面具体分析杭州市的创业孵化发展情况。

（一）一级指标情况

杭州市的6个一级指标均远高于全国平均值。其中，杭州市在创孵经济绩效、创孵社会贡献、创孵服务水平、创孵基础条件、创孵运营绩效、创孵创新绩效6个方面表现均衡。可见，杭州市在创孵的各个维度均具有显著优势（图3-7）。

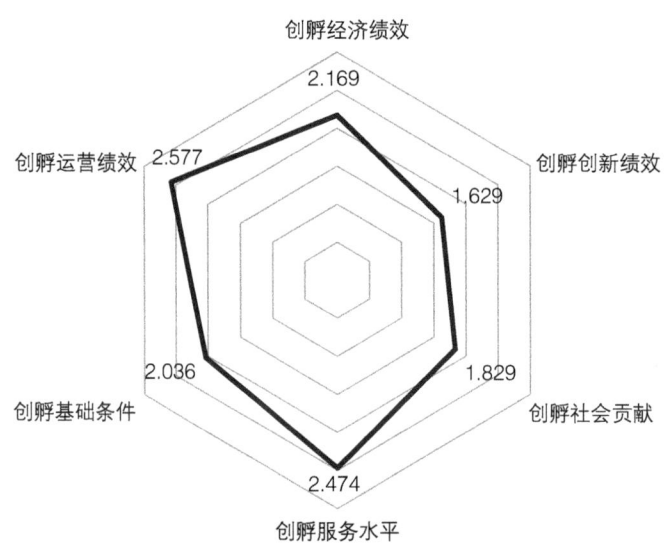

图 3-7　杭州市一级指标

（二）二级指标情况

在14个二级指标中，杭州市的所有二级指标均高于全国平均水平，且在在孵企业科研能力、孵化器获得投资与资助、孵化器创业辅导服务、孵化器营收能力等方面有明显优势。相对而言，杭州市的孵化器机构对就业贡献水平、在孵企业获投融资能力等二级指标的表现则一般（图3-8）。

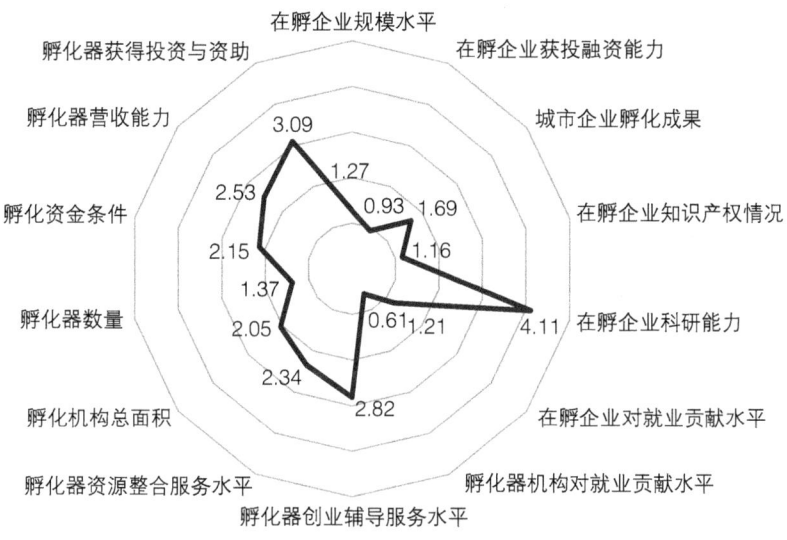

图3-8 杭州市二级指标

（三）三级指标情况

在36个三级指标中，杭州市共有18个三级指标在117个城市中居前5位，其中当年承担国家级科技计划项目居全国第1位，优势显著。同时，杭州市在部分三级指标方面的表现一般，专业孵化器比重和大专以上从业人员占比处于中游水平，房租及物业收入外其他收入中占比仅为50.71%，居全国第102位（表3-4）。

表3-4 杭州市三级指标数据

三级指标	单位	杭州	平均值	位次
在孵企业总收入	千元	15665107	6374033	10
在孵企业总数	个	12161	2782	4
当年服务的创业团队数量	个	3928	1935	15
当年获得风险投资额	千元	2573854	523212	6

续表

三级指标	单位	杭州	平均值	位次
团队及企业当年获得投资总额	千元	1656809	384276	5
当年毕业企业	个	927	172	3
当年上市/挂牌企业数量	个	19	11	17
当年被兼并和收购企业	个	22	6	5
当年营业收入超过5千万元企业	个	75	24	12
当年知识产权申请数	个	7082	2089	8
当年拥有的有效知识产权数	个	15526	5330	9
当年获得省级以上奖励	个	188	73	12
当年承担国家级科技计划项目	个	670	21	1
在孵企业从业人员	人	133781	32547	6
吸纳应届大学毕业生占比	%	13.43%	13.00%	50
管理机构从业人员	人	3445	1396	9
大专以上从业人员占比	%	92.25%	91.20%	65
对在孵企业培训人次	人次	121718	29936	5
开展创业教育培训活动场次	场	5455	1350	5
创业导师总数	人	7279	1547	3
创业导师对接企业	个	5467	1107	3
举办创新创业活动	场	4525	948	3
孵化器签约中介机构数量	个	1521	325	5
孵化器对公共技术服务平台投资额	千元	266739	57099	5
当年提供技术支撑服务的团队和企业数量	个	2454	642	5

续表

三级指标	单位	杭州	平均值	位次
当年开展国际合作交流活动的数量	场	556	78	4
当年享受财政资金支持额	千元	94548	24699	9
孵化机构总面积	平方米	3512677	1149206	6
孵化机构总数量	个	329	85	4
专业孵化器比重	%	23.81%	26.69%	66
孵化器孵化基金总额	千元	6128781	870819	4
孵化机构总收入	千元	1947645	481200	9
净利润	千元	1664698	41361	4
房租及物业收入外其他收入中占比	%	50.71%	70.38%	102
获得投资总额	千元	269700	24823	2
获得各级财政资助额	千元	232592	82126	11

五、广州

广州市的城市创孵总指数为 1.983，在 117 个城市中列第 5 位。下面分别从创业孵化指数一级指标、二级指标和三级指标 3 个方面具体分析广州市的创业孵化发展情况。

（一）一级指标情况

广州市的 6 个一级指标均远高于全国平均值。其中，广州市在创孵经济绩效、创孵服务水平、创孵基础条件、创孵创新绩效等方面表现优异，指数均高于 2，创孵运营绩效和创孵社会贡献相对较弱，但其指数也均高于 1。总体而言，广州市在创孵的各个维度均具有显著优势（图 3-9）。

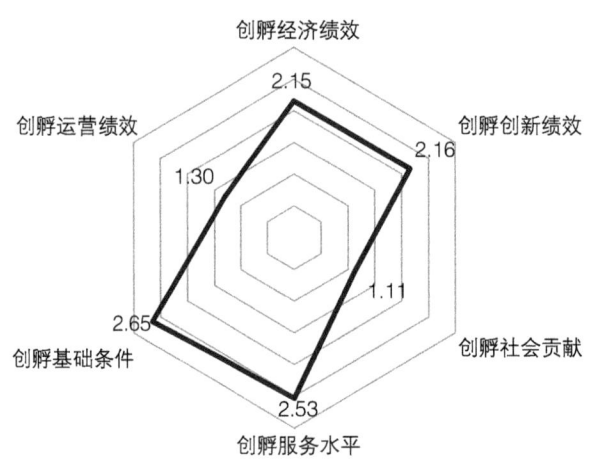

图 3-9 广州市一级指标

(二) 二级指标情况

在 14 个二级指标中,广州市的所有二级指标均高于全国平均水平,且在城市企业孵化成果、孵化机构总面积、孵化器创业辅导服务水平、在孵企业知识产权情况等方面表现出色。相对而言,广州市孵化器机构对就业贡献水平,在孵企业科研能力等二级指标的表现则一般(图 3-10)。

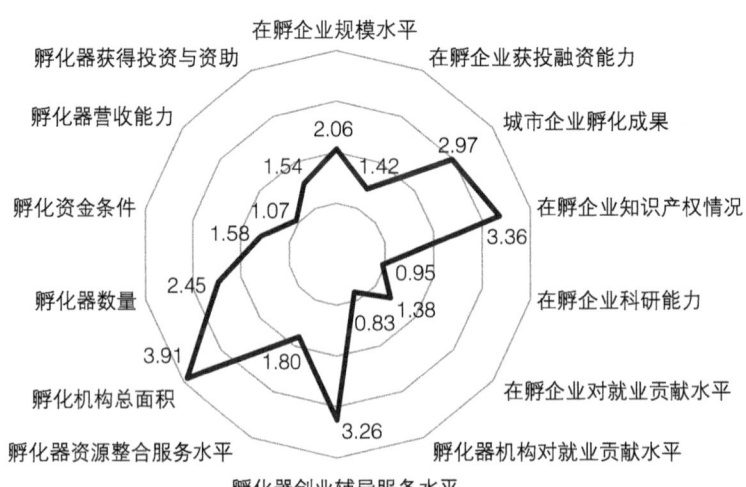

图 3-10 广州市二级指标

（三）三级指标情况

在 36 个三级指标中，广州市共有 20 个三级指标在 117 个城市中排名前五，其中孵化机构总数量列全国第 1 位，优势显著。同时，广州市在部分三级指标方面的表现较差，房租及物业收入外其他收入中占比仅为 39.25%，居全国第 117 位（表 3-5）。

表 3-5　广州市三级指标数据

三级指标	单位	广州	平均值	位次
在孵企业总收入	千元	33359849	6374033	5
在孵企业总数	个	14831	2782	2
当年服务的创业团队数量	个	4860	1935	9
当年获得风险投资额	千元	5153063	523212	4
团队及企业当年获得投资总额	千元	548283	384276	14
当年毕业企业	个	765	172	4
当年上市/挂牌企业数量	个	80	11	3
当年被兼并和收购企业	个	36	6	4
当年营业收入超过 5 千万元企业	个	137	24	3
当年知识产权申请数	个	16514	2089	2
当年拥有的有效知识产权数	个	35173	5330	2
当年获得省级以上奖励	个	284	73	8
当年承担国家级科技计划项目	个	65	21	6
在孵企业从业人员	人	153681	32547	2
吸纳应届大学毕业生占比	%	12.95%	13.00%	58
管理机构从业人员	人	4107	1396	6

续表

三级指标	单位	广州	平均值	位次
大专以上从业人员占比	%	92.84%	91.20%	56
对在孵企业培训人次	人次	244190	29936	2
开展创业教育培训活动场次	场	6713	1350	3
创业导师总数	人	4626	1547	10
创业导师对接企业	个	7780	1107	2
举办创新创业活动	场	2535	948	12
孵化器签约中介机构数量	个	2309	325	3
孵化器对公共技术服务平台投资额	千元	224739.43	57099	8
当年提供技术支撑服务的团队和企业数量	个	2236	642	8
当年开展国际合作交流活动的数量	场	244	78	8
当年享受财政资金支持额	千元	26895.43	24699	28
孵化机构总面积	平方米	5650517	1149206	2
孵化机构总数量	个	462	85	1
专业孵化器比重	%	32.75%	26.69%	45
孵化器孵化基金总额	千元	4746837	870819	5
孵化机构总收入	千元	3969860	481200	3
净利润	千元	402587	41361	5
房租及物业收入外其他收入中占比	%	39.25%	70.38%	117
获得投资总额	千元	108379	24823	5
获得各级财政资助额	千元	245975	82126	9

六、南京

南京市的城市创孵总指数为 1.896，在 117 个城市中列第 6 位。下面分别从创业孵化指数一级指标、二级指标和三级指标 3 个方面具体分析南京市的创业孵化发展情况。

（一）一级指标情况

南京市的 6 个一级指标均远高于全国平均值。其中，南京市在创孵创新绩效方面表现突出（图 3-11）。

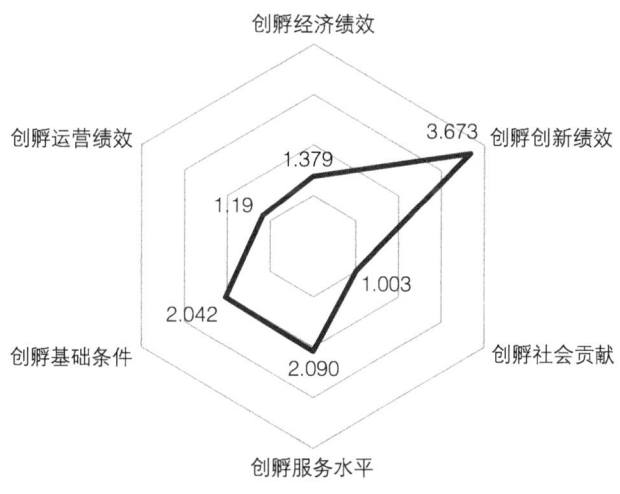

图 3-11　南京市一级指标

（二）二级指标情况

在 14 个二级指标中，南京市的所有二级指标均高于全国平均水平，且在在孵企业知识产权情况、孵化机构总面积、在孵企业科研能力等方面优势显著。相对而言，南京市在孵企业获投融资能力、孵化器营收能力、孵化资金条件等二级指标的表现则一般（图 3-12）。

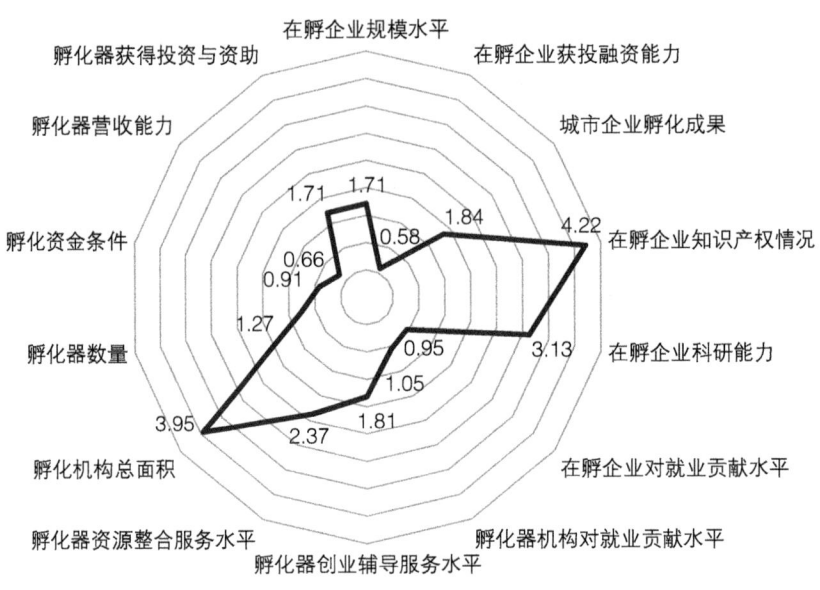

图 3-12 南京市二级指标

（三）三级指标情况

在 36 个三级指标中，南京市共有 10 个三级指标在 117 个城市中居前 5 位，其中当年知识产权申请数、当年获得省级以上奖励和孵化机构总面积 3 个指标位列全国第一，优势显著。同时，南京市在部分三级指标方面的表现较差，如房租及物业收入外其他收入中占比仅为 51.42%，居全国第 101 位（表 3-6）。

表 3-6 南京市三级指标数据

三级指标	单位	南京	平均值	位次
在孵企业总收入	千元	33615446	6374033	4
在孵企业总数	个	11113	2782	6
当年服务的创业团队数量	个	4678	1935	11
当年获得风险投资额	千元	2274089	523212	7
团队及企业当年获得投资总额	千元	623163	384276	12
当年毕业企业	个	736	172	5

续表

三级指标	单位	南京	平均值	位次
当年上市/挂牌企业数量	个	23	11	13
当年被兼并和收购企业	个	21	6	8
当年营业收入超过5千万元企业	个	125	24	5
当年知识产权申请数	个	25567	2089	1
当年拥有的有效知识产权数	个	28127	5330	6
当年获得省级以上奖励	个	1009	73	1
当年承担国家级科技计划项目	个	26	21	13
在孵企业从业人员	人	135397	32547	5
吸纳应届大学毕业生占比	%	11.05%	13.00%	76
管理机构从业人员	人	4137	1396	5
大专以上从业人员占比	%	95.48%	91.20%	33
对在孵企业培训人次	人次	81722	29936	8
开展创业教育培训活动场次	场	4567	1350	8
创业导师总数	人	4910	1547	9
创业导师对接企业	个	4498	1107	6
举办创新创业活动	场	2752	948	10
孵化器签约中介机构数量	个	1148	325	8
孵化器对公共技术服务平台投资额	千元	414480	57099	3
当年提供技术支撑服务的团队和企业数量	个	1810	642	11
当年开展国际合作交流活动的数量	场	295	78	6
当年享受财政资金支持额	千元	177208	24699	3
孵化机构总面积	平方米	5695569	1149206	1
孵化机构总数量	个	314	85	5
专业孵化器比重	%	23.30%	26.69%	68
孵化器孵化基金总额	千元	3101270	870819	7
孵化机构总收入	千元	2659189	481200	6
净利润	千元	258319	41361	7

续表

三级指标	单位	南京	平均值	位次
房租及物业收入外其他收入中占比	%	51.42%	70.38%	101
获得投资总额	千元	88607	24823	6
获得各级财政资助额	千元	330935	82126	7

七、武汉

武汉市的城市创孵总指数为1.545，在117个城市中列第8位。下面分别从创业孵化指数一级指标、二级指标和三级指标3个方面具体分析武汉市的创业孵化发展情况。

（一）一级指标情况

武汉市的6个一级指标均远高于全国平均值。其中，武汉市在创孵运营绩效、创孵服务水平两个方面表现突出，创孵基础条件相对较弱，其余各项指标比较均衡，总体而言，武汉市在创孵的各个维度均具有优势（图3-13）。

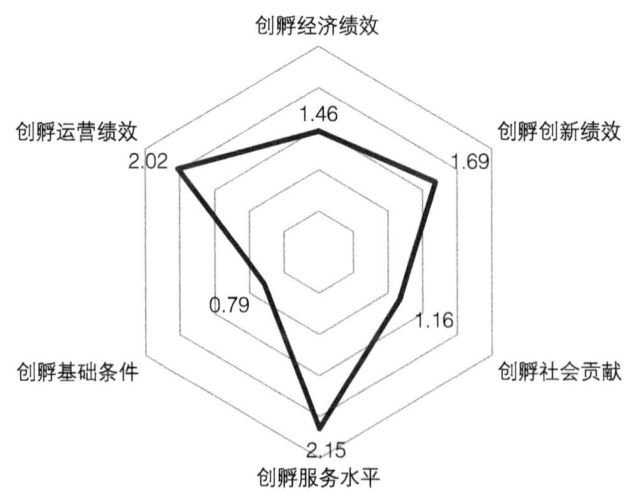

图3-13 武汉市一级指标

第3章 主要城市创业孵化能力分析

(二) 二级指标情况

在 14 个二级指标中，武汉市的所有二级指标均高于全国平均水平，且在孵化器获得投资与帮助、孵化器资源整合服务水平、城市企业孵化成果等指标表现较好。相对而言，武汉市的孵化资金条件、孵化器机构对就业贡献水平等二级指标的表现则一般（图 3-14）。

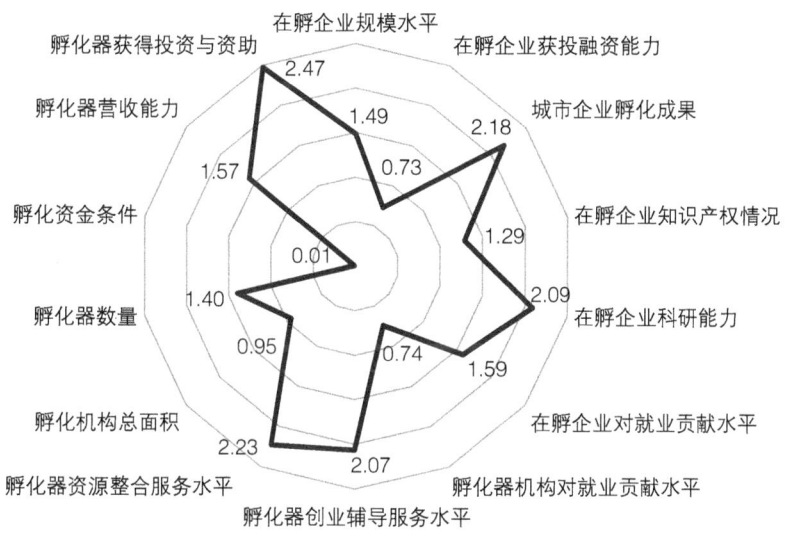

图 3-14 武汉市二级指标

(三) 三级指标情况

在 36 个三级指标中，武汉市共有 12 个三级指标在 117 个城市中居前 5 位，其中获得各级财政资助额排名第一。其余各项指标排名也都处于前列（表 3-7）。

表 3-7 武汉市三级指标数据

三级指标	单位	武汉	平均值	位次
在孵企业总收入	千元	15545864	6374033	11

续表

三级指标	单位	武汉	平均值	位次
在孵企业总数	个	11229	2782	5
当年服务的创业团队数量	个	7490	1935	3
当年获得风险投资额	千元	1510317	523212	8
团队及企业当年获得投资总额	千元	2130449	384276	4
当年毕业企业	个	572	172	7
当年上市/挂牌企业数量	个	57	11	6
当年被兼并和收购企业	个	42	6	2
当年营业收入超过5千万元企业	个	66	24	14
当年知识产权申请数	个	5801	2089	9
当年拥有的有效知识产权数	个	21761	5330	7
当年获得省级以上奖励	个	462	73	4
当年承担国家级科技计划项目	个	160	21	3
在孵企业从业人员	人	126401	32547	7
吸纳应届大学毕业生占比	%	17.39%	13.00%	17
管理机构从业人员	人	2869	1396	15
大专以上从业人员占比	%	95.65%	91.20%	31
对在孵企业培训人次	人次	82871	29936	7
开展创业教育培训活动场次	场	4387	1350	9
创业导师总数	人	5828	1547	6
创业导师对接企业	个	4097	1107	7
举办创新创业活动	场	4084	948	5
孵化器签约中介机构数量	个	1316	325	6

续表

三级指标	单位	武汉	平均值	位次
孵化器对公共技术服务平台投资额	千元	492115	57099	2
当年提供技术支撑服务的团队和企业数量	个	2507	642	4
当年开展国际合作交流活动的数量	场	258	78	7
当年享受财政资金支持额	千元	73637	24699	11
孵化机构总面积	平方米	2240110	1149206	16
孵化机构总数量	个	240	85	9
专业孵化器比重	%	41.46%	26.69%	21
孵化器孵化基金总额	千元	901600	870819	23
孵化机构总收入	千元	2777652	481200	4
净利润	千元	407816	41361	4
房租及物业收入外其他收入中占比	%	79.92%	70.38%	33
获得投资总额	千元	17251	24823	39
获得各级财政资助额	千元	673010	82126	1

八、西安

西安市的城市创孵总指数为1.110，在117个城市中列第9位。下面分别从创业孵化指数一级指标、二级指标和三级指标3个方面具体分析西安市的创业孵化发展情况。

（一）一级指标情况

西安市的6个一级指标均高于全国平均值。其中，西安市在创孵服务水平、创孵基础条件两项指标表现较好（图3-15）。

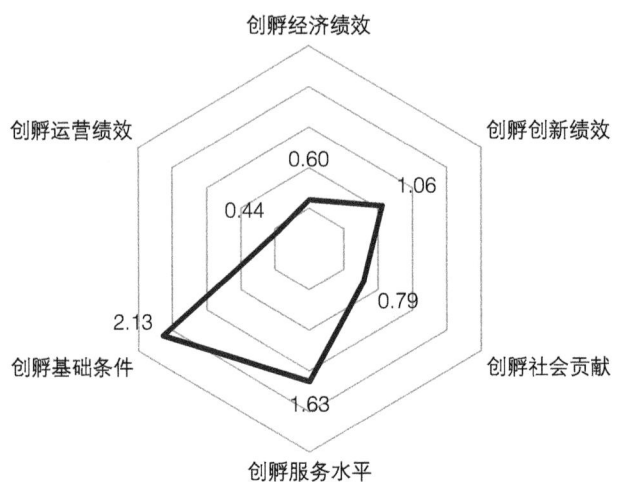

图 3-15 西安市一级指标

（二）二级指标情况

在 14 个二级指标中，西安市的所有二级指标均高于全国平均水平，在孵化资金条件指标方面表现突出。相对而言，西安市的孵化器营收能力表现较弱，仅为 0.05（图 3-16）。

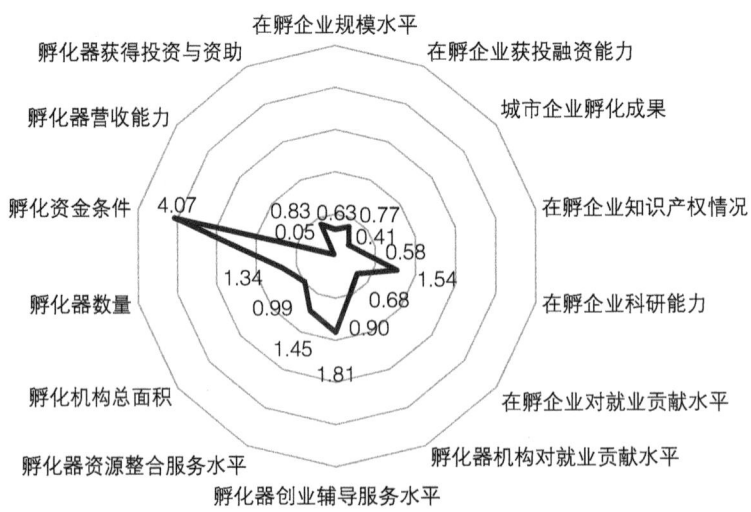

图 3-16 西安市二级指标

(三)三级指标情况

在 36 个三级指标中,西安市共有 6 个三级指标在 117 个城市中排名前五。房租及物业收入外其他收入中占比排名靠后,位列 78 位,其余指标均排名靠前(表 3-8)。

表 3-8 西安市三级指标数据

三级指标	单位	西安	平均值	位次
在孵企业总收入	千元	10369159	6374033	14
在孵企业总数	个	6794	2782	12
当年服务的创业团队数量	个	3779	1935	16
当年获得风险投资额	千元	1363253	523212	9
团队及企业当年获得投资总额	千元	2446572	384276	3
当年毕业企业	个	248	172	20
当年上市/挂牌企业数量	个	11	11	25
当年被兼并和收购企业	个	3	6	41
当年营业收入超过 5 千万元企业	个	81	24	10
当年知识产权申请数	个	3498	2089	19
当年拥有的有效知识产权数	个	13443	5330	13
当年获得省级以上奖励	个	493	73	3
当年承担国家级科技计划项目	个	46	21	7
在孵企业从业人员	人	81580	32547	13
吸纳应届大学毕业生占比	%	14.03%	13.00%	42
管理机构从业人员	人	2600	1396	16
大专以上从业人员占比	%	98.53%	91.20%	6
对在孵企业培训人次	人次	74056	29936	10

续表

三级指标	单位	西安	平均值	位次
开展创业教育培训活动场次	场	4905	1350	6
创业导师总数	人	6242	1547	5
创业导师对接企业	个	1723	1107	19
举办创新创业活动	场	4151	948	4
孵化器签约中介机构数量	个	824	325	13
孵化器对公共技术服务平台投资额	千元	65377	57099	26
当年提供技术支撑服务的团队和企业数量	个	2449	642	6
当年开展国际合作交流活动的数量	场	352	78	5
当年享受财政资金支持额	千元	109626	24699	8
孵化机构总面积	平方米	2287502	1149206	14
孵化机构总数量	个	185	85	11
专业孵化器比重	%	50%	26.69%	8
孵化器孵化基金总额	千元	10856735	870819	2
孵化机构总收入	千元	953357	481200	13
净利润	千元	67137	41361	13
房租及物业收入外其他收入中占比	%	63.69%	70.38%	78
获得投资总额	千元	70825	24823	11
获得各级财政资助额	千元	168943	82126	15

九、郑州

郑州市的城市创孵总指数为0.973，在117个城市中列第10位。下面分别从创业孵化指数一级指标、二级指标和三级指标3个方面具体分析郑州市的创业孵化发展情况。

(一)一级指标情况

郑州市的 6 个一级指标均高于全国平均值。其中,郑州市在创孵经济绩效、创孵社会贡献、创孵服务水平 3 个方面表现较好(图 3-17)。

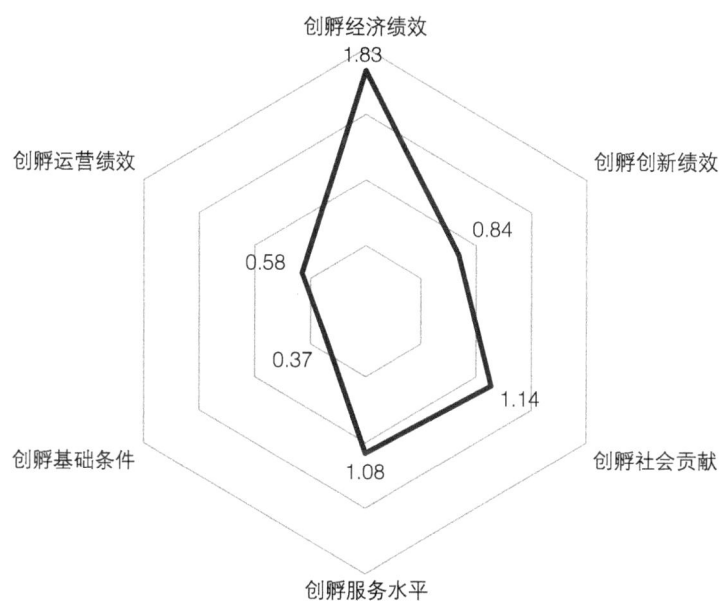

图 3-17 郑州市一级指标

(二)二级指标情况

在 14 个二级指标中,郑州市的所有二级指标均高于全国平均水平,在孵企业规模水平、城市企业孵化成果两方面表现突出。相对而言,郑州市的孵化资金条件、孵化其营收能力和在孵企业获投融资能力等二级指标的表现则一般(图 3-18)。

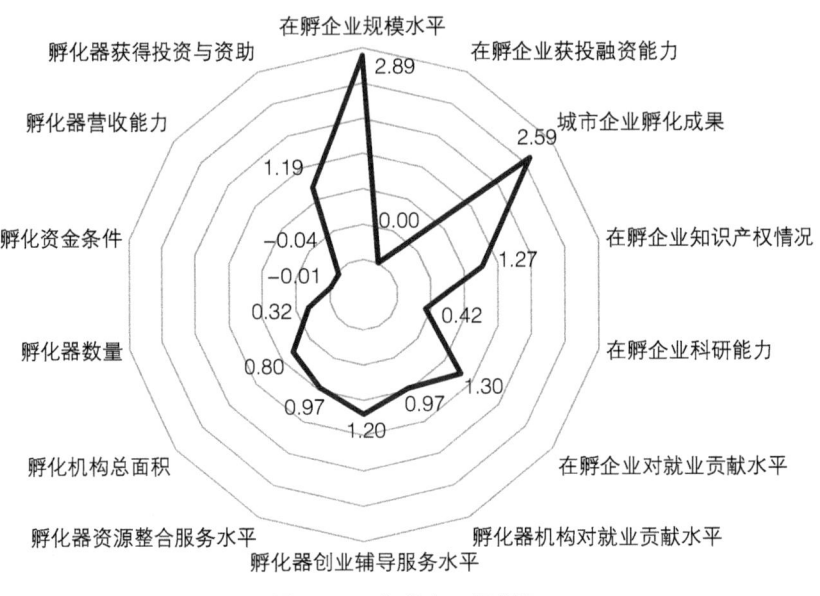

图 3-18 郑州市二级指标

（三）三级指标情况

在 36 个三级指标中，郑州市在孵企业总收入、当年上市/挂牌企业数量两个指标表现优异，在 117 个城市排名中名列第一，专业孵化器比重和房租及物业收入外其他收入中占比两个指标排名靠后，其余指标均排名靠前（表 3-9）。

表 3-9 郑州市三级指标数据

三级指标	单位	郑州	平均值	位次
在孵企业总收入	千元	89417742	6374033	1
在孵企业总数	个	6813	2782	11
当年服务的创业团队数量	个	5724	1935	6
当年获得风险投资额	千元	324797	523212	27
团队及企业当年获得投资总额	千元	628735	384276	10
当年毕业企业	个	430	172	9

续表

三级指标	单位	郑州	平均值	位次
当年上市/挂牌企业数量	个	170	11	1
当年被兼并和收购企业	个	13	6	18
当年营业收入超过5千万元企业	个	80	24	11
当年知识产权申请数	个	7799	2089	7
当年拥有的有效知识产权数	个	15841	5330	8
当年获得省级以上奖励	个	230	73	10
当年承担国家级科技计划项目	个	4	21	47
在孵企业从业人员	人	94421	32547	10
吸纳应届大学毕业生占比	%	18.10%	13.00%	12
管理机构从业人员	人	3085	1396	12
大专以上从业人员占比	%	97.85%	91.20%	11
对在孵企业培训人次	人次	95719	29936	6
开展创业教育培训活动场次	场	3411	1350	12
创业导师总数	人	3611	1547	12
创业导师对接企业	个	2688	1107	11
举办创新创业活动	场	1936	948	17
孵化器签约中介机构数量	个	716	325	15
孵化器对公共技术服务平台投资额	千元	118060	57099	15
当年提供技术支撑服务的团队和企业数量	个	2197	642	10
当年开展国际合作交流活动的数量	场	204	78	12
当年享受财政资金支持额	千元	50001	24699	17
孵化机构总面积	平方米	2075787	1149206	18
孵化机构总数量	个	178	85	13
专业孵化器比重	%	19.12%	26.69%	79
孵化器孵化基金总额	千元	835397	870819	26

续表

三级指标	单位	郑州	平均值	位次
孵化机构总收入	千元	559642	481200	25
净利润	千元	14564	41361	40
房租及物业收入外其他收入中占比	%	69.14%	70.38%	69
获得投资总额	千元	35766	24823	20
获得各级财政资助额	千元	333077	82126	6

十、重庆

重庆市的城市创孵总指数为0.816，在117个城市中列第11位。下面分别从创业孵化指数一级指标、二级指标和三级指标3个方面具体分析重庆市的创业孵化发展情况。

（一）一级指标情况

重庆市的6个一级指标均高于全国平均值。其中，重庆市在创孵社会贡献、创孵服务水平两个指标中表现突出（图3-19）。

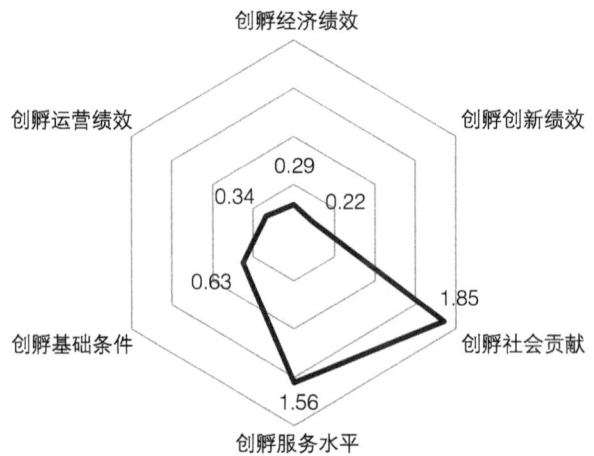

图3-19 重庆市一级指标

（二）二级指标情况

在14个二级指标中，重庆市的所有二级指标均高于全国平均水平，在孵化器机构对就业贡献水平和孵化器创业辅导服务水平两个指标中表现突出，在孵企业科研能力和在孵企业获投融资能力两个指标表现较差（图3-20）。

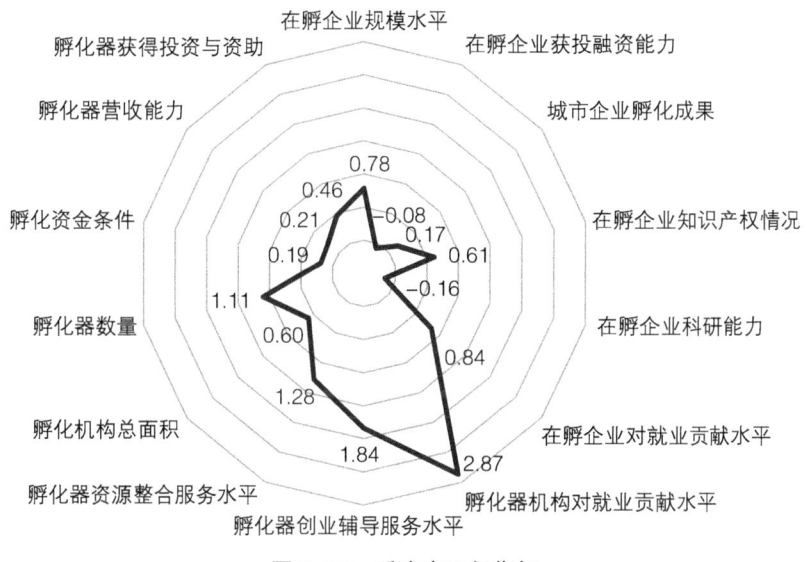

图3-20 重庆市二级指标

（三）三级指标情况

在36个三级指标中，重庆市共有4个三级指标在117个城市中排名前五，但当年被兼并和收购企业和专业孵化器比重两个指标排名靠后，其余指标则均排名靠前（表3-10）。

表3-10 重庆市三级指标数据

三级指标	单位	重庆	平均值	位次
在孵企业总收入	千元	5162357	6374033	35

续表

三级指标	单位	重庆	平均值	位次
在孵企业总数	个	7336	2782	10
当年服务的创业团队数量	个	6628	1935	4
当年获得风险投资额	千元	187030	523212	37
团队及企业当年获得投资总额	千元	474664	384276	15
当年毕业企业	个	443	172	8
当年上市/挂牌企业数量	个	19	11	17
当年被兼并和收购企业	个	0	6	78
当年营业收入超过5千万元企业	个	14	24	47
当年知识产权申请数	个	3905	2089	16
当年拥有的有效知识产权数	个	13034	5330	14
当年获得省级以上奖励	个	30	73	47
当年承担国家级科技计划项目	个	17	21	21
在孵企业从业人员	人	85669	32547	11
吸纳应届大学毕业生占比	%	14.95%	13.00%	33
管理机构从业人员	人	10839	1396	2
大专以上从业人员占比	%	96.45%	91.20%	22
对在孵企业培训人次	人次	64513	29936	12
开展创业教育培训活动场次	场	4823	1350	7
创业导师总数	人	7014	1547	4
创业导师对接企业	个	2370	1107	12
举办创新创业活动	场	3639	948	7
孵化器签约中介机构数量	个	636	325	16

续表

三级指标	单位	重庆	平均值	位次
孵化器对公共技术服务平台投资额	千元	36193	57099	40
当年提供技术支撑服务的团队和企业数量	个	2653	642	3
当年开展国际合作交流活动的数量	场	219	78	10
当年享受财政资金支持额	千元	127846	24699	6
孵化机构总面积	平方米	1836779	1149206	22
孵化机构总数量	个	280	85	8
专业孵化器比重	%	24.62%	26.69%	64
孵化器孵化基金总额	千元	1334600	870819	15
孵化机构总收入	千元	700955	481200	18
净利润	千元	45166	41361	21
房租及物业收入外其他收入中占比	%	76.26%	70.38%	44
获得投资总额	千元	36283	24823	19
获得各级财政资助额	千元	163308	82126	17

十一、成都

成都市的城市创孵总指数为0.713，在117个城市中列第12位。下面分别从创业孵化指数一级指标、二级指标和三级指标3个方面具体分析成都市的创业孵化发展情况。

（一）一级指标情况

成都市的6个一级指标均高于全国平均值。其中，成都市在创富运营绩效和创孵服务水平两项指标中表现较好，其余指标一般（图3-21）。

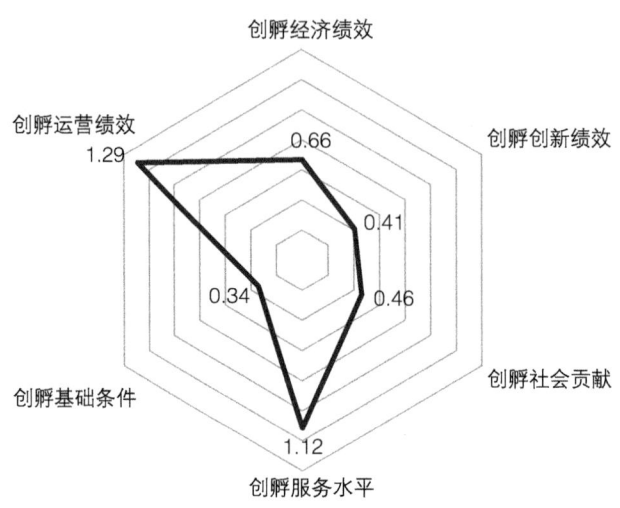

图 3-21　成都市一级指标

（二）二级指标情况

在 14 个二级指标中，成都市的所有二级指标均高于全国平均水平，其中孵化器获得投资于资助、孵化器创业辅导服务水平和城市企业孵化成果 3 个指标表现优异，其余指标则一般（图 3-22）。

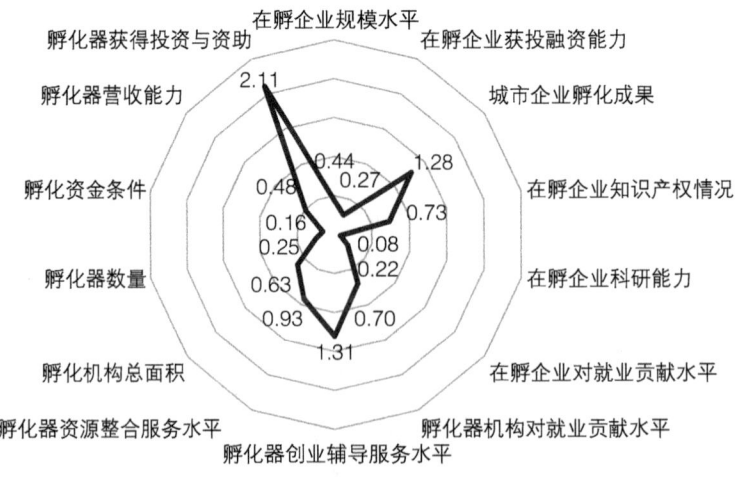

图 3-22　成都市二级指标

（三）三级指标情况

在 36 个三级指标中，成都市共有 3 个三级指标在 117 个城市中排名前五，仅吸纳应届大学毕业生占比排名靠后，居第 86 位，其余指标则均排名靠前（表3-11）。

表 3-11 成都市三级指标数据

三级指标	单位	成都	平均值	位次
在孵企业总收入	千元	10045134	6374033	15
在孵企业总数	个	5576	2782	14
当年服务的创业团队数量	个	2974	1935	20
当年获得风险投资额	千元	1280413	523212	10
团队及企业当年获得投资总额	千元	571751	384276	13
当年毕业企业	个	366	172	12
当年上市/挂牌企业数量	个	65	11	5
当年被兼并和收购企业	个	20	6	10
当年营业收入超过 5 千万元企业	个	39	24	25
当年知识产权申请数	个	4419	2089	12
当年拥有的有效知识产权数	个	14011	5330	11
当年获得省级以上奖励	个	85	73	21
当年承担国家级科技计划项目	个	28	21	12
在孵企业从业人员	人	76729	32547	14
吸纳应届大学毕业生占比	%	10.54%	13.00%	86
管理机构从业人员	人	1660	1396	27
大专以上从业人员占比	%	99.02%	91.20%	3

续表

三级指标	单位	成都	平均值	位次
对在孵企业培训人次	人次	58347	29936	15
开展创业教育培训活动场次	场	3607	1350	11
创业导师总数	人	4122	1547	11
创业导师对接企业	个	2261	1107	13
举办创新创业活动	场	3502	948	8
孵化器签约中介机构数量	个	1025	325	9
孵化器对公共技术服务平台投资额	千元	166441	57099	11
当年提供技术支撑服务的团队和企业数量	个	980	642	24
当年开展国际合作交流活动的数量	场	177	78	14
当年享受财政资金支持额	千元	66252	24699	12
孵化机构总面积	平方米	1870152	1149206	20
孵化机构总数量	个	130	85	22
专业孵化器比重	%	26%	26.69%	57
孵化器孵化基金总额	千元	1252032	870819	16
孵化机构总收入	千元	1332567	481200	10
净利润	千元	66901	41361	14
房租及物业收入外其他收入中占比	%	76.66%	70.38%	43
获得投资总额	千元	9155	24823	52
获得各级财政资助额	千元	606067	82126	2

十二、天津

天津市的城市创孵总指数为0.605，在117个城市中列第13位。下面分别从创业孵化指数一级指标、二级指标和三级指标3个方面具体分析天津市的创业孵化发展情况。

（一）一级指标情况

天津市的6个一级指标均高于全国平均值。其中，天津市在创孵服务水平指标表现较好，创孵运营绩效方面表现较差（图3-23）。

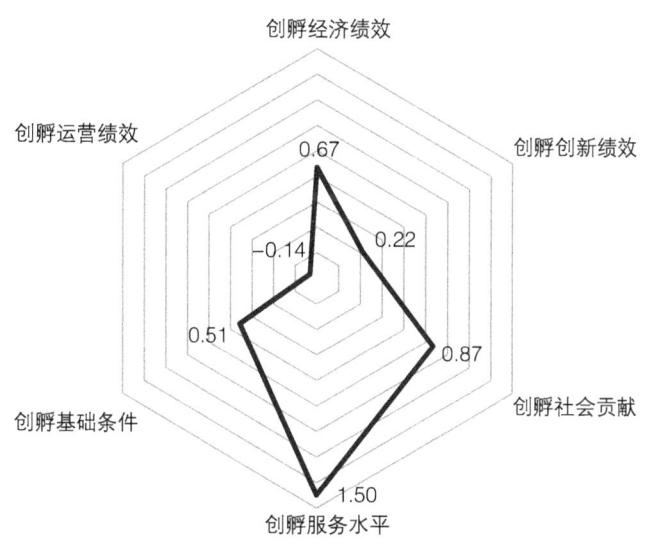

图3-23 天津市一级指标

（二）二级指标情况

在14个二级指标中，天津市的所有二级指标均高于全国平均水平，其中孵化器创业辅导服务、城市企业孵化成果和孵化器资源整合服务水平3个方面表现较好，在孵企业科研能力、孵化器营收能力和孵化资金条件3个指标表现较差（图3-24）。

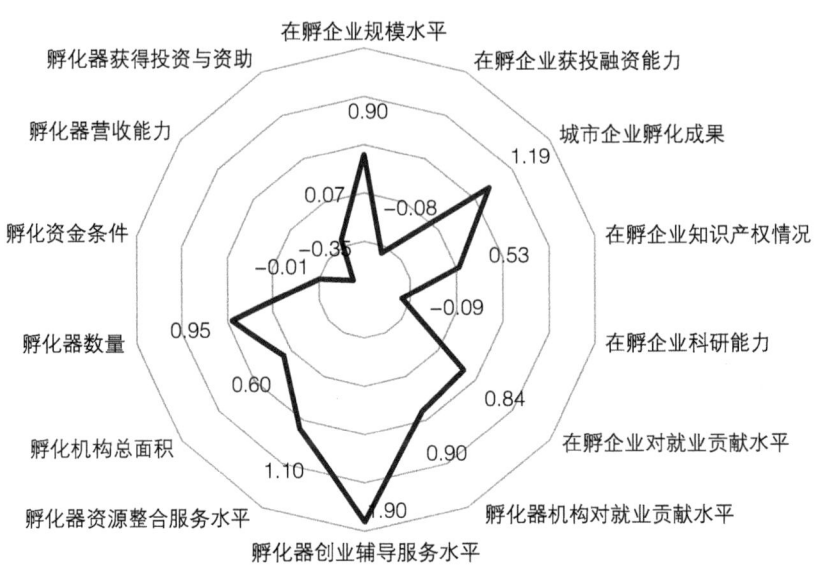

图 3-24 天津市二级指标

（三）三级指标情况

在 36 个三级指标中，天津市共有 3 个三级指标在 117 个城市中排名前五，仅房租及物业收入外其他收入中占比排名靠后，居第 98 位，其余指标则均排名靠前（表 3-12）。

表 3-12 天津市三级指标数据

三级指标	单位	天津	平均值	位次
在孵企业总收入	千元	7965782	6374033	18
在孵企业总数	个	8301	2782	9
当年服务的创业团队数量	个	6070	1935	5
当年获得风险投资额	千元	343767	523212	25
团队及企业当年获得投资总额	千元	280734	384276	19
当年毕业企业	个	362	172	13
当年上市/挂牌企业数量	个	40	11	7

续表

三级指标	单位	天津	平均值	位次
当年被兼并和收购企业	个	22	6	5
当年营业收入超过5千万元企业	个	58	24	17
当年知识产权申请数	个	3984	2089	15
当年拥有的有效知识产权数	个	10993	5330	16
当年获得省级以上奖励	个	68	73	28
当年承担国家级科技计划项目	个	8	21	33
在孵企业从业人员	人	94497	32547	9
吸纳应届大学毕业生占比	%	14.11%	13.00%	41
管理机构从业人员	人	2948	1396	14
大专以上从业人员占比	%	97.36%	91.20%	15
对在孵企业培训人次	人次	53571	29936	17
开展创业教育培训活动场次	场	4268	1350	10
创业导师总数	人	7410	1547	2
创业导师对接企业	个	3225	1107	9
举办创新创业活动	场	3756	948	6
孵化器签约中介机构数量	个	1205	325	7
孵化器对公共技术服务平台投资额	千元	61577	57099	29
当年提供技术支撑服务的团队和企业数量	个	2204	642	9
当年开展国际合作交流活动的数量	场	229	78	9
当年享受财政资金支持额	千元	50100	24699	16
孵化机构总面积	平方米	1838135	1149206	21
孵化机构总数量	个	223	85	10
专业孵化器比重	%	30.56%	26.69%	49
孵化器孵化基金总额	千元	856742	870819	25
孵化机构总收入	千元	593256	481200	24
净利润	千元	25110	41361	31

续表

三级指标	单位	天津	平均值	位次
房租及物业收入外其他收入中占比	%	54.28%	70.38%	98
获得投资总额	千元	14795	24823	46
获得各级财政资助额	千元	121790	82126	24

十三、厦门

厦门市的城市创孵总指数为0.498，在117个城市中列第14位。下面分别从创业孵化指数一级指标、二级指标和三级指标3个方面具体分析厦门市的创业孵化发展情况。

（一）一级指标情况

厦门市的6个一级指标均高于全国平均值。其中，厦门市在创孵经济绩效表现较好，其余指标则表现比较平均（图3-25）。

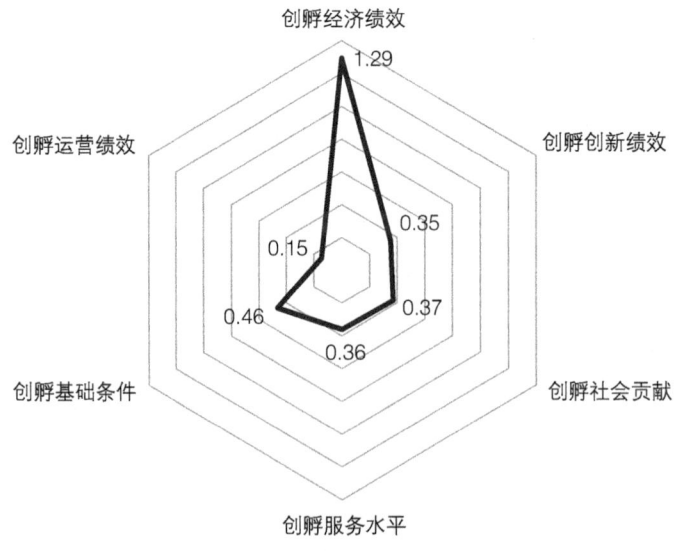

图3-25　厦门市一级指标

（二）二级指标情况

在 14 个二级指标中，厦门市的所有二级指标均高于全国平均水平，其中在孵企业规模水平及孵化器数量两个指标表现较好，孵化器营收能力和在孵企业对就业贡献水平两个方面表现较差（图 3-26）。

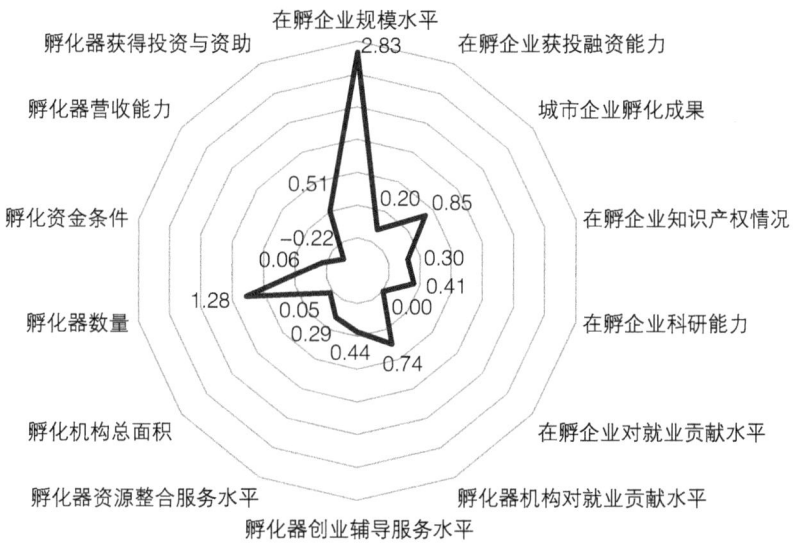

图 3-26　厦门市二级指标

（三）三级指标情况

在 36 个三级指标中，厦门市在当年服务的创业团队数量指标中列全国第 1 位，房租及物业收入外其他收入中占比、吸纳应届大学毕业生占比和当年上市/挂牌企业数量 3 个指标排名靠后，其余指标均排名靠前（表 3-13）。

表 3-13　厦门市三级指标数据

三级指标	单位	厦门	平均值	位次
在孵企业总收入	千元	5797387	6374033	32

续表

三级指标	单位	厦门	平均值	位次
在孵企业总数	个	4176	2782	21
当年服务的创业团队数量	个	33815	1935	1
当年获得风险投资额	千元	986347	523212	11
团队及企业当年获得投资总额	千元	623653	384276	11
当年毕业企业	个	188	172	33
当年上市/挂牌企业数量	个	2	11	65
当年被兼并和收购企业	个	20	6	10
当年营业收入超过5千万元企业	个	104	24	8
当年知识产权申请数	个	2896	2089	22
当年拥有的有效知识产权数	个	9355	5330	19
当年获得省级以上奖励	个	171	73	14
当年承担国家级科技计划项目	个	35	21	10
在孵企业从业人员	人	42905	32547	26
吸纳应届大学毕业生占比	%	12.01%	13.00%	67
管理机构从业人员	人	3071	1396	13
大专以上从业人员占比	%	95%	91.20%	36
对在孵企业培训人次	人次	24473	29936	42
开展创业教育培训活动场次	场	2135	1350	21
创业导师总数	人	3313	1547	14
创业导师对接企业	个	612	1107	60
举办创新创业活动	场	2349	948	16
孵化器签约中介机构数量	个	346	325	27

续表

三级指标	单位	厦门	平均值	位次
孵化器对公共技术服务平台投资额	千元	29369	57099	48
当年提供技术支撑服务的团队和企业数量	个	1286	642	19
当年开展国际合作交流活动的数量	场	184	78	13
当年享受财政资金支持额	千元	31200	24699	23
孵化机构总面积	平方米	1204546	1149206	41
孵化机构总数量	个	175	85	14
专业孵化器比重	%	50%	26.69%	8
孵化器孵化基金总额	千元	1024755	870819	19
孵化机构总收入	千元	749374	481200	17
净利润	千元	71271	41361	11
房租及物业收入外其他收入中占比	%	54.55%	70.38%	97
获得投资总额	千元	42107	24823	15
获得各级财政资助额	千元	159724	82126	18

十四、长沙

长沙市的城市创孵总指数为0.453，在117个城市中列第15位。下面分别从创业孵化指数一级指标、二级指标和三级指标3个方面具体分析长沙市的创业孵化发展情况。

（一）一级指标情况

长沙市的6个一级指标均高于全国平均值。创孵社会贡献及创孵服务水平两个指标表现较好，创孵运营绩效表现较差（图3-27）。

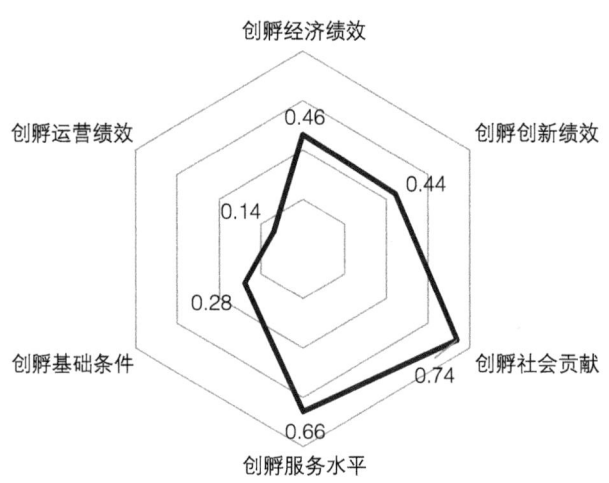

图 3-27 长沙市一级指标

(二)二级指标情况

在 14 个二级指标中,长沙市的所有二级指标均高于全国平均水平,孵化器营收能力和在孵企业获投融资能力两个指标表现较差,其余指标则比较均衡(图 3-28)。

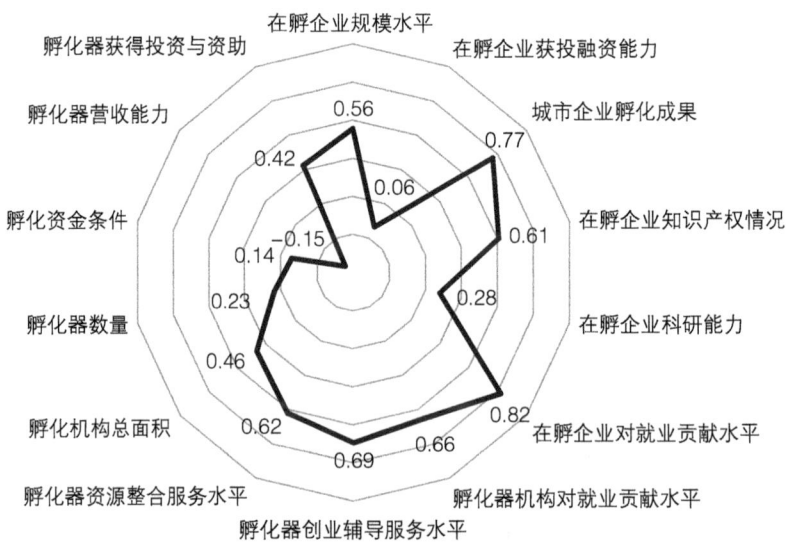

图 3-28 长沙市二级指标

(三)三级指标情况

在36个三级指标中,长沙市除了大专以上从业人员占比和房租及物业收入外其他收入中占比连个指标排名较为靠后以外,其余指标排名均比较靠前(表3-14)。

表3-14 长沙市三级指标数据

三级指标	单位	长沙	平均值	位次
在孵企业总收入	千元	8114828	6374033	17
在孵企业总数	个	6202	2782	13
当年服务的创业团队数量	个	4256	1935	13
当年获得风险投资额	千元	444418	523212	16
团队及企业当年获得投资总额	千元	737366	384276	9
当年毕业企业	个	310	172	15
当年上市/挂牌企业数量	个	14	11	22
当年被兼并和收购企业	个	16	6	14
当年营业收入超过5千万元企业	个	69	24	13
当年知识产权申请数	个	3619	2089	18
当年拥有的有效知识产权数	个	13693	5330	12
当年获得省级以上奖励	个	150	73	15
当年承担国家级科技计划项目	个	25	21	15
在孵企业从业人员	人	81656	32547	12
吸纳应届大学毕业生占比	%	15.22%	13.00%	30
管理机构从业人员	人	3799	1396	7

续表

三级指标	单位	长沙	平均值	位次
大专以上从业人员占比	%	91.61%	91.20%	68
对在孵企业培训人次	人次	44981	29936	22
开展创业教育培训活动场次	场	2570	1350	15
创业导师总数	人	3186	1547	15
创业导师对接企业	个	1341	1107	26
举办创新创业活动	场	2429	948	14
孵化器签约中介机构数量	个	431	325	21
孵化器对公共技术服务平台投资额	千元	65150	57099	27
当年提供技术支撑服务的团队和企业数量	个	1479	642	15
当年开展国际合作交流活动的数量	场	164	78	16
当年享受财政资金支持额	千元	73769	24699	10
孵化机构总面积	平方米	1682058	1149206	26
孵化机构总数量	个	125	85	23
专业孵化器比重	%	26.47%	26.69%	56
孵化器孵化基金总额	千元	1213850	870819	17
孵化机构总收入	千元	659003	481200	20
净利润	千元	24176	41361	32
房租及物业收入外其他收入中占比	%	62.26%	70.38%	81
获得投资总额	千元	29689	24823	27
获得各级财政资助额	千元	169253	82126	14

十五、长春

长春市的城市创孵总指数为 0.301，在 117 个城市中列第 19 位。下面分别从创业孵化指数一级指标、二级指标和三级指标 3 个方面具体分析长春市的创业孵化发展情况。

（一）一级指标情况

长春市的 6 个一级指标均高于全国平均值。其中，长春市在创孵经济绩效和创孵社会贡献两个指标表现较差，其余指标表现比较均衡（图 3-29）。

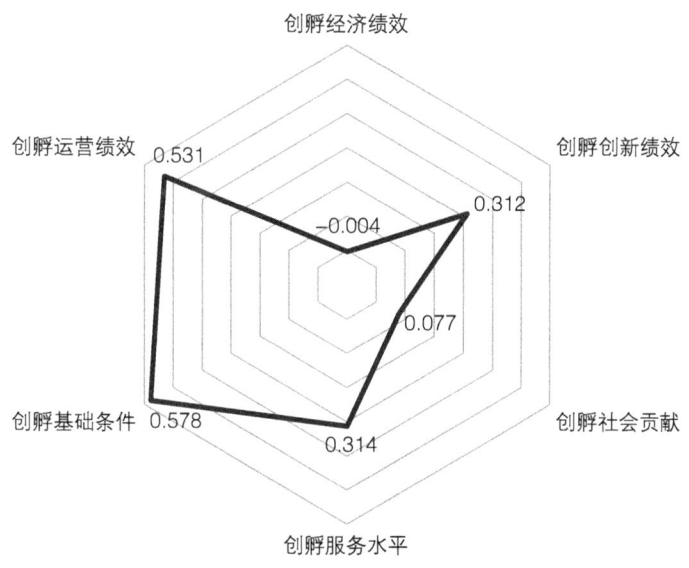

图 3-29　长春市一级指标

（二）二级指标情况

在 14 个二级指标中，长春市在孵化器获得投资与资助和孵化机构总面积两个指标表现较好，在孵企业获投融资能力、城市企业孵化成果和孵化器机构对就业贡献水平 3 个指标表现较差，其余指标表现相对均衡（图 3-30）。

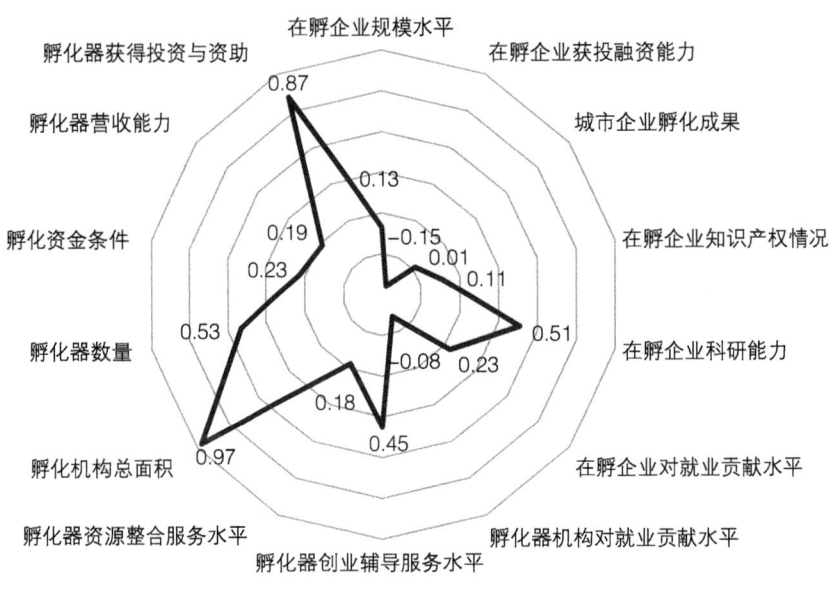

图 3-30 长春市二级指标

（三）三级指标情况

在 36 个三级指标中，长春市当年上市/挂牌企业数量及大专以上从业人员占比排名靠后，其余指标均排名靠前（表 3-15）。

表 3-15 长春市三级指标数据

三级指标	单位	长春	平均值	位次
在孵企业总收入	千元	8881530	6374033	16
在孵企业总数	个	3010	2782	31
当年服务的创业团队数量	个	2434	1935	25
当年获得风险投资额	千元	249000	523212	31
团队及企业当年获得投资总额	千元	93093	384276	27
当年毕业企业	个	248	172	20
当年上市/挂牌企业数量	个	2	11	65

第3章 主要城市创业孵化能力分析

续表

三级指标	单位	长春	平均值	位次
当年被兼并和收购企业	个	8	6	25
当年营业收入超过5千万元企业	个	19	24	39
当年知识产权申请数	个	2556	2089	25
当年拥有的有效知识产权数	个	6423	5330	24
当年获得省级以上奖励	个	228	73	11
当年承担国家级科技计划项目	个	20	21	20
在孵企业从业人员	人	52159	32547	17
吸纳应届大学毕业生占比	%	13.07%	13.00%	57
管理机构从业人员	人	2531	1396	17
大专以上从业人员占比	%	86.57%	91.20%	97
对在孵企业培训人次	人次	45376	29936	20
开展创业教育培训活动场次	场	2098	1350	23
创业导师总数	人	2738	1547	20
创业导师对接企业	个	1949	1107	16
举办创新创业活动	场	1145	948	30
孵化器签约中介机构数量	个	636	325	16
孵化器对公共技术服务平台投资额	千元	73866	57099	23
当年提供技术支撑服务的团队和企业数量	个	893	642	28
当年开展国际合作交流活动的数量	场	70	78	31
当年享受财政资金支持额	千元	16308	24699	40
孵化机构总面积	平方米	2269570	1149206	15
孵化机构总数量	个	141	85	19
专业孵化器比重	%	32.88%	26.69%	44
孵化器孵化基金总额	千元	1430285	870819	14
孵化机构总收入	千元	658419	481200	21

续表

三级指标	单位	长春	平均值	位次
净利润	千元	45589	41361	20
房租及物业收入外其他收入中占比	%	75.67%	70.38%	45
获得投资总额	千元	73335	24823	9
获得各级财政资助额	千元	172659	82126	13

十六、济南

济南市的城市创孵总指数为0.266，在117个城市中列第20位。下面分别从创业孵化指数一级指标、二级指标和三级指标3个方面具体分析济南市的创业孵化发展情况。

（一）一级指标情况

济南市的6个一级指标均高于全国平均值。其中，济南市在创孵经济绩效和创孵创新绩效表现较差，其余指标则表现较为均衡（图3-31）。

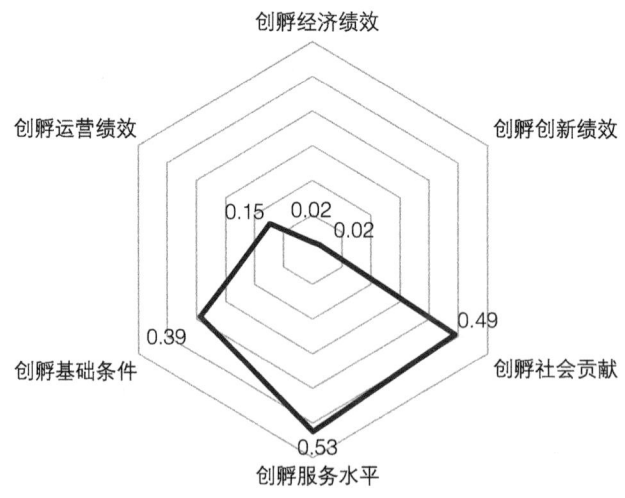

图3-31 济南市一级指标

（二）二级指标情况

在14个二级指标中，济南市的所有二级指标均高于全国平均水平，孵化器数量和在孵企业对就业贡献水平两个指标表现良好，孵化资金条件、在孵企业获投融资能力及在孵企业知识产权情况3个指标表现较差（图3-32）。

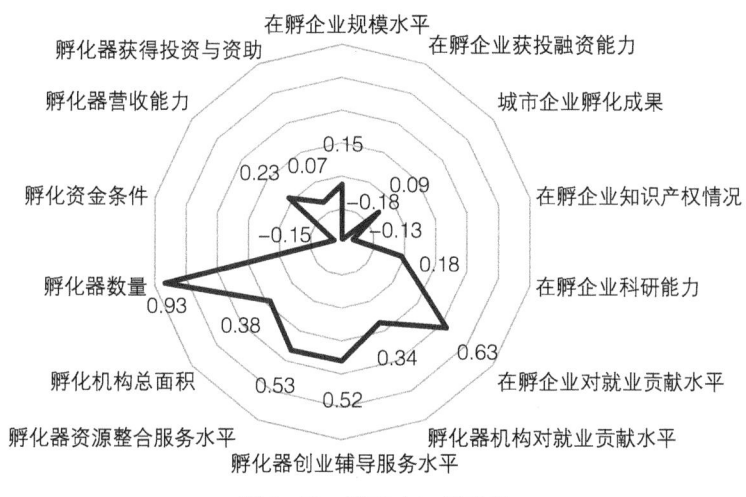

图 3-32 济南市二级指标

（三）三级指标情况

在36个三级指标中，济南市大部分指标均排名靠前，仅当年上市/挂牌企业数量和大专以上从业人员占比两个指标排名靠后（表3-16）。

表 3-16 济南市三级指标数据

三级指标	单位	济南	平均值	位次
在孵企业总收入	千元	5995787	6374033	30
在孵企业总数	个	4056	2782	23
当年服务的创业团队数量	个	2436	1935	24
当年获得风险投资额	千元	209227	523212	34
团队及企业当年获得投资总额	千元	44227	384276	47

续表

三级指标	单位	济南	平均值	位次
当年毕业企业	个	240	172	24
当年上市/挂牌企业数量	个	1	11	75
当年被兼并和收购企业	个	4	6	33
当年营业收入超过5千万元企业	个	48	24	21
当年知识产权申请数	个	1713	2089	34
当年拥有的有效知识产权数	个	3678	5330	41
当年获得省级以上奖励	个	85	73	21
当年承担国家级科技计划项目	个	45	21	8
在孵企业从业人员	人	44946	32547	25
吸纳应届大学毕业生占比	%	17.24%	13.00%	18
管理机构从业人员	人	2351	1396	19
大专以上从业人员占比	%	92.39%	91.20%	63
对在孵企业培训人次	人次	39469	29936	28
开展创业教育培训活动场次	场	2066	1350	24
创业导师总数	人	3133	1547	16
创业导师对接企业	个	1896	1107	18
举办创新创业活动	场	1535	948	21
孵化器签约中介机构数量	个	367	325	26
孵化器对公共技术服务平台投资额	千元	211418	57099	9
当年提供技术支撑服务的团队和企业数量	个	1260	642	21
当年开展国际合作交流活动的数量	场	124	78	19
当年享受财政资金支持额	千元	21882	24699	31
孵化机构总面积	平方米	1582170	1149206	30
孵化机构总数量	个	160	85	15
专业孵化器比重	%	42%	26.69%	18
孵化器孵化基金总额	千元	508155	870819	35
孵化机构总收入	千元	659222	481200	19
净利润	千元	23957	41361	33

续表

三级指标	单位	济南	平均值	位次
房租及物业收入外其他收入中占比	%	78.86%	70.38%	36
获得投资总额	千元	14238	24823	48
获得各级财政资助额	千元	122368	82126	23

十七、宁波

宁波市的城市创孵总指数为 0.249，在 117 个城市中列第 21 位。下面分别从创业孵化指数一级指标、二级指标和三级指标 3 个方面具体分析宁波市的创业孵化发展情况。

（一）一级指标情况

宁波市的 6 个一级指标均高于全国平均值。其中，宁波市创孵经济绩效、创孵社会贡献、创孵服务水平 3 个指标表现较好，创孵创新绩效和创孵基础条件表现较差（图 3-33）。

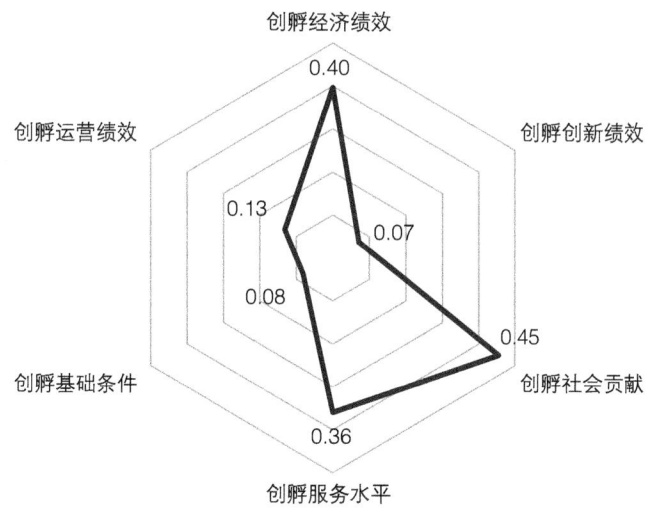

图 3-33　宁波市一级指标

（二）二级指标情况

在 14 个二级指标中，宁波市的所有二级指标均高于全国平均水平，其中城市企业孵化成果、孵化器机构对就业贡献水平、孵化器资源整合服务水平和孵化机构总面积 4 个指标表现较好，孵化器数量、孵化资金条件、孵化器营收能力 3 个指标表现较差（图 3-34）。

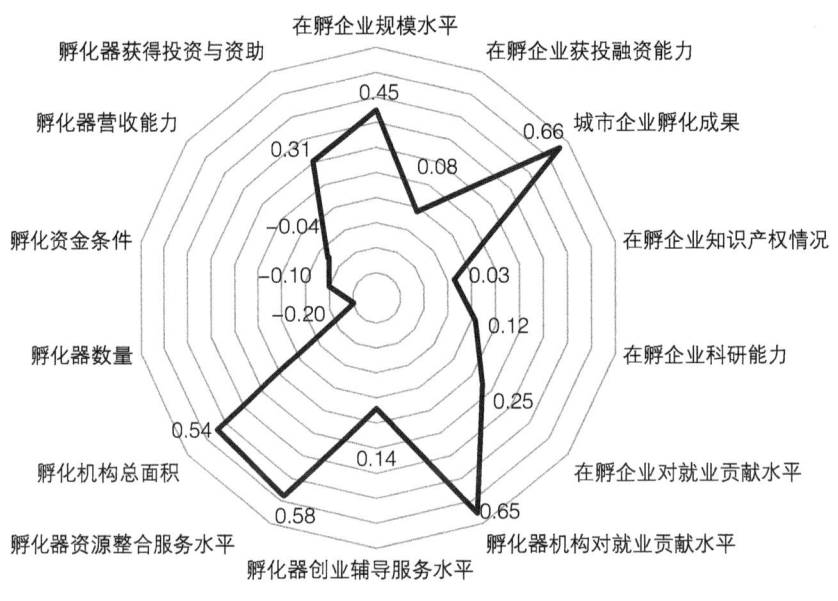

图 3-34 宁波市二级指标

（三）三级指标情况

在 36 个三级指标中，宁波市当年上市/挂牌企业数量排名全国第四，当年享受财政资金支持额排名第七，但孵化器对公共技术服务平台投资额、当年被兼并和收购企业、专业孵化器比重、房租及物业收入外其他收入中占比和获得投资总额 5 个指标排名较为靠后，其余指标则均排名靠前（表 3-17）。

表 3-17 宁波市三级指标数据

三级指标	单位	宁波	平均值	位次
在孵企业总收入	千元	4915820	6374033	37
在孵企业总数	个	5424	2782	15
当年服务的创业团队数量	个	4823	1935	10
当年获得风险投资额	千元	493984	523212	14
团队及企业当年获得投资总额	千元	745176	384276	8
当年毕业企业	个	174	172	37
当年上市/挂牌企业数量	个	73	11	4
当年被兼并和收购企业	个	0	6	78
当年营业收入超过5千万元企业	个	42	24	23
当年知识产权申请数	个	1828	2089	33
当年拥有的有效知识产权数	个	6588	5330	22
当年获得省级以上奖励	个	94	73	19
当年承担国家级科技计划项目	个	29	21	11
在孵企业从业人员	人	48817	32547	20
吸纳应届大学毕业生占比	%	13.58%	13.00%	48
管理机构从业人员	人	3245	1396	11
大专以上从业人员占比	%	93.38%	91.20%	49
对在孵企业培训人次	人次	23604	29936	44
开展创业教育培训活动场次	场	1542	1350	33
创业导师总数	人	2250	1547	27
创业导师对接企业	个	934	1107	41
举办创新创业活动	场	1508	948	22
孵化器签约中介机构数量	个	297	325	35

续表

三级指标	单位	宁波	平均值	位次
孵化器对公共技术服务平台投资额	千元	15039	57099	74
当年提供技术支撑服务的团队和企业数量	个	1513	642	13
当年开展国际合作交流活动的数量	场	76	78	28
当年享受财政资金支持额	千元	120091	24699	7
孵化机构总面积	平方米	1773914	1149206	25
孵化机构总数量	个	96	85	32
专业孵化器比重	%	18.18%	26.69%	80
孵化器孵化基金总额	千元	628260	870819	33
孵化机构总收入	千元	657020	481200	22
净利润	千元	17348	41361	38
房租及物业收入外其他收入中占比	%	67.36%	70.38%	72
获得投资总额	千元	4012	24823	78
获得各级财政助额	千元	200885	82126	12

十八、合肥

合肥市的城市创孵总指数为0.192，在117个城市中列第22位。下面分别从创业孵化指数一级指标、二级指标和三级指标3个方面具体分析合肥市的创业孵化发展情况。

（一）一级指标情况

合肥市的6个一级指标均高于全国平均值。除创孵基础条件指标表现较差，其余指标表现比较均衡（图3-35）。

第 3 章 主要城市创业孵化能力分析

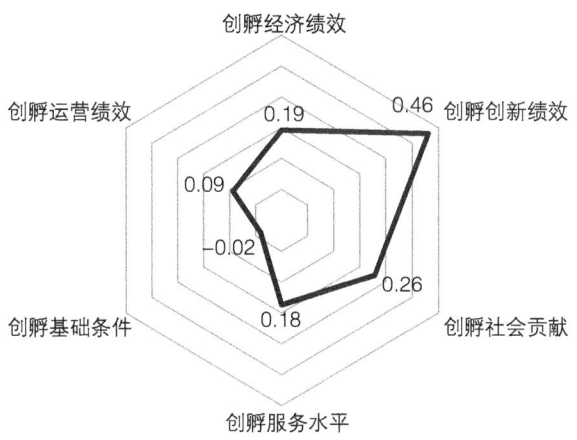

图 3-35 合肥市一级指标

（二）二级指标情况

在 14 个二级指标中，合肥市的所有二级指标均高于全国平均水平，其中城市企业孵化成果、在孵企业知识产权情况、孵化器机构对就业贡献水平和在孵企业科研能力 4 个指标表现较好，在孵企业获投融资能力、孵化器数量两个指标表现较差（图 3-36）。

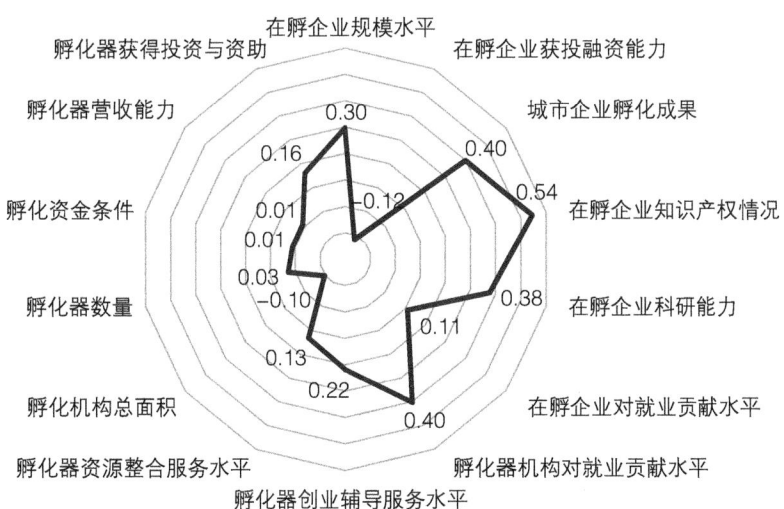

图 3-36 合肥市二级指标

（三）三级指标情况

在 36 个三级指标中，合肥市专业孵化器比重、吸纳应届大学毕业生占比、房租及物业收入外其他收入中占比三个指标在 117 个城市中排名比较靠后，其余指标排名则比较靠前（表 3-18）。

表 3-18 合肥市三级指标数据

三级指标	单位	合肥	平均值	位次
在孵企业总收入	千元	15078041	6374033	12
在孵企业总数	个	3612	2782	28
当年服务的创业团队数量	个	1829	1935	31
当年获得风险投资额	千元	387023	523212	21
团队及企业当年获得投资总额	千元	74867	384276	32
当年毕业企业	个	200	172	30
当年上市/挂牌企业数量	个	7	11	39
当年被兼并和收购企业	个	16	6	14
当年营业收入超过 5 千万元企业	个	44	24	22
当年知识产权申请数	个	4223	2089	14
当年拥有的有效知识产权数	个	10721	5330	17
当年获得省级以上奖励	个	178	73	13
当年承担国家级科技计划项目	个	26	21	13
在孵企业从业人员	人	46727	32547	24
吸纳应届大学毕业生占比	%	12.55%	13.00%	63
管理机构从业人员	人	1286	1396	39
大专以上从业人员占比	%	96.55%	91.20%	21
对在孵企业培训人次	人次	45624	29936	19
开展创业教育培训活动场次	场	1505	1350	34
创业导师总数	人	1459	1547	36

续表

三级指标	单位	合肥	平均值	位次
创业导师对接企业	个	1704	1107	20
举办创新创业活动	场	1227	948	26
孵化器签约中介机构数量	个	394	325	22
孵化器对公共技术服务平台投资额	千元	66213	57099	25
当年提供技术支撑服务的团队和企业数量	个	1090	642	23
当年开展国际合作交流活动的数量	场	86	78	25
当年享受财政资金支持额	千元	16493	24699	39
孵化机构总面积	平方米	1036924	1149206	47
孵化机构总数量	个	107	85	29
专业孵化器比重	%	23.40%	26.69%	67
孵化器孵化基金总额	千元	897080	870819	24
孵化机构总收入	千元	412258	481200	31
净利润	千元	41766	41361	24
房租及物业收入外其他收入中占比	%	71.98%	70.38%	61
获得投资总额	千元	33445	24823	23
获得各级财政资助额	千元	99828	82126	28

十九、青岛

青岛市的城市创孵总指数为 0.172，在 117 个城市中列第 23 位。下面分别从创业孵化指数一级指标、二级指标和三级指标 3 个方面具体分析青岛市的创业孵化发展情况。

（一）一级指标情况

青岛市的 6 个一级指标均高于全国平均值。其中，青岛市创孵服务水平表现较好，创孵运营绩效表现较差（图 3-37）。

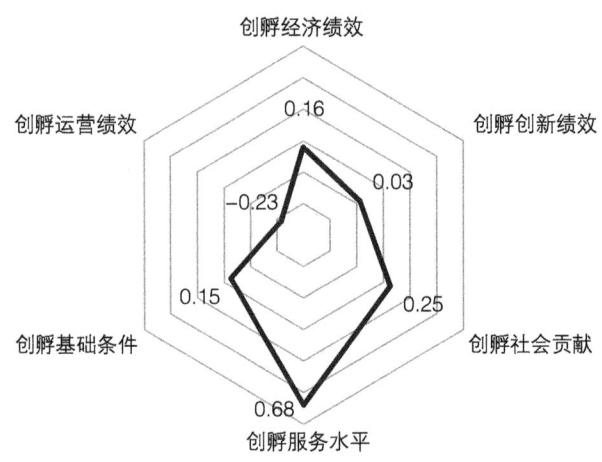

图 3-37 青岛市一级指标

(二) 二级指标情况

在 14 个二级指标中,青岛市的所有二级指标均高于全国平均水平,其中孵化器创业辅导服务水平、城市企业孵化成果和孵化器数量 3 个指标表现较好,孵化器营收能力、孵化器获得投资与资助和在孵企业获投融资能力 3 个指标表现较差(图 3-38)。

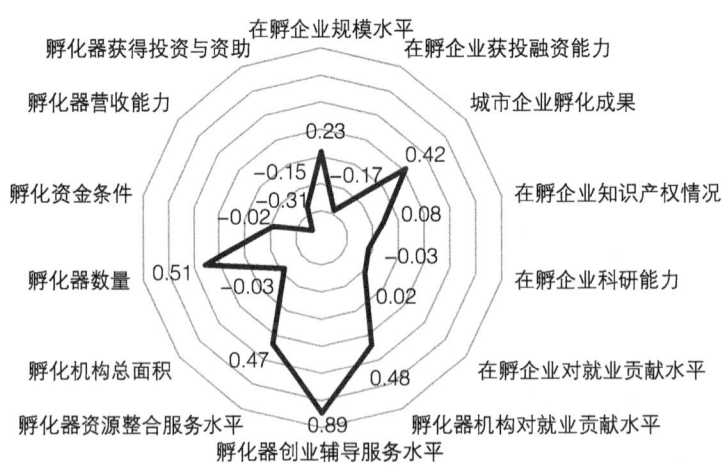

图 3-38 青岛市二级指标

(三)三级指标情况

在36个三级指标中,青岛市在房租及物业收入外其他收入中占比和吸纳应届大学毕业生占比两项指标排名较为靠后,其余指标则排名均比较靠前(表3-19)。

表3-19 青岛市三级指标数据

三级指标	单位	青岛	平均值	位次
在孵企业总收入	千元	5326462	6374033	34
在孵企业总数	个	4565	2782	17
当年服务的创业团队数量	个	3082	1935	19
当年获得风险投资额	千元	163645	523212	39
团队及企业当年获得投资总额	千元	114871	384276	26
当年毕业企业	个	282	172	17
当年上市/挂牌企业数量	个	21	11	15
当年被兼并和收购企业	个	8	6	25
当年营业收入超过5千万元企业	个	42	24	23
当年知识产权申请数	个	2285	2089	27
当年拥有的有效知识产权数	个	6455	5330	23
当年获得省级以上奖励	个	81	73	25
当年承担国家级科技计划项目	个	11	21	28
在孵企业从业人员	人	38835	32547	30
吸纳应届大学毕业生占比	%	12.58%	13.00%	62
管理机构从业人员	人	1391	1396	35
大专以上从业人员占比	%	97.14%	91.20%	16
对在孵企业培训人次	人次	72604	29936	11
开展创业教育培训活动场次	场	2582	1350	14
创业导师总数	人	2513	1547	24

续表

三级指标	单位	青岛	平均值	位次
创业导师对接企业	个	2056	1107	15
举办创新创业活动	场	2626	948	11
孵化器签约中介机构数量	个	511	325	20
孵化器对公共技术服务平台投资额	千元	73826	57099	24
当年提供技术支撑服务的团队和企业数量	个	1485	642	14
当年开展国际合作交流活动的数量	场	169	78	15
当年享受财政资金支持额	千元	29405	24699	25
孵化机构总面积	平方米	1110428	1149206	44
孵化机构总数量	个	146	85	18
专业孵化器比重	%	31.25%	26.69%	47
孵化器孵化基金总额	千元	815594	870819	28
孵化机构总收入	千元	427154	481200	29
净利润	千元	52798	41361	17
房租及物业收入外其他收入中占比	%	56.50%	70.38%	93
获得投资总额	千元	14814	24823	45
获得各级财政资助额	千元	70714	82126	37

二十、南昌

南昌市的城市创孵总指数为0.155，在117个城市中列第24位。下面分别从创业孵化指数一级指标、二级指标和三级指标3个方面具体分析南昌市的创业孵化发展情况。

（一）一级指标情况

南昌市的6个一级指标中，创孵社会贡献表现较好，创孵运营绩效表现较差，其余指标则比较均衡（图3-39）。

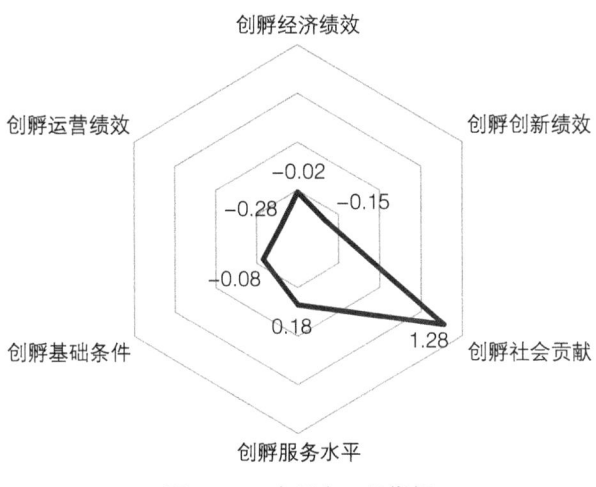

图3-39　南昌市一级指标

（二）二级指标情况

在14个二级指标中，南昌市在孵企业对就业贡献水平指标表现较为突出，孵化器营收能力和孵化器数量表现较差（图3-40）。

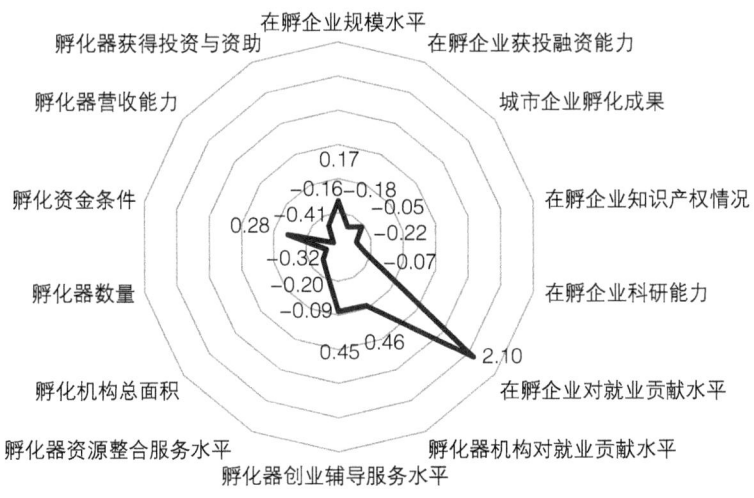

图3-40　南昌市二级指标

（三）三级指标情况

在 36 个三级指标中，南昌市在吸纳应届大学毕业生占比指标中表现优异，列全国第 1 位，专业孵化器比重、房租及物业收入外其他收入中占比和当年上市/挂牌企业数量 3 个指标排名较为靠后，其余指标排名均中等靠前（表 3-20）。

表 3-20　南昌市三级指标数据

三级指标	单位	南昌	平均值	位次
在孵企业总收入	千元	4571744	6374033	38
在孵企业总数	个	4496	2782	18
当年服务的创业团队数量	个	2696	1935	22
当年获得风险投资额	千元	94265	523212	53
团队及企业当年获得投资总额	千元	170324	384276	23
当年毕业企业	个	134	172	47
当年上市/挂牌企业数量	个	2	11	65
当年被兼并和收购企业	个	11	6	20
当年营业收入超过 5 千万元企业	个	16	24	43
当年知识产权申请数	个	984	2089	57
当年拥有的有效知识产权数	个	3784	5330	39
当年获得省级以上奖励	个	46	73	36
当年承担国家级科技计划项目	个	24	21	16
在孵企业从业人员	人	39816	32547	29
吸纳应届大学毕业生占比	%	30.32%	13.00%	1
管理机构从业人员	人	1440	1396	32

续表

三级指标	单位	南昌	平均值	位次
大专以上从业人员占比	%	96.73%	91.20%	17
对在孵企业培训人次	人次	18862	29936	52
开展创业教育培训活动场次	场	2287	1350	18
创业导师总数	人	2659	1547	23
创业导师对接企业	个	1004	1107	38
举办创新创业活动	场	2535	948	12
孵化器签约中介机构数量	个	282	325	38
孵化器对公共技术服务平台投资额	千元	62116	57099	28
当年提供技术支撑服务的团队和企业数量	个	611	642	35
当年开展国际合作交流活动的数量	场	53	78	38
当年享受财政资金支持额	千元	16185	24699	41
孵化机构总面积	平方米	917724	1149206	51
孵化机构总数量	个	62	85	55
专业孵化器比重	%	21.05%	26.69%	74
孵化器孵化基金总额	千元	1568900	870819	13
孵化机构总收入	千元	227089	481200	47
净利润	千元	11582	41361	44
房租及物业收入外其他收入中占比	%	58.26%	70.38%	87
获得投资总额	千元	15843	24823	43
获得各级财政资助额	千元	66042	82126	40

二十一、兰州

兰州市的城市创孵总指数为 0.112，在 117 个城市中列第 27 位。下面分别从创业孵化指数一级指标、二级指标和三级指标 3 个方面具体分析兰州市的创业孵化发展情况。

（一）一级指标情况

兰州市的 6 个一级指标中创孵经济绩效、创孵创新绩效两个指标表现较差，其余指标则比较均衡（图 3-41）。

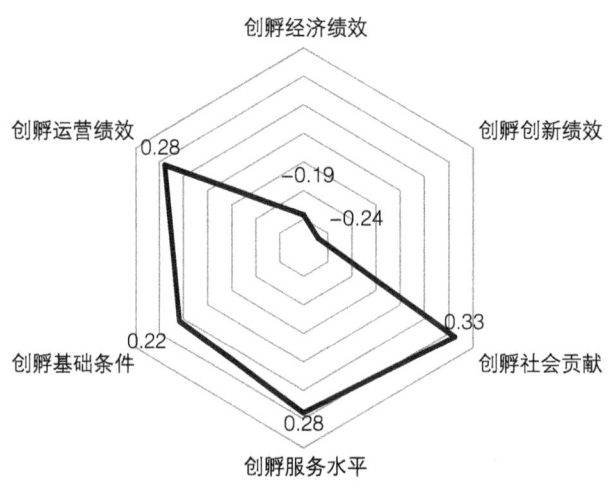

图 3-41　兰州市一级指标

（二）二级指标情况

在 14 个二级指标中，兰州市在孵化器获得投资与资助、孵化机构总面积和在孵企业对就业贡献水平 3 个指标表现较好，在孵企业知识产权情况、在孵企业科研能力两个指标表现较差（图 3-42）。

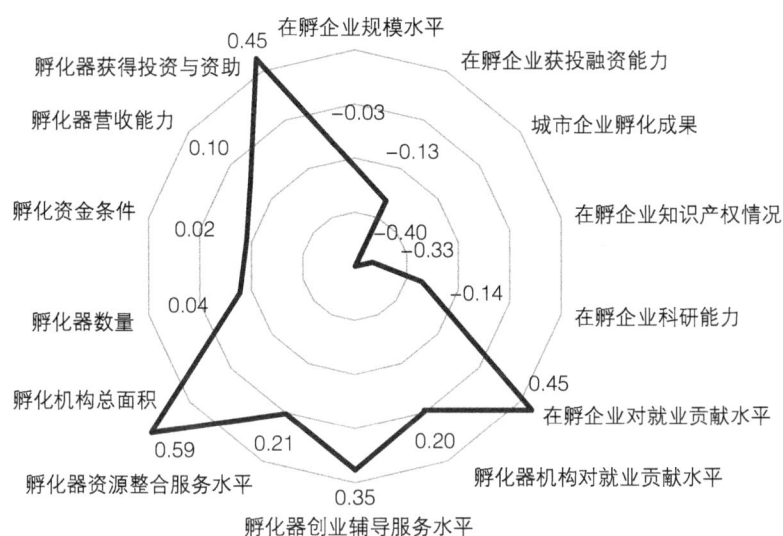

图 3-42 兰州市二级指标

（三）三级指标情况

在 36 个三级指标中，兰州市在当年上市/挂牌企业数量、当年营业收入超过 5 千万元企业、大专以上从业人员占比、专业孵化器比重 4 个指标排名较为靠后，其余指标排名均中等靠前（表 3-21）。

表 3-21 兰州市三级指标数据

三级指标	单位	兰州	平均值	位次
在孵企业总收入	千元	3420870	6374033	48
在孵企业总数	个	2976	2782	32
当年服务的创业团队数量	个	2285	1935	26
当年获得风险投资额	千元	137048	523212	43
团队及企业当年获得投资总额	千元	319941	384276	16
当年毕业企业	个	134	172	47
当年上市/挂牌企业数量	个	0	11	89

续表

三级指标	单位	兰州	平均值	位次
当年被兼并和收购企业	个	2	6	50
当年营业收入超过5千万元企业	个	3	24	77
当年知识产权申请数	个	741	2089	61
当年拥有的有效知识产权数	个	2123	5330	56
当年获得省级以上奖励	个	45	73	38
当年承担国家级科技计划项目	个	12	21	25
在孵企业从业人员	人	30445	32547	36
吸纳应届大学毕业生占比	%	17.11%	13.00%	19
管理机构从业人员	人	1976	1396	22
大专以上从业人员占比	%	91.78%	91.20%	66
对在孵企业培训人次	人次	55642	29936	16
开展创业教育培训活动场次	场	1799	1350	28
创业导师总数	人	2391	1547	26
创业导师对接企业	个	956	1107	40
举办创新创业活动	场	1541	948	20
孵化器签约中介机构数量	个	382	325	23
孵化器对公共技术服务平台投资额	千元	44776	57099	36
当年提供技术支撑服务的团队和企业数量	个	1343	642	17
当年开展国际合作交流活动的数量	场	115	78	21
当年享受财政资金支持额	千元	20187	24699	33
孵化机构总面积	平方米	1823236	1149206	24
孵化机构总数量	个	119	85	26
专业孵化器比重	%	21.62%	26.69%	72
孵化器孵化基金总额	千元	917549	870819	22
孵化机构总收入	千元	530861	481200	26
净利润	千元	20599	41361	34
房租及物业收入外其他收入中占比	%	75.57%	70.38%	46

续表

三级指标	单位	兰州	平均值	位次
获得投资总额	千元	47305	24823	14
获得各级财政资助额	千元	134849	82126	21

二十二、昆明

昆明市的城市创孵总指数为0.062，在117个城市中列第29位。下面分别从创业孵化指数一级指标、二级指标和三级指标3个方面具体分析昆明市的创业孵化发展情况。

（一）一级指标情况

昆明市的6个一级指标中创孵社会贡献表现较好，创孵运营绩效、创孵经济绩效及创孵创新绩效3个指标表现较差（图3-43）。

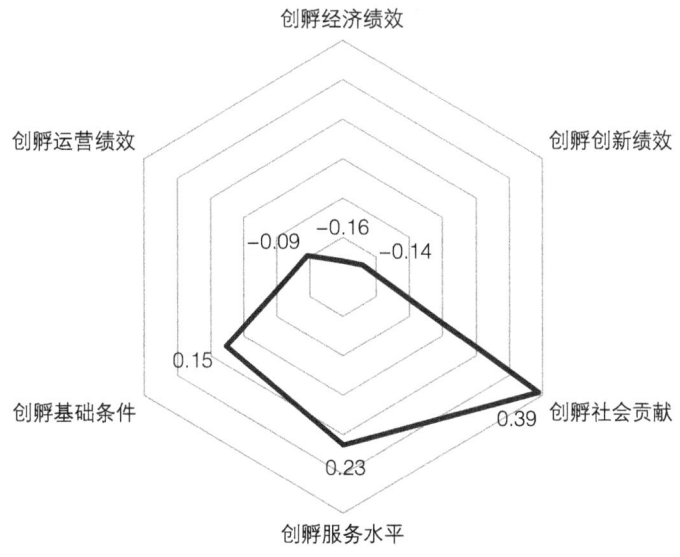

图3-43 昆明市一级指标

（二）二级指标情况

在14个二级指标中，昆明市孵化机构总面积和孵化器机构对就业贡献水平两个指标表现较好，城市企业孵化成果、孵化器数量两个指标表现较差（图3-44）。

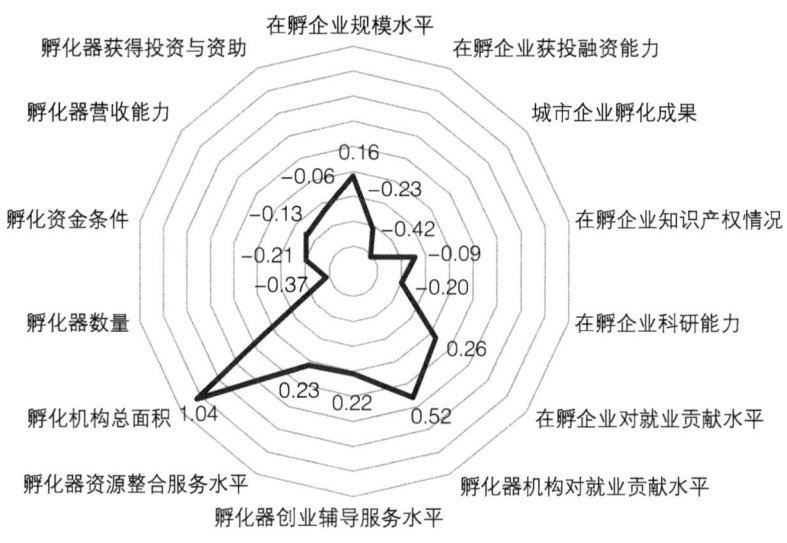

图3-44　昆明市二级指标

（三）三级指标情况

在36个三级指标中，昆明市在净利润、专业孵化器比重、获得投资总额、当年获得风险投资额、当年被兼并和收购企业、当年上市/挂牌企业数量、孵化器对公共技术服务平台投资额、当年毕业企业8个指标排名靠后，其余指标排名均为中等靠前（表3-22）。

表3-22　昆明市三级指标数据

三级指标	单位	昆明	平均值	位次
在孵企业总收入	千元	4210485	6374033	42
在孵企业总数	个	3040	2782	30

续表

三级指标	单位	昆明	平均值	位次
当年服务的创业团队数量	个	4239	1935	14
当年获得风险投资额	千元	19741	523212	85
团队及企业当年获得投资总额	千元	67031	384276	35
当年毕业企业	个	95	172	60
当年上市/挂牌企业数量	个	2	11	65
当年被兼并和收购企业	个	0	6	78
当年营业收入超过5千万元企业	个	11	24	55
当年知识产权申请数	个	1244	2089	47
当年拥有的有效知识产权数	个	5849	5330	26
当年获得省级以上奖励	个	29	73	48
当年承担国家级科技计划项目	个	12	21	25
在孵企业从业人员	人	36761	32547	32
吸纳应届大学毕业生占比	%	14.78%	13.00%	36
管理机构从业人员	人	1834	1396	25
大专以上从业人员占比	%	96.24%	91.20%	23
对在孵企业培训人次	人次	18325	29936	53
开展创业教育培训活动场次	场	1614	1350	31
创业导师总数	人	3013	1547	17
创业导师对接企业	个	1413	1107	25
举办创新创业活动	场	1180	948	27
孵化器签约中介机构数量	个	763	325	14
孵化器对公共技术服务平台投资额	千元	20598	57099	64
当年提供技术支撑服务的团队和企业数量	个	968	642	25
当年开展国际合作交流活动的数量	场	135	78	18
当年享受财政资金支持额	千元	17519	24699	37
孵化机构总面积	平方米	2346183	1149206	12
孵化机构总数量	个	88	85	34
专业孵化器比重	%	14.29%	26.69%	92
孵化器孵化基金总额	千元	363800	870819	42
孵化机构总收入	千元	308686	481200	36

续表

三级指标	单位	昆明	平均值	位次
净利润	千元	-32049	41361	109
房租及物业收入外其他收入中占比	%	72.39%	70.38%	58
获得投资总额	千元	6841	24823	62
获得各级财政资助额	千元	109744	82126	26

二十三、太原

太原市的城市创孵总指数为 0.037，在 117 个城市中列第 30 位。下面分别从创业孵化指数一级指标、二级指标和三级指标 3 个方面具体分析太原市的创业孵化发展情况。

（一）一级指标情况

太原市的 6 个一级指标中创孵社会贡献表现较好，其余指标则表现一般（图 3-45）。

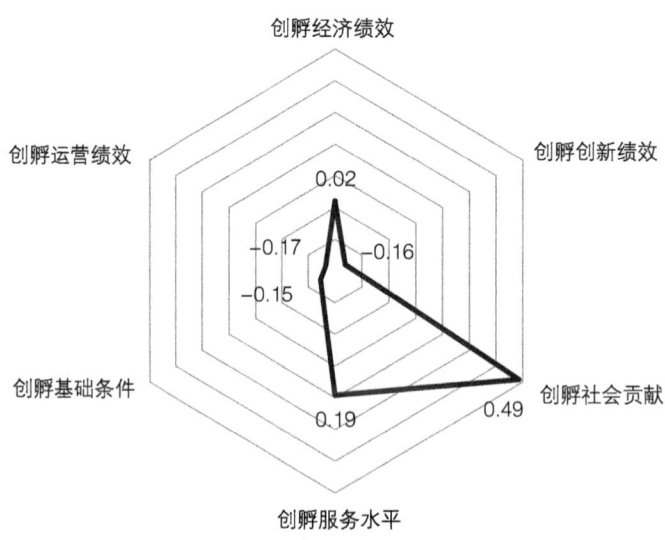

图 3-45　太原市一级指标

(二)二级指标情况

在14个二级指标中,太原市在孵企业对就业贡献水平、孵化器创业辅助服务水平两项指标表现较好,孵化器营收能力、孵化资金条件、在孵企业获投融资能力3个指标表现较差(图3-46)。

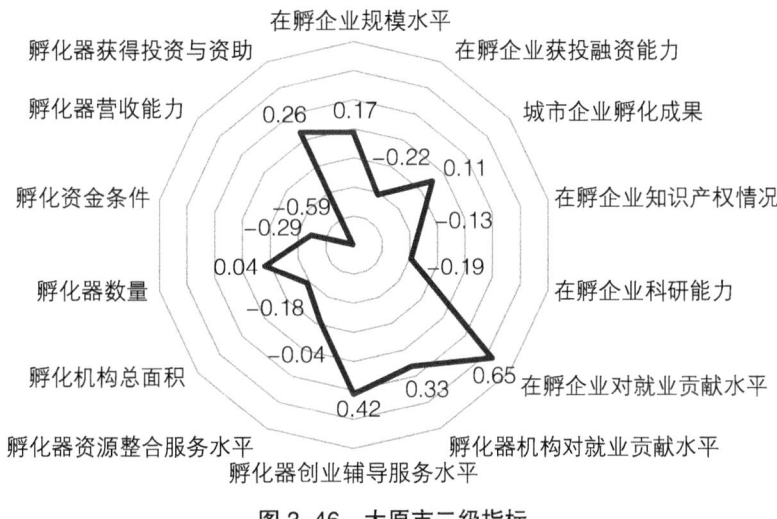

图3-46 太原市二级指标

(三)三级指标情况

在36个三级指标中,太原市在房租及物业收入外其他收入中占比、净利润、专业孵化器比重、孵化器对公共技术服务平台投资额、大专以上从业人员占比、当年营业收入超过5千万元企业6个指标排名靠后,其余指标排名均为中等靠前(表3-23)。

表3-23 太原市三级指标数据

三级指标	单位	太原	平均值	位次
在孵企业总收入	千元	4085135	6374033	44
在孵企业总数	个	4089	2782	22
当年服务的创业团队数量	个	3238	1935	17

续表

三级指标	单位	太原	平均值	位次
当年获得风险投资额	千元	100890	523212	50
团队及企业当年获得投资总额	千元	24645	384276	58
当年毕业企业	个	152	172	44
当年上市/挂牌企业数量	个	15	11	19
当年被兼并和收购企业	个	13	6	18
当年营业收入超过5千万元企业	个	8	24	61
当年知识产权申请数	个	1336	2089	43
当年拥有的有效知识产权数	个	4646	5330	31
当年获得省级以上奖励	个	41	73	40
当年承担国家级科技计划项目	个	6	21	38
在孵企业从业人员	人	40070	32547	28
吸纳应届大学毕业生占比	%	17.81%	13.00%	14
管理机构从业人员	人	3405	1396	10
大专以上从业人员占比	%	88.80%	91.20%	86
对在孵企业培训人次	人次	31967	29936	35
开展创业教育培训活动场次	场	2127	1350	22
创业导师总数	人	2735	1547	21
创业导师对接企业	个	643	1107	58
举办创新创业活动	场	2406	948	15
孵化器签约中介机构数量	个	302	325	33
孵化器对公共技术服务平台投资额	千元	17530	57099	70
当年提供技术支撑服务的团队和企业数量	个	956	642	26
当年开展国际合作交流活动的数量	场	47	78	41
当年享受财政资金支持额	千元	26849	24699	29
孵化机构总面积	平方米	939655	1149206	49
孵化机构总数量	个	122	85	25
专业孵化器比重	%	20.83%	26.69%	75
孵化器孵化基金总额	千元	154290	870819	59

续表

三级指标	单位	太原	平均值	位次
孵化机构总收入	千元	479584	481200	27
净利润	千元	2263	41361	65
房租及物业收入外其他收入中占比	%	46.70%	70.38%	110
获得投资总额	千元	58074	24823	12
获得各级财政资助额	千元	65573	82126	41

二十四、沈阳

沈阳市的城市创孵总指数为 0.023,在 117 个城市中列第 31 位。下面分别从创业孵化指数一级指标、二级指标和三级指标 3 个方面具体分析沈阳市的创业孵化发展情况。

(一)一级指标情况

沈阳市的 6 个一级指标中创孵社会贡献和创孵服务水平两项指标表现较好,创孵创新绩效表现较差(图 3-47)。

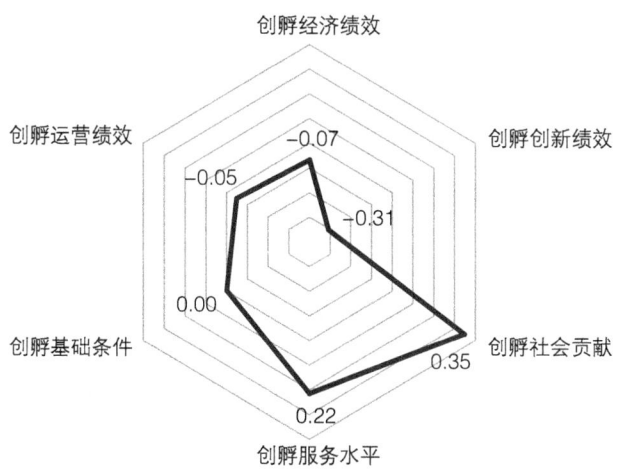

图 3-47 沈阳市一级指标

（二）二级指标情况

在 14 个二级指标中，沈阳市孵化器数量、孵化器机构对就业贡献水平、在孵企业对就业贡献水平 3 个指标表现较好，在孵企业知识产权情况、在孵企业科研能力、孵化器获得投资与资助和孵化资金条件 4 个指标表现较差（图 3-48）。

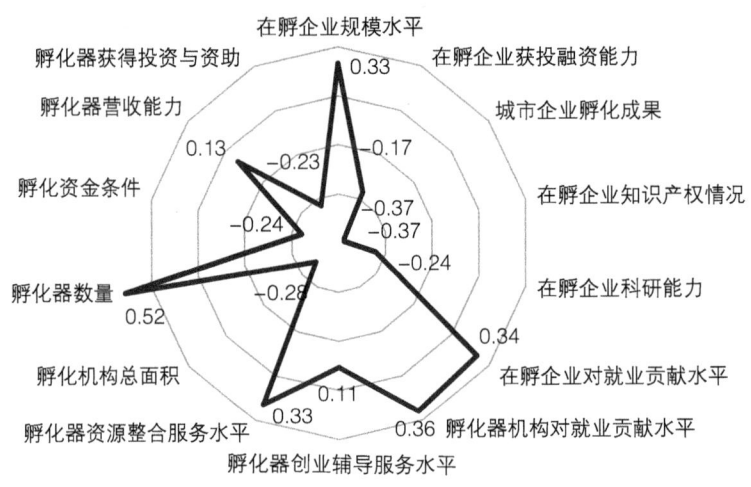

图 3-48　沈阳市二级指标

（三）三级指标情况

在 36 个三级指标中，沈阳市 10 个指标排名较为靠前，6 个指标排名较为靠后，其余指标排名中等（表 3-24）。

表 3-24　沈阳市三级指标数据

三级指标	单位	沈阳	平均值	位次
在孵企业总收入	千元	3575311	6374033	46
在孵企业总数	个	4972	2782	16
当年服务的创业团队数量	个	4366	1935	12
当年获得风险投资额	千元	102157	523212	49

续表

三级指标	单位	沈阳	平均值	位次
团队及企业当年获得投资总额	千元	208433	384276	21
当年毕业企业	个	112	172	52
当年上市/挂牌企业数量	个	6	11	44
当年被兼并和收购企业	个	1	6	59
当年营业收入超过5千万元企业	个	5	24	73
当年知识产权申请数	个	603	2089	65
当年拥有的有效知识产权数	个	1722	5330	65
当年获得省级以上奖励	个	15	73	66
当年承担国家级科技计划项目	个	12	21	25
在孵企业从业人员	人	52605	32547	16
吸纳应届大学毕业生占比	%	13.91%	13.00%	45
管理机构从业人员	人	1999	1396	21
大专以上从业人员占比	%	93.74%	91.20%	44
对在孵企业培训人次	人次	21373	29936	46
开展创业教育培训活动场次	场	1330	1350	35
创业导师总数	人	2970	1547	18
创业导师对接企业	个	418	1107	73
举办创新创业活动	场	1491	948	23
孵化器签约中介机构数量	个	154	325	63
孵化器对公共技术服务平台投资额	千元	24193	57099	56
当年提供技术支撑服务的团队和企业数量	个	1550	642	12
当年开展国际合作交流活动的数量	场	124	78	19
当年享受财政资金支持额	千元	61058	24699	13
孵化机构总面积	平方米	828516	1149206	56
孵化机构总数量	个	81	85	44
专业孵化器比重	%	43.75%	26.69%	15
孵化器孵化基金总额	千元	282900	870819	47

续表

三级指标	单位	沈阳	平均值	位次
孵化机构总收入	千元	381358	481200	32
净利润	千元	53874	41361	16
房租及物业收入外其他收入中占比	%	77.03%	70.38%	41
获得投资总额	千元	6140	24823	68
获得各级财政资助额	千元	71715	82126	36

二十五、哈尔滨

哈尔滨市的城市创孵总指数为 -0.059，在 117 个城市中列第 37 位。下面分别从创业孵化指数一级指标、二级指标和三级指标 3 个方面具体分析哈尔滨市的创业孵化发展情况。

（一）一级指标情况

哈尔滨市的 6 个一级指标中创孵社会贡献表现较好，创孵运营绩效表现较差（图 3-49）。

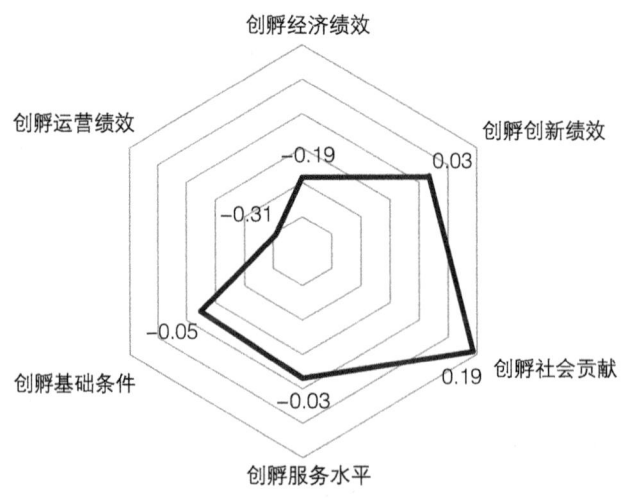

图 3-49　哈尔滨市一级指标

(二）二级指标情况

在14个二级指标中，哈尔滨市孵化器机构对就业贡献水平、在孵企业科研能力两个指标表现较好，城市企业孵化成果、孵化器获投资与资助两项表现较差(图3-50）。

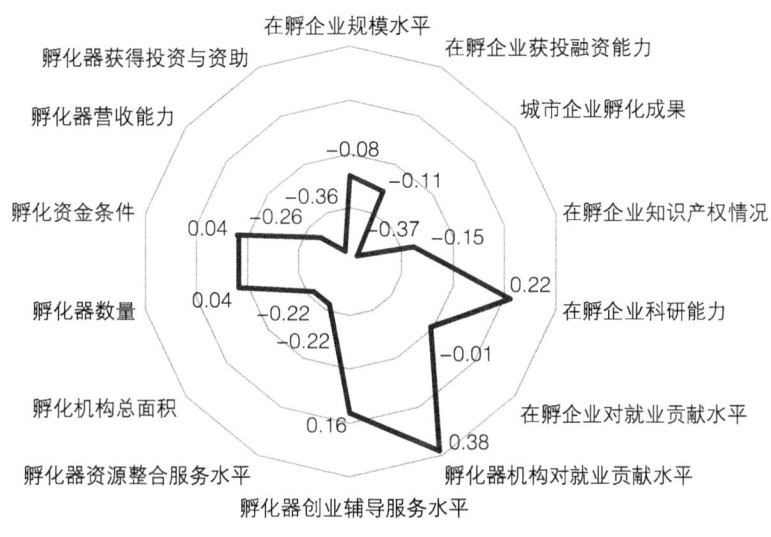

图 3-50 哈尔滨市二级指标

（三）三级指标情况

在36个三级指标中，哈尔滨市8项指标排名较为靠后，5项指标排名较为靠前，其余指标排名均为中等（表3-25）。

表 3-25 哈尔滨市三级指标数据

三级指标	单位	哈尔滨	平均值	位次
在孵企业总收入	千元	2947483	6374033	56
在孵企业总数	个	3941	2782	25
当年服务的创业团队数量	个	815	1935	61
当年获得风险投资额	千元	373155	523212	23
团队及企业当年获得投资总额	千元	117347	384276	24

续表

三级指标	单位	哈尔滨	平均值	位次
当年毕业企业	个	155	172	43
当年上市/挂牌企业数量	个	1	11	75
当年被兼并和收购企业	个	2	6	50
当年营业收入超过5千万元企业	个	3	24	77
当年知识产权申请数	个	1339	2089	42
当年拥有的有效知识产权数	个	4226	5330	34
当年获得省级以上奖励	个	138	73	16
当年承担国家级科技计划项目	个	22	21	17
在孵企业从业人员	人	30717	32547	35
吸纳应届大学毕业生占比	%	13.10%	13.00%	56
管理机构从业人员	人	1159	1396	43
大专以上从业人员占比	%	96.70%	91.20%	19
对在孵企业培训人次	人次	40786	29936	26
开展创业教育培训活动场次	场	1902	1350	25
创业导师总数	人	1727	1547	32
创业导师对接企业	个	1937	1107	17
举办创新创业活动	场	396	948	71
孵化器签约中介机构数量	个	556	325	18
孵化器对公共技术服务平台投资额	千元	19125	57099	67
当年提供技术支撑服务的团队和企业数量	个	214	642	75
当年开展国际合作交流活动的数量	场	38	78	47
当年享受财政资金支持额	千元	7583	24699	58
孵化机构总面积	平方米	893600	1149206	52
孵化机构总数量	个	98	85	30
专业孵化器比重	%	25.32%	26.69%	60
孵化器孵化基金总额	千元	969419	870819	21
孵化机构总收入	千元	214543	481200	51

续表

三级指标	单位	哈尔滨	平均值	位次
净利润	千元	42943	41361	23
房租及物业收入外其他收入中占比	%	62.97%	70.38%	80
获得投资总额	千元	1691	24823	96
获得各级财政资助额	千元	52536	82126	47

二十六、大连

大连市的城市创孵总指数为-0.123，在117个城市中列第42位。下面分别从创业孵化指数一级指标、二级指标和三级指标3个方面具体分析大连市的创业孵化发展情况。

（一）一级指标情况

大连市的6个一级指标中创孵服务水平表现较好，创孵运营绩效表现较差，其余指标表现一般（图3-51）。

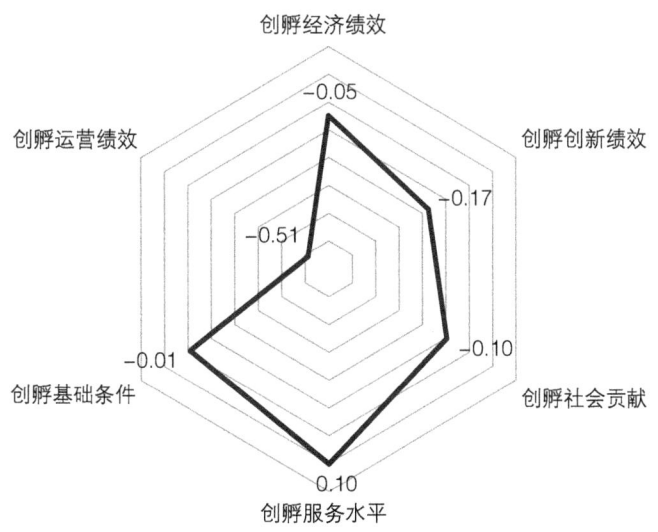

图 3-51 大连市一级指标

(二)二级指标情况

在14个二级指标中,大连市孵化器数量、孵化器创业辅导服务水平两项指标表现较好,孵化器营收能力、孵化资金条件、孵化器获得投资与资助表现较差(图3-52)。

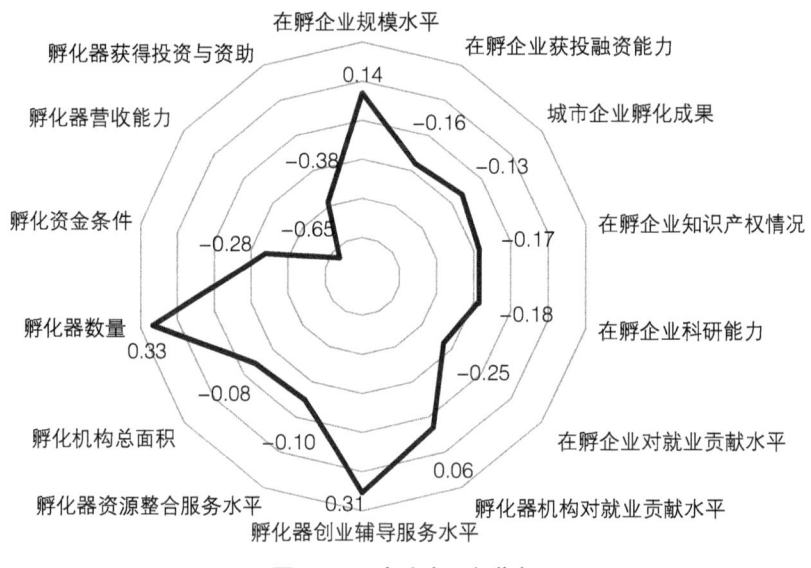

图 3-52　大连市二级指标

(三)三级指标情况

在36个三级指标中,大连市5个指标排名较为靠前,5个指标较为靠后,其余指标排名均为中等(表3-26)。

表 3-26　大连市三级指标数据

三级指标	单位	大连	平均值	位次
在孵企业总收入	千元	3714998	6374033	45
在孵企业总数	个	3981	2782	24

续表

三级指标	单位	大连	平均值	位次
当年服务的创业团队数量	个	3114	1935	18
当年获得风险投资额	千元	246055	523212	32
团队及企业当年获得投资总额	千元	69782	384276	33
当年毕业企业	个	184	172	34
当年上市/挂牌企业数量	个	11	11	25
当年被兼并和收购企业	个	3	6	41
当年营业收入超过5千万元企业	个	13	24	49
当年知识产权申请数	个	1475	2089	37
当年拥有的有效知识产权数	个	3499	5330	42
当年获得省级以上奖励	个	38	73	41
当年承担国家级科技计划项目	个	10	21	29
在孵企业从业人员	人	35206	32547	33
吸纳应届大学毕业生占比	%	10.55%	13.00%	85
管理机构从业人员	人	886	1396	52
大专以上从业人员占比	%	93.59%	91.20%	47
对在孵企业培训人次	人次	44662	29936	23
开展创业教育培训活动场次	场	2263	1350	19
创业导师总数	人	1371	1547	39
创业导师对接企业	个	1304	1107	29
举办创新创业活动	场	1587	948	19
孵化器签约中介机构数量	个	211	325	52
孵化器对公共技术服务平台投资额	千元	22917	57099	58

续表

三级指标	单位	大连	平均值	位次
当年提供技术支撑服务的团队和企业数量	个	874	642	29
当年开展国际合作交流活动的数量	场	114	78	22
当年享受财政资金支持额	千元	5483	24699	74
孵化机构总面积	平方米	1053584	1149206	46
孵化机构总数量	个	87	85	36
专业孵化器比重	%	36.84%	26.69%	32
孵化器孵化基金总额	千元	185700	870819	56
孵化机构总收入	千元	274897	481200	40
净利润	千元	-3146	41361	93
房租及物业收入外其他收入中占比	%	47.82%	70.38%	106
获得投资总额	千元	5233	24823	72
获得各级财政资助额	千元	39328	82126	58

二十七、贵阳

贵阳市的城市创孵总指数为 -0.151，在 117 个城市中列第 48 位。下面分别从创业孵化指数一级指标、二级指标和三级指标 3 个方面具体分析贵阳市的创业孵化发展情况。

（一）一级指标情况

贵阳市的 6 个一级指标中创孵社会贡献表现较好，其余指标表现一般（图 3-53）。

第 3 章
主要城市创业孵化能力分析 | 247

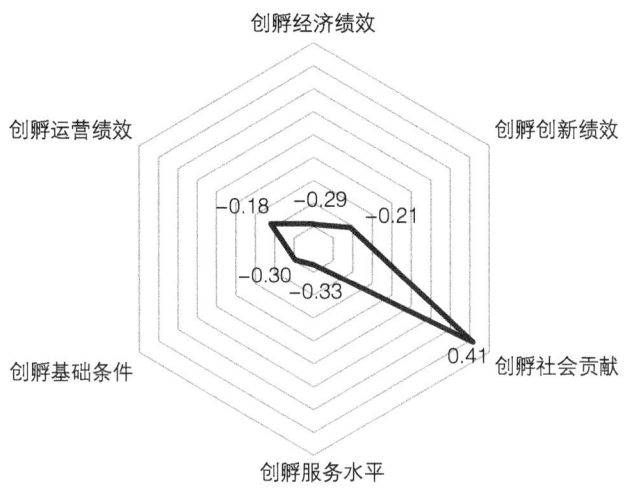

图 3-53 贵阳市一级指标

（二）二级指标情况

在 14 个二级指标中，贵阳市在孵企业对社会就业贡献指标表现较好，其余指标表现均一般（图 3-54）。

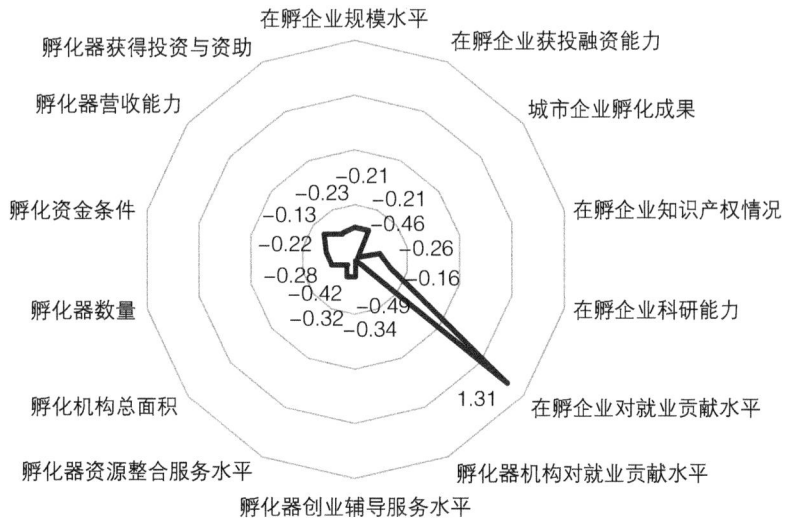

图 3-54 贵阳市二级指标

（三）三级指标情况

在36个三级指标中，贵阳市在吸纳应届大学毕业生占比方面表现优异，位列全国第二，贵阳市在大专以上从业人员占比、对在孵企业培训人次、当年毕业企业、当年上市/挂牌企业数量、当年被兼并和收购企业、获得投资总额6个指标排名较为靠后，其余指标排名均为中等（表3-27）。

表3-27 贵阳市三级指标数据

三级指标	单位	贵阳	平均值	位次
在孵企业总收入	千元	2969482	6374033	55
在孵企业总数	个	1672	2782	54
当年服务的创业团队数量	个	1767	1935	32
当年获得风险投资额	千元	98364	523212	52
团队及企业当年获得投资总额	千元	60210	384276	38
当年毕业企业	个	61	172	77
当年上市/挂牌企业数量	个	1	11	75
当年被兼并和收购企业	个	0	6	78
当年营业收入超过5千万元企业	个	11	24	55
当年知识产权申请数	个	1094	2089	54
当年拥有的有效知识产权数	个	2652	5330	50
当年获得省级以上奖励	个	53	73	32
当年承担国家级科技计划项目	个	4	21	47
在孵企业从业人员	人	19664	32547	54
吸纳应届大学毕业生占比	%	25.58%	13.00%	2
管理机构从业人员	人	1335	1396	37
大专以上从业人员占比	%	85.36%	91.20%	100
对在孵企业培训人次	人次	6648	29936	93
开展创业教育培训活动场次	场	921	1350	50
创业导师总数	人	918	1547	55

续表

三级指标	单位	贵阳	平均值	位次
创业导师对接企业	个	501	1107	68
举办创新创业活动	场	832	948	35
孵化器签约中介机构数量	个	98	325	76
孵化器对公共技术服务平台投资额	千元	19916	57099	65
当年提供技术支撑服务的团队和企业数量	个	513	642	43
当年开展国际合作交流活动的数量	场	32	78	53
当年享受财政资金支持额	千元	11902	24699	49
孵化机构总面积	平方米	670270	1149206	66
孵化机构总数量	个	48	85	65
专业孵化器比重	%	25%	26.69%	61
孵化器孵化基金总额	千元	323210	870819	44
孵化机构总收入	千元	186522	481200	56
净利润	千元	9402	41361	48
房租及物业收入外其他收入中占比	%	71.38%	70.38%	62
获得投资总额	千元	3898	24823	80
获得各级财政资助额	千元	76868	82126	34

二十八、呼和浩特

呼和浩特市的城市创孵总指数为 −0.170，在 117 个城市中列第 49 位。下面分别从创业孵化指数一级指标、二级指标和三级指标 3 个方面具体分析呼和浩特市的创业孵化发展情况。

（一）一级指标情况

呼和浩特市的 6 个一级指标中创孵创新绩效、创孵经济绩效两个指标表现较差，其余指标表现一般（图 3-55）。

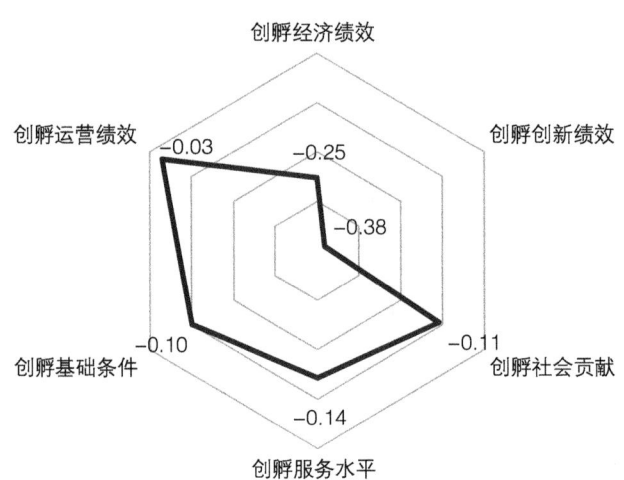

图 3-55 呼和浩特市一级指标

（二）二级指标情况

在 14 个二级指标中，呼和浩特市在孵化器数量指标方面表现较好，孵化资金条件和孵化器机构对就业贡献水平表现较差，其余指标表现一般（图 3-56）。

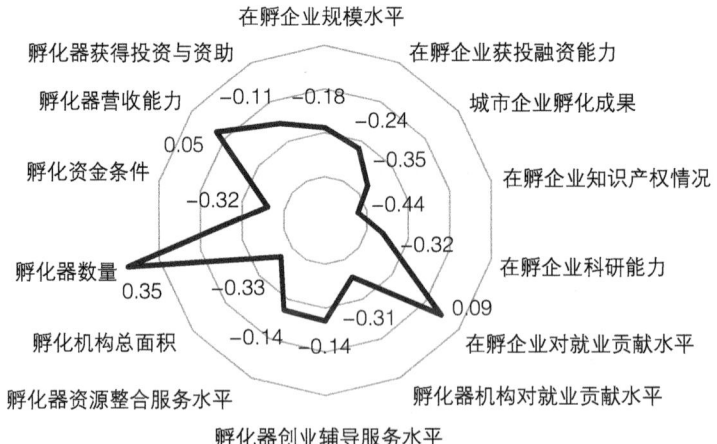

图 3-56 呼和浩特市二级指标

（三）三级指标情况

在 36 个三级指标中，呼和浩特市在当年上市/挂牌企业数量、创业导师总数、管理机构从业人员、当年提供技术支撑服务的团队和企业数量、专业孵化器比重 5 个指标表现较好，全国排名第 20 位左右，其余指标排名均为中等或靠后（表 3-28）。

表 3-28 呼和浩特市三级指标数据

三级指标	单位	呼和浩特	平均值	位次
在孵企业总收入	千元	4206891	6374033	43
在孵企业总数	个	1169	2782	73
当年服务的创业团队数量	个	2256	1935	28
当年获得风险投资额	千元	34020	523212	74
团队及企业当年获得投资总额	千元	25058	384276	56
当年毕业企业	个	81	172	66
当年上市/挂牌企业数量	个	15	11	19
当年被兼并和收购企业	个	0	6	78
当年营业收入超过 5 千万元企业	个	3	24	77
当年知识产权申请数	个	265	2089	91
当年拥有的有效知识产权数	个	1185	5330	72
当年获得省级以上奖励	个	10	73	80
当年承担国家级科技计划项目	个	1	21	65
在孵企业从业人员	人	16291	32547	61
吸纳应届大学毕业生占比	%	15.41%	13.00%	28
管理机构从业人员	人	1882	1396	24
大专以上从业人员占比	%	85.77%	91.20%	99
对在孵企业培训人次	人次	10579	29936	76
开展创业教育培训活动场次	场	1104	1350	42
创业导师总数	人	2404	1547	25

续表

三级指标	单位	呼和浩特	平均值	位次
创业导师对接企业	个	497	1107	69
举办创新创业活动	场	824	948	38
孵化器签约中介机构数量	个	90	325	79
孵化器对公共技术服务平台投资额	千元	7816	57099	87
当年提供技术支撑服务的团队和企业数量	个	1187	642	22
当年开展国际合作交流活动的数量	场	50	78	39
当年享受财政资金支持额	千元	14187	24699	45
孵化机构总面积	平方米	767002	1149206	61
孵化机构总数量	个	67	85	52
专业孵化器比重	%	41.18%	26.69%	22
孵化器孵化基金总额	千元	81930	870819	69
孵化机构总收入	千元	174861	481200	60
净利润	千元	20112	41361	36
房租及物业收入外其他收入中占比	%	78.73%	70.38%	39
获得投资总额	千元	6485	24823	66
获得各级财政资助额	千元	99230	82126	29

二十九、石家庄

石家庄市的城市创孵总指数为 -0.190，在 117 个城市中列第 54 位。下面分别从创业孵化指数一级指标、二级指标和三级指标 3 个方面具体分析石家庄市的创业孵化发展情况。

（一）一级指标情况

石家庄市的 6 个一级指标中创孵运营绩效和创孵基础条件表现较差，其余指标表现比较平均（图 3-57）。

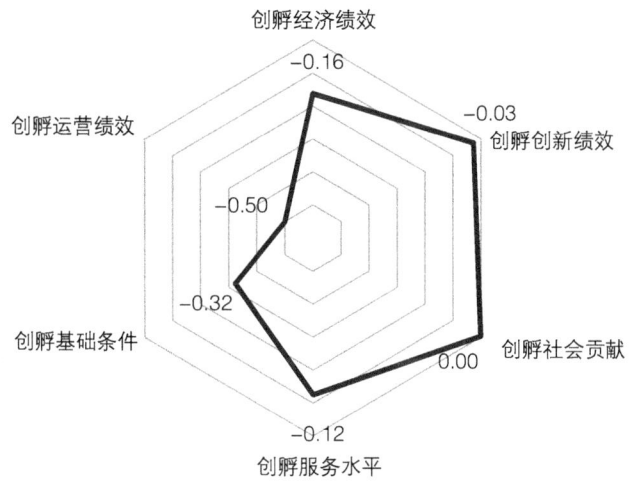

图 3-57 石家庄市一级指标

（二）二级指标情况

在 14 个二级指标中，石家庄市孵化器机构对就业贡献水平表现较好，孵化器营收能力、在孵企业对就业贡献水平表现较差，其余指标表现一般（图 3-58）。

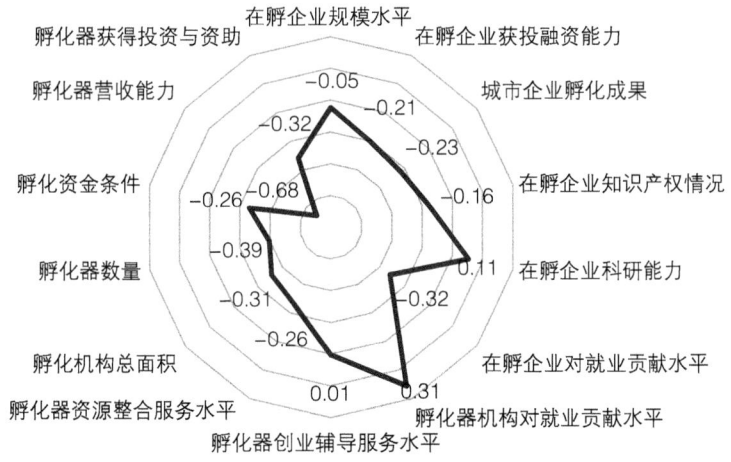

图 3-58 石家庄市二级指标

(三）三级指标情况

在36个三级指标中，石家庄市在当年获得省级以上奖励、在孵企业总收入、大专以上从业人员占比、孵化机构总数量、举办创新创业活动和创业导师总数5个指标表现较好，全国排名第20位左右，其余指标排名均中等或靠后（表3-29）。

表3-29 石家庄市三级指标数据

三级指标	单位	石家庄	平均值	位次
在孵企业总收入	千元	6890296	6374033	23
在孵企业总数	个	2414	2782	39
当年服务的创业团队数量	个	1596	1935	34
当年获得风险投资额	千元	86220	523212	54
团队及企业当年获得投资总额	千元	83565	384276	28
当年毕业企业	个	162	172	39
当年上市/挂牌企业数量	个	4	11	51
当年被兼并和收购企业	个	1	6	59
当年营业收入超过5千万元企业	个	20	24	35
当年知识产权申请数	个	1471	2089	38
当年拥有的有效知识产权数	个	3685	5330	40
当年获得省级以上奖励	个	128	73	17
当年承担国家级科技计划项目	个	8	21	33
在孵企业从业人员	人	29210	32547	38
吸纳应届大学毕业生占比	%	10.59%	13.00%	84
管理机构从业人员	人	1105	1396	46
大专以上从业人员占比	%	96.03%	91.20%	26
对在孵企业培训人次	人次	19908	29936	50
开展创业教育培训活动场次	场	1255	1350	38
创业导师总数	人	2056	1547	28

续表

三级指标	单位	石家庄	平均值	位次
创业导师对接企业	个	931	1107	42
举办创新创业活动	场	1173	948	28
孵化器签约中介机构数量	个	313	325	31
孵化器对公共技术服务平台投资额	千元	7277	57099	88
当年提供技术支撑服务的团队和企业数量	个	563	642	40
当年开展国际合作交流活动的数量	场	35	78	49
当年享受财政资金支持额	千元	8731	24699	56
孵化机构总面积	平方米	787646	1149206	58
孵化机构总数量	个	116	85	27
专业孵化器比重	%	8.33%	26.69%	103
孵化器孵化基金总额	千元	230220	870819	53
孵化机构总收入	千元	22618	481200	49
净利润	千元	13229	41361	42
房租及物业收入外其他收入中占比	%	45.79%	70.38%	112
获得投资总额	千元	6135	24823	69
获得各级财政资助额	千元	51942	82126	48

三十、南宁

南宁市的城市创孵总指数为 -0.213，在 117 个城市中列第 56 位。下面分别从创业孵化指数一级指标、二级指标和三级指标 3 个方面具体分析南宁市的创业孵化发展情况。

（一）一级指标情况

南宁市的 6 个一级指标均中创孵创新绩效和创孵社会贡献表现较好，创孵运营绩效和创孵服务水平表现较差（图 3-59）。

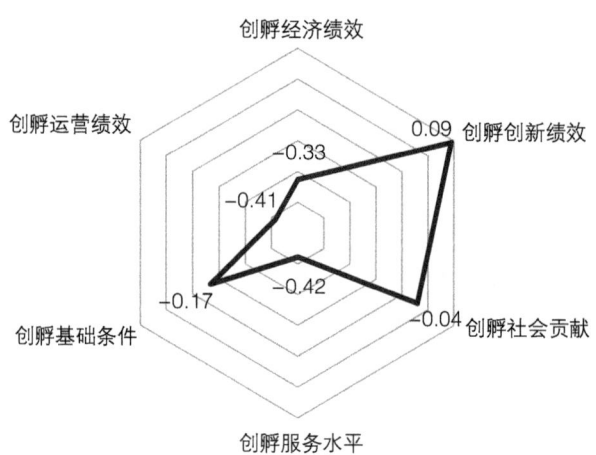

图 3-59　南宁市一级指标

（二）二级指标情况

在 14 个二级指标中，南宁市在孵化器机构对就业贡献水平、孵化器数量和在孵企业科研能力 3 个指标表现较好，其余指标表现均一般（图 3-60）。

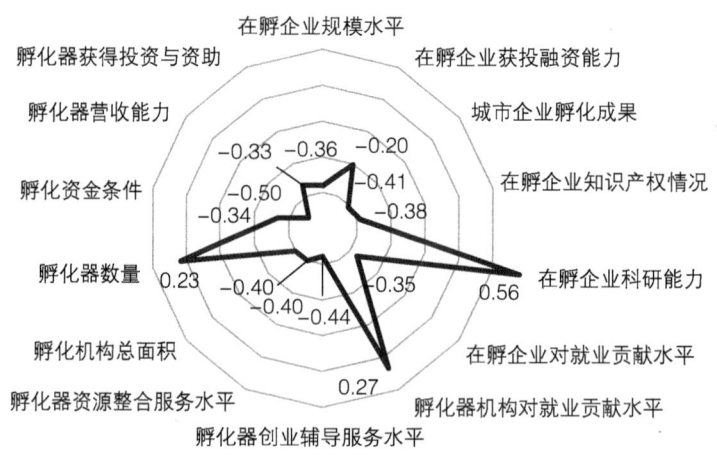

图 3-60　南宁市二级指标

(三) 三级指标情况

在 36 个三级指标中，南宁市在当年获得省级以上奖励、专业孵化器比重、大专以上从业人员占比 3 个指标表现较好，均为全国前 20 位，其中当年获得省级以上奖励全国排名第 9 位，其余指标排名均为中等或靠后（表 3-30）。

表 3-30 南宁市三级指标数据

三级指标	单位	南宁	平均值	位次
在孵企业总收入	千元	2704757	6374033	60
在孵企业总数	个	1233	2782	70
当年服务的创业团队数量	个	465	1935	89
当年获得风险投资额	千元	153551	523212	41
团队及企业当年获得投资总额	千元	9528	384276	81
当年毕业企业	个	65	172	74
当年上市/挂牌企业数量	个	0	11	89
当年被兼并和收购企业	个	3	6	41
当年营业收入超过 5 千万元企业	个	8	24	61
当年知识产权申请数	个	622	2089	64
当年拥有的有效知识产权数	个	1514	5330	67
当年获得省级以上奖励	个	267	73	9
当年承担国家级科技计划项目	个	6	21	38
在孵企业从业人员	人	14260	32547	68
吸纳应届大学毕业生占比	%	11.79%	13.00%	70
管理机构从业人员	人	487	1396	82
大专以上从业人员占比	%	97.45%	91.20%	14
对在孵企业培训人次	人次	17908	29936	54
开展创业教育培训活动场次	场	551	1350	71
创业导师总数	人	644	1547	71
创业导师对接企业	个	654	1107	57

续表

三级指标	单位	南宁	平均值	位次
举办创新创业活动	场	248	948	92
孵化器签约中介机构数量	个	114	325	71
孵化器对公共技术服务平台投资额	千元	45123	57099	35
当年提供技术支撑服务的团队和企业数量	个	205	642	77
当年开展国际合作交流活动的数量	场	21	78	68
当年享受财政资金支持额	千元	3632	24699	85
孵化机构总面积	平方米	693455	1149206	65
孵化机构总数量	个	45	85	67
专业孵化器比重	%	41.67%	26.69%	19
孵化器孵化基金总额	千元	41840	870819	91
孵化机构总收入	千元	132164	481200	71
净利润	千元	4740	41361	56
房租及物业收入外其他收入中占比	%	56.20%	70.38%	95
获得投资总额	千元	8573	24823	53
获得各级财政资助额	千元	42543	82126	55

三十一、福州

福州市的城市创孵总指数为 -0.221，在 117 个城市中列第 58 位。下面分别从创业孵化指数一级指标、二级指标和三级指标 3 个方面具体分析福州市的创业孵化发展情况。

（一）一级指标情况

福州市的 6 个一级指标中创孵运营绩效较差，其余指标表现比较均衡（图 3-61）。

第 3 章
主要城市创业孵化能力分析

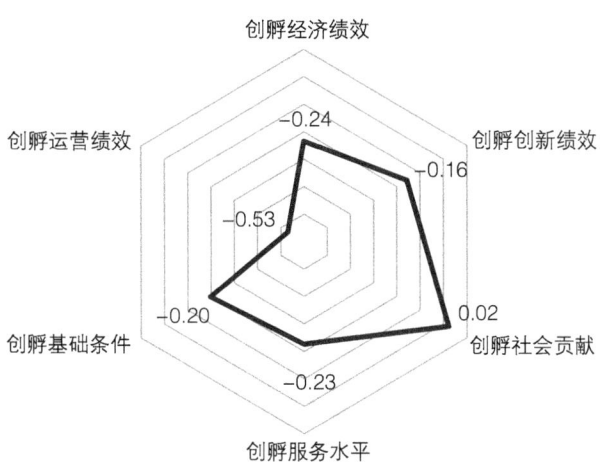

图 3-61　福州市一级指标

（二）二级指标情况

在 14 个二级指标中，福州市孵化其营收能力和孵化机构总面积两个指标表现较差，其余指标表现均衡（图 3-62）。

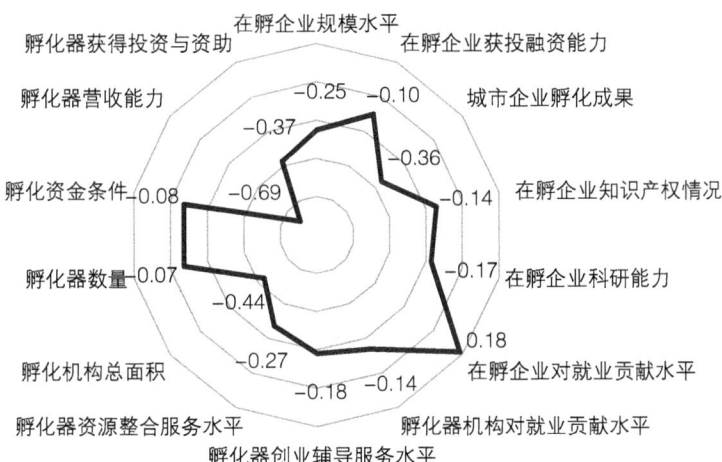

图 3-62　福州市二级指标

（三）三级指标情况

在 36 个三级指标中，福州市在当年获得风险投资额和吸纳应届大学毕业生占比和创业导师总数 3 个指标表现较好，全国排名 20 位左右，净利润和房租及物业收入外其他收入中占比排名靠后，其余指标排名处于中等水平（表 3-31）。

表 3-31　福州市三级指标数据

三级指标	单位	福州	平均值	位次
在孵企业总收入	千元	4312839	6374033	40
在孵企业总数	个	1362	2782	65
当年服务的创业团队数量	个	1151	1935	46
当年获得风险投资额	千元	411080	523212	18
团队及企业当年获得投资总额	千元	115623	384276	25
当年毕业企业	个	103	172	57
当年上市/挂牌企业数量	个	1	11	75
当年被兼并和收购企业	个	4	6	33
当年营业收入超过 5 千万元企业	个	5	24	73
当年知识产权申请数	个	1412	2089	39
当年拥有的有效知识产权数	个	4257	5330	33
当年获得省级以上奖励	个	47	73	35
当年承担国家级科技计划项目	个	6	21	38
在孵企业从业人员	人	22049	32547	49
吸纳应届大学毕业生占比	%	15.58%	13.00%	26
管理机构从业人员	人	966	1396	50
大专以上从业人员占比	%	90.87%	91.20%	72
对在孵企业培训人次	人次	11478	29936	71
开展创业教育培训活动场次	场	1052	1350	45
创业导师总数	人	1892	1547	29

续表

三级指标	单位	福州	平均值	位次
创业导师对接企业	个	595	1107	65
举办创新创业活动	场	842	948	33
孵化器签约中介机构数量	个	231	325	45
孵化器对公共技术服务平台投资额	千元	31378	57099	46
当年提供技术支撑服务的团队和企业数量	个	301	642	61
当年开展国际合作交流活动的数量	场	60	78	35
当年享受财政资金支持额	千元	10199	24699	51
孵化机构总面积	平方米	644452	1149206	68
孵化机构总数量	个	78	85	45
专业孵化器比重	%	25.71%	26.69%	59
孵化器孵化基金总额	千元	674880	870819	31
孵化机构总收入	千元	247928	481200	44
净利润	千元	-22910	41361	106
房租及物业收入外其他收入中占比	%	47.73%	70.38%	107
获得投资总额	千元	8181	24823	55
获得各级财政资助额	千元	34060	82126	66

三十二、乌鲁木齐

乌鲁木齐市的城市创孵总指数为 -0.244，在 117 个城市中列第 62 位。下面分别从创业孵化指数一级指标、二级指标和三级指标 3 个方面具体分析乌鲁木齐市的创业孵化发展情况。

（一）一级指标情况

乌鲁木齐市的 6 个一级指标中创孵社会贡献表现较好，创孵运营绩效表现较差（图 3-63）。

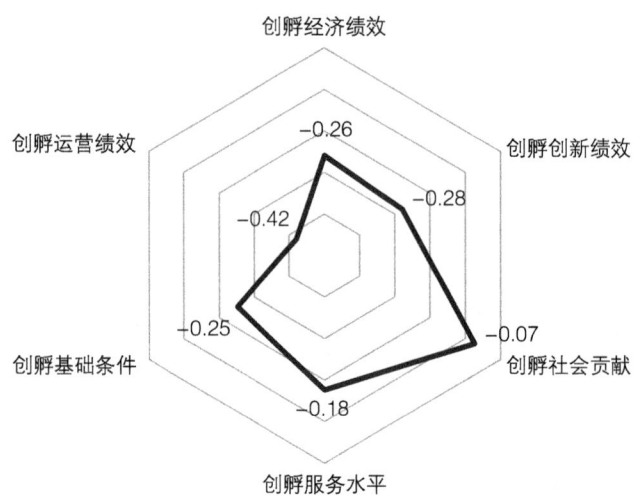

图 3-63 乌鲁木齐市一级指标

(二)二级指标情况

在 14 个二级指标中,乌鲁木齐市孵化机构总面积、城市企业孵化成果和孵化器营收能力 3 个指标表现较差,其余指标表现比较均衡(图 3-64)。

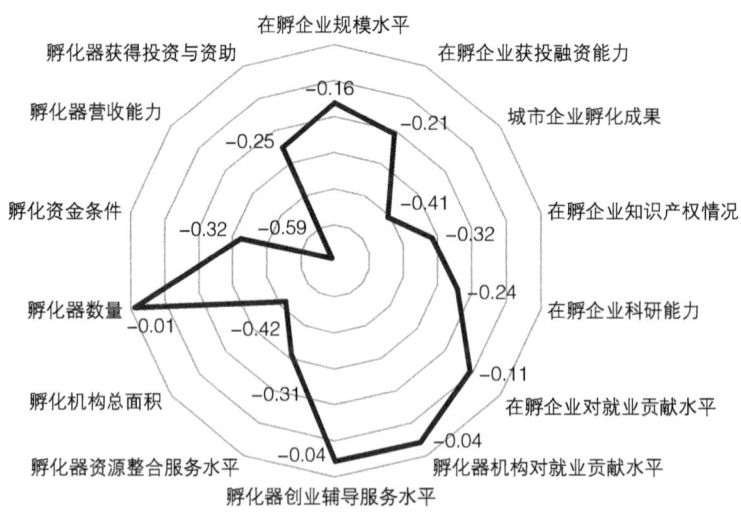

图 3-64 乌鲁木齐市二级指标

（三）三级指标情况

在 36 个三级指标中，乌鲁木齐市对在孵企业培训人次指标排名靠前，居全国第 14 位，房租及物业收入外其他收入中占比表现较为靠后，居全国第 105 位，其余指标排名均处于中等水平（表 3-32）。

表 3-32 乌鲁木齐市三级指标数据

三级指标	单位	乌鲁木齐	平均值	位次
在孵企业总收入	千元	2276724	6374033	66
在孵企业总数	个	2828	2782	35
当年服务的创业团队数量	个	1256	1935	40
当年获得风险投资额	千元	128405	523212	45
团队及企业当年获得投资总额	千元	12624	384276	78
当年毕业企业	个	78	172	67
当年上市/挂牌企业数量	个	4	11	51
当年被兼并和收购企业	个	1	6	59
当年营业收入超过 5 千万元企业	个	8	24	61
当年知识产权申请数	个	770	2089	60
当年拥有的有效知识产权数	个	2422	5330	52
当年获得省级以上奖励	个	24	73	55
当年承担国家级科技计划项目	个	7	21	36
在孵企业从业人员	人	19334	32547	55
吸纳应届大学毕业生占比	%	13.37%	13.00%	51
管理机构从业人员	人	850	1396	55
大专以上从业人员占比	%	92.45%	91.20%	61
对在孵企业培训人次	人次	61013	29936	14
开展创业教育培训活动场次	场	832	1350	57
创业导师总数	人	1136	1547	43
创业导师对接企业	个	824	1107	47

续表

三级指标	单位	乌鲁木齐	平均值	位次
举办创新创业活动	场	703	948	40
孵化器签约中介机构数量	个	197	325	53
孵化器对公共技术服务平台投资额	千元	32903	57099	44
当年提供技术支撑服务的团队和企业数量	个	386	642	52
当年开展国际合作交流活动的数量	场	33	78	52
当年享受财政资金支持额	千元	7453	24699	60
孵化机构总面积	平方米	667680	1149206	67
孵化机构总数量	个	48	85	65
专业孵化器比重	%	33.33%	26.69%	38
孵化器孵化基金总额	千元	75531	870819	73
孵化机构总收入	千元	238504	481200	45
净利润	千元	28891	41361	30
房租及物业收入外其他收入中占比	%	48.75%	70.38%	105
获得投资总额	千元	7600	24823	59
获得各级财政资助额	千元	63572	82126	43

三十三、海口

海口市的城市创孵总指数为 -0.342，在 117 个城市中列第 80 位。下面分别从创业孵化指数一级指标、二级指标和三级指标 3 个方面具体分析海口市的创业孵化发展情况。

（一）一级指标情况

海口市的 6 个一级指标均为负数，其中创孵社会贡献表现相对较好，其余指标表现比较均衡（图 3-65）。

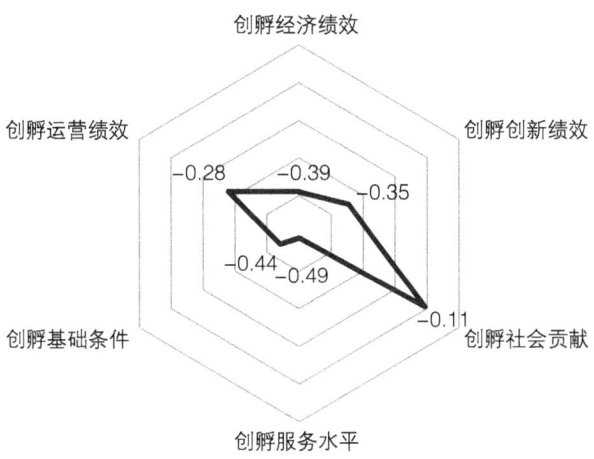

图 3-65　海口市一级指标

（二）二级指标情况

在 14 个二级指标中，海口市仅在孵化器机构对就业贡献水平为正数，其余指标均为负数，孵化机构总面积指标表现较差（图 3-66）。

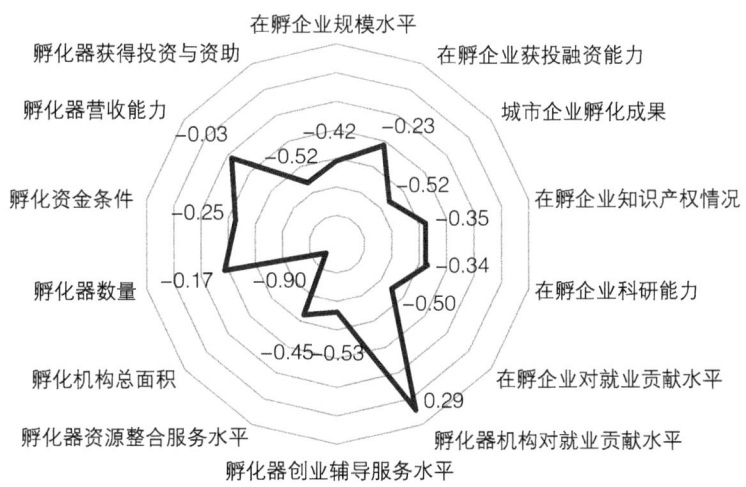

图 3-66　海口市二级指标

（三）三级指标情况

在 36 个三级指标中，海口市大专以上从业人员占比排名靠前，居全国第 10 位，其余指标均中等靠后（表 3-33）。

表 3-33　海口市三级指标数据

三级指标	单位	海口	平均值	位次
在孵企业总收入	千元	870137	6374033	89
在孵企业总数	个	1179	2782	71
当年服务的创业团队数量	个	460	1935	90
当年获得风险投资额	千元	53000	523212	65
团队及企业当年获得投资总额	千元	20614	384276	66
当年毕业企业	个	25	172	106
当年上市/挂牌企业数量	个	6	11	44
当年被兼并和收购企业	个	0	6	78
当年营业收入超过 5 千万元企业	个	0	24	99
当年知识产权申请数	个	566	2089	67
当年拥有的有效知识产权数	个	2214	5330	54
当年获得省级以上奖励	个	3	73	102
当年承担国家级科技计划项目	个	2	21	58
在孵企业从业人员	人	10790	32547	80
吸纳应届大学毕业生占比	%	10.81%	13.00%	82
管理机构从业人员	人	438	1396	86
大专以上从业人员占比	%	97.85%	91.20%	10
对在孵企业培训人次	人次	4295	29936	104
开展创业教育培训活动场次	场	431	1350	88
创业导师总数	人	510	1547	84
创业导师对接企业	个	376	1107	77

续表

三级指标	单位	海口	平均值	位次
举办创新创业活动	场	544	948	53
孵化器签约中介机构数量	个	43	325	100
孵化器对公共技术服务平台投资额	千元	11550	57099	80
当年提供技术支撑服务的团队和企业数量	个	381	642	54
当年开展国际合作交流活动的数量	场	14	78	78
当年享受财政资金支持额	千元	5877	24699	69
孵化机构总面积	平方米	113770	1149206	115
孵化机构总数量	个	21	85	105
专业孵化器比重	%	33.33%	26.69%	38
孵化器孵化基金总额	千元	251000	870819	51
孵化机构总收入	千元	43372	481200	96
净利润	千元	-3509	41361	96
房租及物业收入外其他收入中占比	%	78.68%	70.38%	40
获得投资总额	千元	420	24823	115
获得各级财政助额	千元	17164	82126	85

三十四、银川

银川市的城市创孵总指数为-0.360，在117个城市中列第86位。下面分别从创业孵化指数一级指标、二级指标和三级指标3个方面具体分析银川市的创业孵化发展情况。

（一）一级指标情况

银川市的6个一级指标均为负数，其中创孵运营绩效表现较好，创孵基础条件和创孵服务水平表现较差（图3-67）。

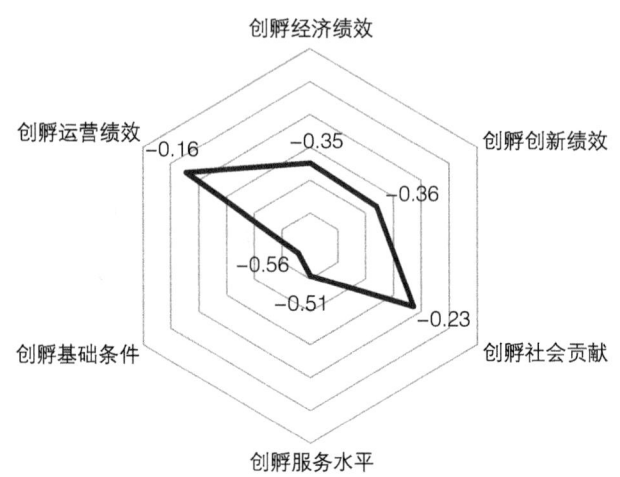

图 3-67　银川市一级指标

（二）二级指标情况

在 14 个二级指标中，银川市仅孵化其营收能力为正数，其余指标皆为负数，其中孵化器数量、孵化机构总面积和孵化器创业辅导服务水平 3 个指标表现较差（图 3-68）。

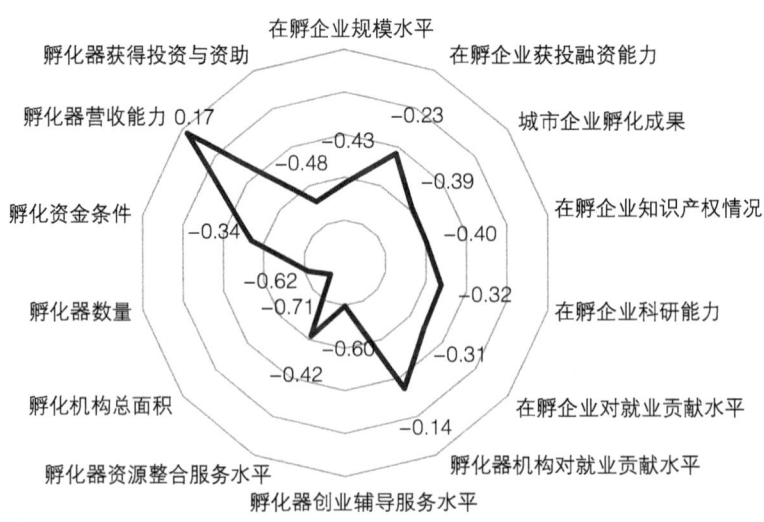

图 3-68　银川市二级指标

（三）三级指标情况

在36个三级指标中，银川市在房租及物业收入外其他收入中占比和当年上市／挂牌企业数量两个指标表现较好，排名分别为第17位和第23位，其余指标排名均为中等偏后（表3-34）。

表3-34　银川市三级指标数据

三级指标	单位	银川	平均值	位次
在孵企业总收入	千元	627670	6374033	94
在孵企业总数	个	725	2782	86
当年服务的创业团队数量	个	896	1935	55
当年获得风险投资额	千元	15350	523212	87
团队及企业当年获得投资总额	千元	54804	384276	40
当年毕业企业	个	72	172	70
当年上市／挂牌企业数量	个	12	11	23
当年被兼并和收购企业	个	0	6	78
当年营业收入超过5千万元企业	个	3	24	77
当年知识产权申请数	个	547	2089	70
当年拥有的有效知识产权数	个	1367	5330	69
当年获得省级以上奖励	个	11	73	78
当年承担国家级科技计划项目	个	0	21	81
在孵企业从业人员	人	6411	32547	98
吸纳应届大学毕业生占比	%	12.88%	13.00%	60
管理机构从业人员	人	371	1396	93
大专以上从业人员占比	%	92.70%	91.20%	57
对在孵企业培训人次	人次	10093	29936	79
开展创业教育培训活动场次	场	248	1350	107
创业导师总数	人	541	1547	79

续表

三级指标	单位	银川	平均值	位次
创业导师对接企业	个	215	1107	100
举办创新创业活动	场	215	948	97
孵化器签约中介机构数量	个	191	325	54
孵化器对公共技术服务平台投资额	千元	2082	57099	103
当年提供技术支撑服务的团队和企业数量	个	171	642	89
当年开展国际合作交流活动的数量	场	43	78	44
当年享受财政资金支持额	千元	6702	24699	63
孵化机构总面积	平方米	328735	1149206	90
孵化机构总数量	个	27	85	88
专业孵化器比重	%	18.18%	26.69%	80
孵化器孵化基金总额	千元	39000	870819	93
孵化机构总收入	千元	45714	481200	93
净利润	千元	1309	41361	75
房租及物业收入外其他收入中占比	%	87.49%	70.38%	17
获得投资总额	千元	5061	24823	74
获得各级财政资助额	千元	15936	82126	88

三十五、西宁

西宁市的城市创孵总指数为 -0.494，在 117 个城市中列第 115 位。下面分别从创业孵化指数一级指标、二级指标和三级指标 3 个方面具体分析西宁市的创业孵化发展情况。

（一）一级指标情况

西宁市的 6 个一级指标中，仅创孵运营绩效为正数，高于全国平均水平，其他指标均为负数，低于全国平均水平（图 3-69）。

第3章 主要城市创业孵化能力分析

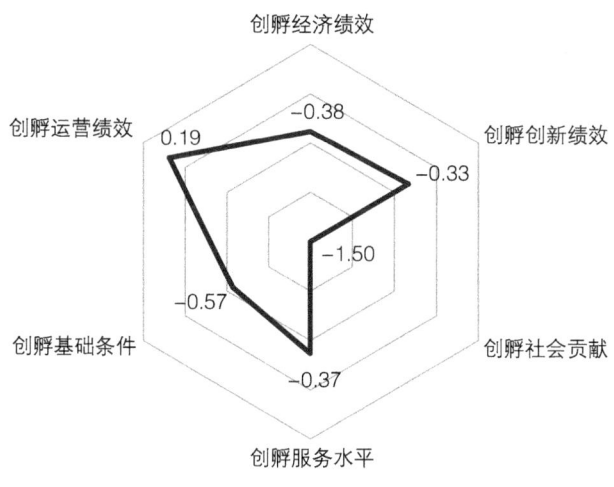

图 3-69 西宁市一级指标

（二）二级指标情况

在 14 个二级指标中，西宁市仅在孵化器营收能力高于全国平均水平，其余指标均为负数，即低于全国平均水平（图 3-70）。

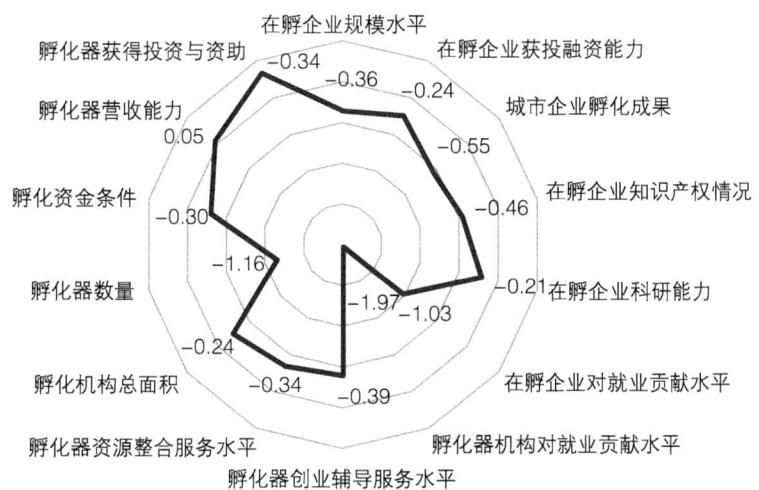

图 3-70 西宁市二级指标

（三）三级指标情况

在 36 个三级指标中，西宁市的净利润高于全国平均水平，列第 15 位，获得各级财政资助额居第 19 位，可见西宁市的创业孵化机构盈利能力较好，政府的财政资金扶持较多，而其余指标均中等靠后（表 3-35）。

表 3-35 西宁市三级指标数据

三级指标	单位	西宁	平均值	位次
在孵企业总收入	千元	1786388	6374033	71
在孵企业总数	个	1119	2782	75
当年服务的创业团队数量	个	950	1935	52
当年获得风险投资额	千元	2972	523212	104
团队及企业当年获得投资总额	千元	35946	384276	50
当年毕业企业	个	36	172	100
当年上市/挂牌企业数量	个	1	11	75
当年被兼并和收购企业	个	0	6	78
当年营业收入超过 5 千万元企业	个	2	24	86
当年知识产权申请数	个	314	2089	85
当年拥有的有效知识产权数	个	792	5330	83
当年获得省级以上奖励	个	44	73	39
当年承担国家级科技计划项目	个	1	21	65
在孵企业从业人员	人	15836	32547	64
吸纳应届大学毕业生占比	%	5.80%	13.00%	114
管理机构从业人员	人	569	1396	76
大专以上从业人员占比	%	69.39%	91.20%	116
对在孵企业培训人次	人次	11084	29936	74
开展创业教育培训活动场次	场	706	1350	63

续表

三级指标	单位	西宁	平均值	位次
创业导师总数	人	1409	1547	38
创业导师对接企业	个	403	1107	74
举办创新创业活动	场	332	948	81
孵化器签约中介机构数量	个	102	325	74
孵化器对公共技术服务平台投资额	千元	8937	57099	85
当年提供技术支撑服务的团队和企业数量	个	212	642	76
当年开展国际合作交流活动的数量	场	20	78	70
当年享受财政资金支持额	千元	31825	24699	22
孵化机构总面积	平方米	870828	1149206	54
孵化机构总数量	个	32	85	80
专业孵化器比重	%	0.00%	26.69%	107
孵化器孵化基金总额	千元	130200	870819	61
孵化机构总收入	千元	213910	481200	52
净利润	千元	63317	41361	15
房租及物业收入外其他收入中占比	%	75.19%	70.38%	48
获得投资总额	千元	29630	24823	28
获得各级财政资助额	千元	148788	82126	19

第4章
城市群创业孵化能力分析

一、城市群创业孵化经济绩效

创孵经济绩效排名前五的城市群分别为长三角、京津冀、粤港澳大湾区、长江中游和成渝城市群。其中，长三角创孵经济绩效指数为2.204，位居第一。仅有4个城市群的创孵经济绩效高于全国平均水平（表4-1）。

表4-1 城市群创孵经济绩效指数

城市群	在孵企业规模水平	在孵企业获投融资能力	城市企业孵化成果	创孵经济绩效
长三角城市群	2.402	1.884	2.325	2.204
京津冀城市群	1.289	2.075	0.895	1.420
粤港澳大湾区城市群	0.802	0.556	1.114	0.824
长江中游城市群	0.447	-0.131	0.643	0.320
成渝地区城市群	-0.134	-0.366	0.024	-0.159
中原城市群	-0.373	-0.531	-0.345	-0.416
关中平原城市群	-0.535	-0.263	-0.596	-0.465
哈长城市群	-0.532	-0.502	-0.549	-0.528
兰西城市群	-0.567	-0.521	-0.678	-0.589
北部湾城市群	-0.743	-0.526	-0.637	-0.635

续表

城市群	在孵企业规模水平	在孵企业获投融资能力	城市企业孵化成果	创孵经济绩效
呼包鄂榆城市群	-0.664	-0.560	-0.695	-0.640
滇中城市群	-0.667	-0.559	-0.755	-0.660
天山北坡城市群	-0.724	-0.555	-0.747	-0.675

二级指标中，京津冀城市群在孵企业获投融资能力指数为2.075，在城市群中位居第一，长三角城市群在孵企业规模水平和城市企业孵化成果指数分别为2.402和2.325，均位列第一。具体而言，在孵企业规模水平中，长三角、京津冀、粤港澳大湾区、长江中游和成渝地区城市群位列前五；在孵企业获投融资能力中，京津冀、长三角、粤港澳大湾区、长江中游和关中平原城市群位列前五。城市企业孵化成果中，长三角、粤港澳大湾区、京津冀、长江中游和成渝地区城市群位列前五（图4-1）。

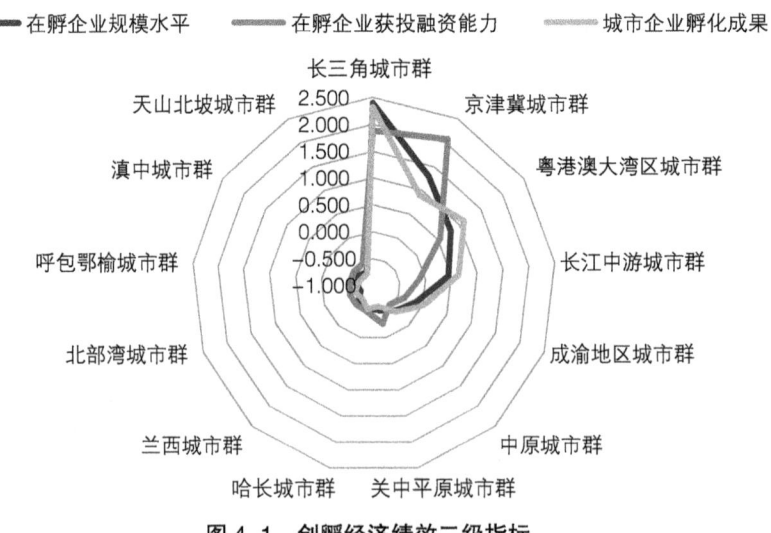

图4-1 创孵经济绩效二级指标

二、城市群创业孵化创新绩效

创孵创新绩效排名前五的城市群分别为长三角、粤港澳大湾区、京津冀、长江中游和成渝地区城市群。其中,长三角创孵创新绩效指数为 2.969,位居第一。仅有 4 个城市群的创孵创新绩效高于全国平均水平(表 4-2)。

表 4-2　城市群创孵创新绩效指数

城市群	在孵企业知识产权情况	在孵企业科研能力	创孵创新绩效
长三角城市群	2.723	3.214	2.969
粤港澳大湾区城市群	1.094	0.019	0.556
京津冀城市群	0.725	0.026	0.375
长江中游城市群	0.158	0.282	0.220
成渝地区城市群	-0.199	-0.343	-0.271
关中平原城市群	-0.459	-0.181	-0.320
哈长城市群	-0.488	-0.265	-0.377
北部湾城市群	-0.588	-0.344	-0.466
中原城市群	-0.500	-0.461	-0.481
兰西城市群	-0.596	-0.448	-0.522
滇中城市群	-0.600	-0.490	-0.545
呼包鄂榆城市群	-0.631	-0.504	-0.568
天山北坡城市群	-0.637	-0.505	-0.571

二级指标中,长三角城市群在孵企业知识产权情况、在孵企业科研能力在城市群中均位居第一,指数分别为 2.723 和 3.214。具体而言,在孵企业知识产权情况中,长三角、粤港澳大湾区、京津冀、长江中游和成渝地区城市群位列前五;在孵企业科研能力中,长三角、长江中游、京津冀、粤港澳大湾区和关中平原城市群位列前五(图 4-2)。

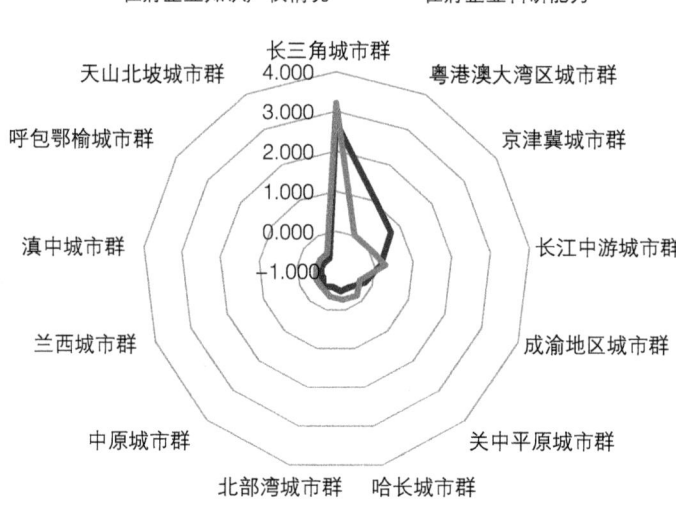

图 4-2 创孵创新绩效二级指标

三、城市群创业孵化社会贡献

创孵社会贡献排名前五的城市群分别为长三角、长江中游、成渝地区、关中平原和京津冀城市群。其中,长三角创孵社会贡献指数为 1.106,位居第一。共有 7 个城市群的创孵社会贡献高于全国平均水平(表 4-3)。

表 4-3 城市群创孵社会贡献指数

城市群	在孵企业对就业贡献水平	孵化器机构对就业贡献水平	创孵社会贡献
长三角城市群	0.795	1.238	1.016
长江中游城市群	1.482	0.230	0.856
成渝地区城市群	-0.134	0.568	0.217
关中平原城市群	-0.120	0.531	0.206
京津冀城市群	0.063	0.321	0.192
滇中城市群	0.158	0.005	0.081
粤港澳大湾区城市群	0.089	0.042	0.065

续表

城市群	在孵企业对就业贡献水平	孵化器机构对就业贡献水平	创孵社会贡献
呼包鄂榆城市群	-0.063	-0.364	-0.213
中原城市群	-0.465	-0.172	-0.319
北部湾城市群	-0.349	-0.340	-0.344
天山北坡城市群	-0.806	-0.173	-0.490
兰西城市群	0.048	-1.191	-0.572
哈长城市群	-0.697	-0.695	-0.696

二级指标中,长江中游城市群在孵企业对就业贡献水平指数为1.482,在城市群中位居第一,长三角城市群孵化器机构对就业贡献水平指数为1.238,在城市群中位列第一。具体而言,在孵企业对就业贡献水平中,长江中游、长三角、滇中、粤港澳大湾区和京津冀位列前五;孵化器机构对就业贡献水平中,长三角、成渝地区、关中平原、京津冀和长江中游城市群位列前五(图4-3)。

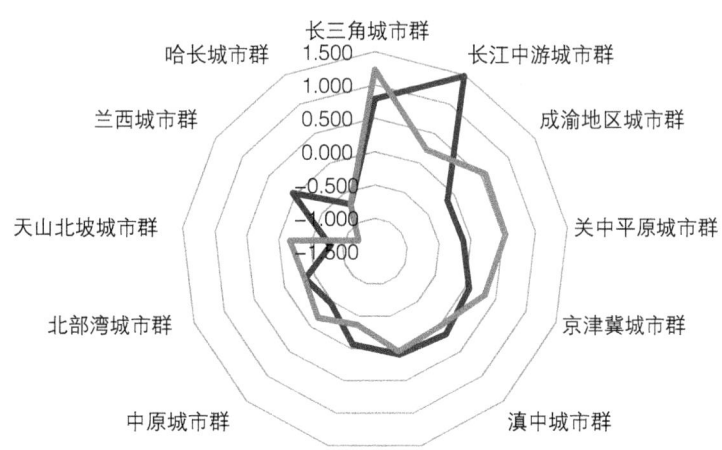

图4-3 创孵社会贡献二级指标

四、城市群创业孵化服务水平

创孵服务水平排名前五的城市群分别为长三角、粤港澳大湾区、京津冀、长江中游和成渝地区城市群。其中,长三角创孵服务水平指数为2.620,位居第一。共有4个城市群的创孵服务水平高于全国平均水平(表4-4)。

表4-4 城市群创孵服务水平指数

城市群	孵化器创业辅导服务水平	孵化器资源整合服务水平	创孵服务水平
长三角城市群	2.486	2.754	2.620
粤港澳大湾区城市群	0.923	0.819	0.871
京津冀城市群	0.886	0.669	0.778
长江中游城市群	0.539	0.311	0.425
成渝地区城市群	0.102	-0.101	0.000
中原城市群	-0.334	-0.457	-0.396
关中平原城市群	-0.437	-0.357	-0.397
哈长城市群	-0.482	-0.519	-0.500
兰西城市群	-0.543	-0.485	-0.514
呼包鄂榆城市群	-0.764	-0.624	-0.694
滇中城市群	-0.783	-0.619	-0.701
北部湾城市群	-0.797	-0.689	-0.743
天山北坡城市群	-0.797	-0.701	-0.749

二级指标中,长三角城市群孵化器创业辅导服务水平和孵化器资源整合服务水平均位列第一,指数分别为2.486和2.754。具体而言,孵化器创业辅导服务水平中,长三角、粤港澳大湾区、京津冀、长江中游和成渝地区城市群位列前五;孵化器资源整合服务水平中,长三角、粤港澳大湾区、京津冀、长江中游和成渝地区城市群位列前五(图4-4)。

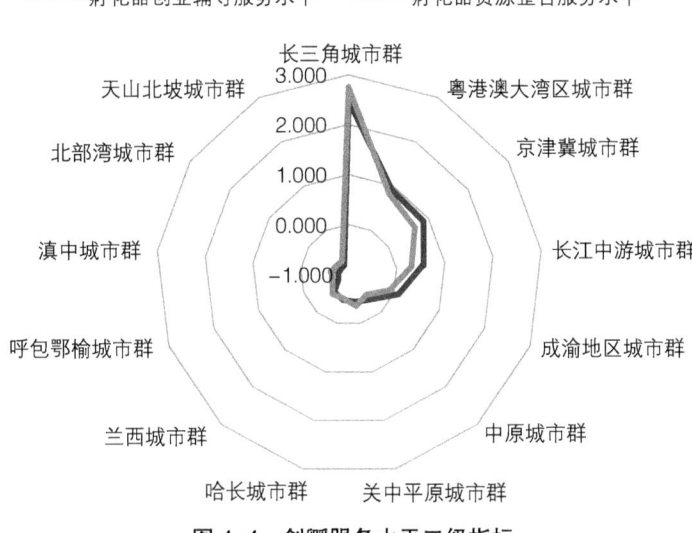

图 4-4 创孵服务水平二级指标

五、城市群创业孵化基础设施

创孵基础设施排名前五的城市群分别为长三角、粤港澳大湾区、京津冀、关中平原和长江中游城市群。其中，长三角创孵基础设施指数为 2.308，位居第一。共有 5 个城市群的创孵基础设施高于全国平均水平（表 4-5）。

表 4-5 城市群创孵基础设施指数

城市群	孵化机构总面积	孵化器数量	孵化资金条件	创孵基础设施
长三角城市群	2.877	1.554	2.492	2.308
粤港澳大湾区城市群	1.090	0.831	0.468	0.796
京津冀城市群	0.313	0.279	1.592	0.728
关中平原城市群	-0.518	0.821	0.379	0.228
长江中游城市群	0.145	0.432	-0.232	0.115
成渝地区城市群	-0.271	-0.368	-0.430	-0.356
哈长城市群	-0.358	-0.267	-0.453	-0.360

续表

城市群	孵化机构总面积	孵化器数量	孵化资金条件	创孵基础设施
呼包鄂榆城市群	-0.664	0.091	-0.687	-0.420
北部湾城市群	-0.662	-0.184	-0.663	-0.503
兰西城市群	-0.348	-0.879	-0.513	-0.580
中原城市群	-0.302	-0.913	-0.605	-0.607
天山北坡城市群	-0.713	-0.465	-0.686	-0.621
滇中城市群	-0.589	-0.933	-0.662	-0.728

二级指标中，长三角城市群在孵化机构总面积、孵化器数量、孵化资金条件中均位于首位，指数分别为 2.877、1.554 和 2.492。具体而言，孵化机构总面积中，长三角、粤港澳大湾区、京津冀、长江中游和成渝地区城市群位列前五；孵化器数量中，长三角、粤港澳大湾区、关中平原、长江中游和京津冀城市群位列前五。孵化资金条件中，长三角、京津冀、粤港澳大湾区、关中平原和长江中游城市群位列前五（图 4-5）。

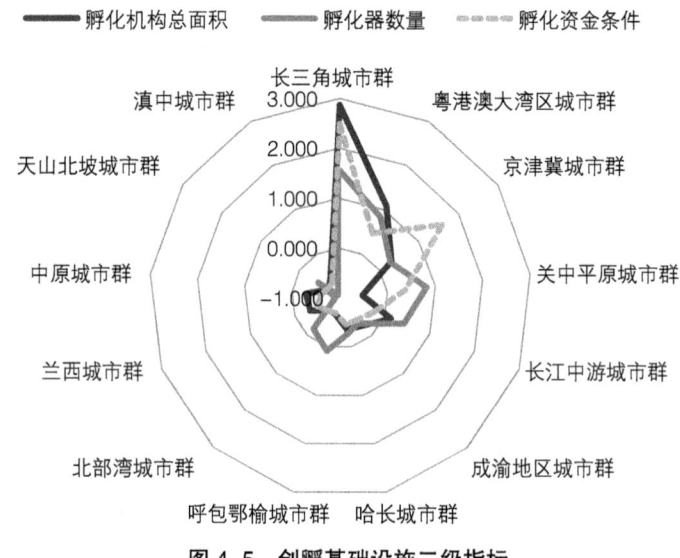

图 4-5 创孵基础设施二级指标

六、城市群创业孵化运营绩效

创孵运营绩效排名前五的城市群分别为长三角、粤港澳大湾区、长江中游、京津冀和成渝地区城市群。其中，长三角创孵运营绩效指数为1.928，位居第一。仅有4个城市群的创孵运营绩效高于全国平均水平（表4-6）。

表4-6 城市群创孵运营绩效指数

城市群	孵化器营收能力	孵化器获得投资与资助	创孵运营绩效
长三角城市群	1.191	2.665	1.928
粤港澳大湾区城市群	0.751	0.654	0.702
长江中游城市群	0.404	0.644	0.524
京津冀城市群	-0.287	0.631	0.172
成渝地区城市群	-0.016	-0.003	-0.010
兰西城市群	-0.022	-0.215	-0.118
呼包鄂榆城市群	0.042	-0.591	-0.275
哈长城市群	-0.231	-0.334	-0.282
中原城市群	-0.113	-0.556	-0.335
关中平原城市群	-0.282	-0.477	-0.380
滇中城市群	-0.309	-0.808	-0.559
北部湾城市群	-0.496	-0.794	-0.645
天山北坡城市群	-0.629	-0.816	-0.722

二级指标中，长三角城市群孵化器营收能力和孵化器获得投资与资助指数分别为1.191和2.665，在城市群中均位居第一。具体而言，孵化器营收能力中，长三角、粤港澳大湾区、长江中游、呼包鄂榆和成渝地区城市群位列前五；孵化器获得投资与资助中，长三角、粤港澳大湾区、长江中游、京津冀和成渝地区城市群位列前五（图4-6）。

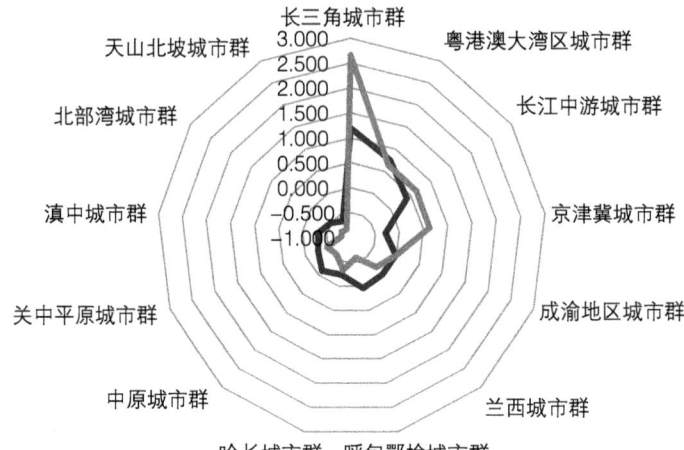

图 4-6 创孵运营绩效二级指标

第 5 章
典型城市群内部创业孵化能力分析

创业孵化总指数排名前五的城市群分别为长三角城市群、粤港澳大湾区城市群、京津冀城市群、长江中游城市群和成渝地区城市群,本章对创孵总指数排名前五的城市群内部城市进行具体分析。

一、长三角城市群创业孵化能力分析

在长三角城市群的城市中,共有 23 个城市的创孵机构数量大于 20 家。其中,上海、南京、无锡、常州、苏州、南通、盐城、杭州、宁波、湖州、绍兴、合肥共 12 个城市的创孵总指数在 117 个城市中位列前 50 名。可见,长三角是创孵水平强市的主要集聚地(表 5-1)。

表 5-1 长三角城市群内城市创孵总指数及排名

城市群	城市	创孵总指数	城市群内排名	总排名
长三角城市群	上海	2.244	1	2
	南京	1.896	3	6
	无锡	0.336	5	17
	常州	0.145	8	26
	苏州	1.683	4	7
	南通	-0.010	9	32
	盐城	-0.064	10	38
	扬州	-0.179	13	51

续表

城市群	城市	创孵总指数	城市群内排名	总排名
长三角城市群	镇江	-0.180	14	52
	泰州	-0.219	15	57
	杭州	2.014	2	4
	宁波	0.249	6	21
	嘉兴	-0.299	17	66
	湖州	-0.124	11	43
	绍兴	-0.130	12	44
	金华	-0.319	19	71
	台州	-0.380	21	91
	合肥	0.192	7	22
	芜湖	-0.224	16	59
	马鞍山	-0.347	20	82
	安庆	-0.483	23	110
	滁州	-0.307	18	68
	宣城	-0.408	22	98

从图 5-1 中可以看出，长三角城市的创孵水平呈现阶梯发展的特征。其中，上海、无锡、苏州、杭州是第一阶梯，其在所有城市中的排名均处于前 10 位，是该地区创孵发展的领头羊。第二阶梯城市以无锡、常州、宁波、合肥等城市为代表，这些城市的创孵水平较强，在全国处于前 30 位，是长三角城市群中的创孵跟跑城市。第三阶梯的城市以嘉兴、泰州、金华等城市为代表，这些城市的创孵水平一般，处于全国中游位置，是长三角城市群中创孵发展潜力较大的城市。第四阶梯的城市以安庆、宣城等城市为代表，这些城市的创孵整体水平较差，处于全国末游的位置。

第 5 章
典型城市群内部创业孵化能力分析

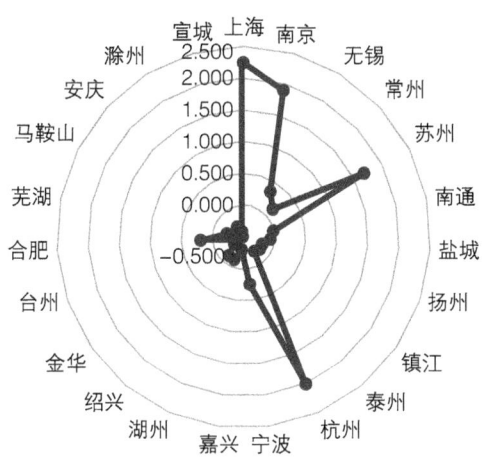

图 5-1 长三角城市创孵总指数

二、粤港澳大湾区城市群创业孵化能力分析

在粤港澳大湾区城市群的城市中,共有 10 个城市的创孵机构数量大于 20 家。其中,广州、深圳、珠海、佛山、东莞、中山共 5 个城市的创孵总指数在 117 个城市中位列前 50 名。可见,粤港澳大湾区城市群中一半的城市均具有一定的创孵基础(表 5-2)。

表 5-2 粤港澳大湾区城市群内城市创孵总指数及排名

城市群	城市	创孵总指数	城市群内排名	总排名
粤港澳大湾区城市群	广州	1.983	2	5
	深圳	2.119	1	3
	珠海	-0.106	5	41
	佛山	0.323	4	18
	东莞	0.372	3	16
	中山	-0.141	6	46
	江门	-0.357	9	85
	肇庆	-0.363	10	88

续表

城市群	城市	创孵总指数	城市群内排名	总排名
粤港澳大湾区城市群	惠州	-0.333	7	75
	河源	-0.351	8	84

从图 5-2 中可以看出，粤港澳大湾区城市的创孵水平主要分为三大阶梯。第一阶梯以广州和深圳为代表，不仅是粤港澳大湾区内的创孵强市，也是全国范围内的创孵强市，推动了粤港澳大湾区整体创孵水平的提高。第二阶梯的城市有佛山、东莞等城市，这些城市的创孵水平较强，在全国处于领先位置。第三阶梯的城市有珠海、中山等城市，这些城市的创孵水平相对较弱，有很大的提升空间。

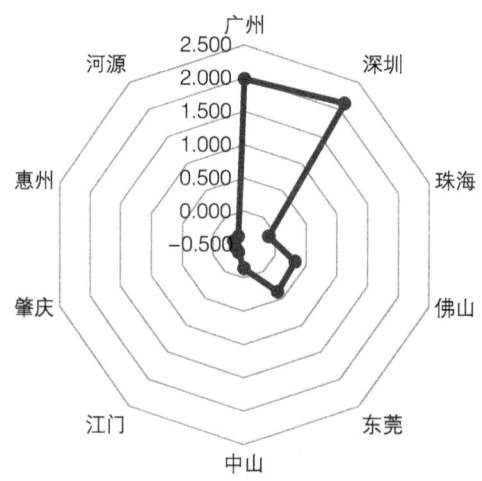

图 5-2 粤港澳大湾区城市创业孵化指数

三、京津冀城市群创业孵化能力分析

在京津冀城市群的城市中，共有 10 个城市的创孵机构数量大于 20 家。其中，北京、天津、保定和廊坊 4 个城市的创孵总指数位于 117 个城市的前 50 名（表 5-3）。

第 5 章
典型城市群内部创业孵化能力分析 | 289

表 5-3 京津冀城市群内城市创孵总指数及排名

城市群	城市	创孵总指数	城市群内排名	总排名
京津冀城市群	北京	4.105	1	1
	天津	0.605	2	13
	保定	-0.065	3	39
	廊坊	-0.176	4	50
	唐山	-0.300	6	67
	秦皇岛	-0.452	9	104
	石家庄	-0.190	5	54
	张家口	-0.348	7	83
	承德	-0.536	10	116
	沧州	-0.363	8	89

从图 5-3 可以看出，京津冀城市群的城市创孵发展并不均衡，北京的创孵发展独大，其他城市的创孵水平均一般，创孵资源在城市群内还未形成自由流动的局面。

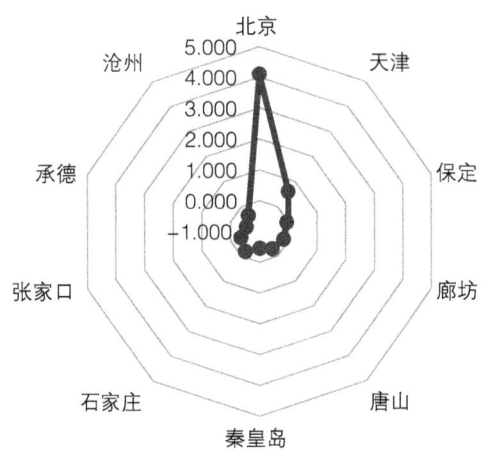

图 5-3 京津冀城市创孵总指数

四、长江中游城市群创业孵化能力分析

在长江中游城市群的城市中,共有 7 个城市的创孵机构数量大于 20 家。其中,武汉、长沙、南昌共 3 个城市的创孵总指数在 117 个城市中位列前 50 名(表 5-4)。

表 5-4 长江中游城市群内城市创孵总指数及排名

城市群	城市	创孵总指数	城市群内排名	总排名
长江中游城市群	武汉	1.545	1	8
	黄冈	-0.589	7	117
	宜昌	-0.265	4	64
	长沙	0.453	2	15
	株洲	-0.340	5	79
	湘潭	-0.468	6	107
	南昌	0.155	3	24

从图 5-4 中可以看出,长江中游城市群中,武汉、长沙是城市群中的创孵发展强市,两市的创孵水平远高于其他城市。黄冈和湘潭两市的创孵水平则相对较差,在全国排名均处于倒数的位置。

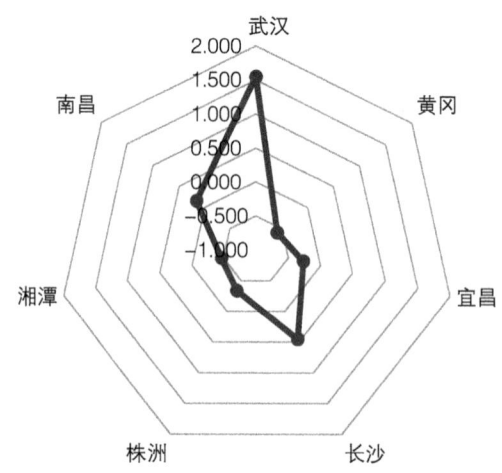

图 5-4 长江中游城市创业孵化指数

五、成渝地区城市群创业孵化能力分析

在成渝地区城市群的城市中,共有4个城市的创孵机构数量大于20家。其中,重庆、成都和绵阳共3个城市的创孵总指数在117个城市中位列前50名(表5-5)。

表5-5 成渝地区城市群内城市创孵总指数及排名

城市群	城市	创孵总指数	城市群内排名	总排名
成渝地区城市群	重庆	0.816	1	11
	成都	0.713	2	12
	泸州	-0.382	4	92
	绵阳	-0.142	3	47

从图5-5中可以看中,成渝地区城市群中城市的创业孵化指数呈现明显的非均衡发展特征,重庆、成都的创业孵化指数较强,而绵阳和泸州与重庆、成都的差距则相对较大。

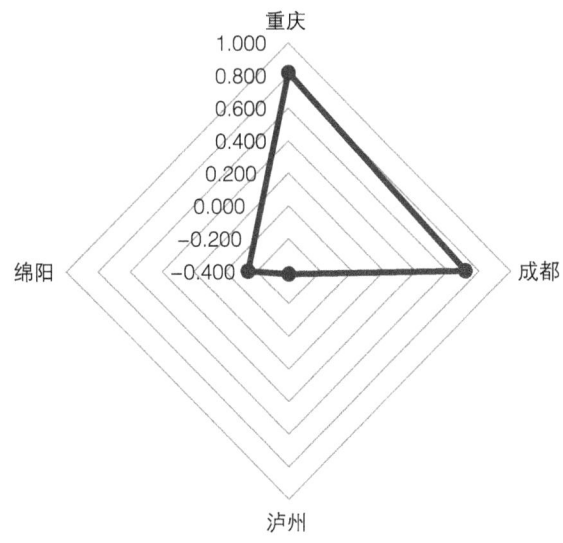

图5-5 成渝地区城市创业孵化指数

附录

中国城市创业孵化指数指标解释

1. 在孵企业总收入

在孵企业总收入,指孵化器和众创空间内在孵企业所实现的技、工、贸等各种收入之和。

2. 在孵企业总数

在孵企业总数为孵化器和众创空间内在孵化的企业总数。

3. 在孵团队数

在孵团队数指众创空间内在孵化的创业团队数量。

4. 当年获得风险投资额

当年获得风险投资额指在本统计周期内,孵化器内在孵企业获得的风险投资总额。

5. 团队及企业当年获得投资总额

团队及企业当年获得投资总额指本统计周期内,众创空间内在孵企业和创业团队获得各类投融资的总额(包括种子基金、天使投资、A轮融资、B轮融资、C轮融资、新三板或上市、银行信贷、担保等)。

6. 当年毕业企业数量

指在本统计周期内,孵化器内毕业企业的总数。

7. 当年上市（挂牌）企业数量

当年上市（挂牌）企业数量指孵化器和众创空间内历年毕业企业在本统计周期内上市的企业总数量。

8. 当年被兼并和收购企业数量

指在本统计周期内，孵化器内被兼并和收购的企业数。

9. 当年营业收入超过5千万元企业数量

指在孵化器内毕业企业营业收入超过5千万元的在孵企业数。

10. 当年知识产权申请数

指孵化器内在孵企业申请的各类知识产权保护的总数。

11. 当年拥有的有效知识产权数

指报告期末，孵化器和众创空间内在孵企业拥有的经国内外知识产权行政部门授权且在有效期内的各类知识产权的总数。

12. 当年承担国家级科技计划项目

当年承担国家级科技计划项目指孵化器内在孵企业当年承担的国家级科技计划项目总数。国家级科技计划项目指中央政府部门下达的科技项目种类：①国家重大科技专项；②国家自然科学基金项目；③国家863计划项目；④国家科技支撑（攻关）计划项目；⑤国家重点研发计划项目；⑥国家发展改革委产业化示范工程；⑦国家973计划项目；⑧国家公益性行业科研专项；⑨国家社会科学基金项目；⑩不包括地方审批的各类项目。

13. 当年获得省级以上奖励

指在本统计周期内，孵化器内在孵企业获得各类省级以上科技奖励的数量。

14. 在孵企业从业人员

指孵化器和众创空间内在孵企业吸纳的各类从业人员总和。

15. 吸纳应届大学毕业生占比

指本统计周期内，孵化器和众创空间内在孵企业内聘用人员中，应届大专以上学历的人员总数占比。

16. 管理机构从业人员

指在孵化器和众创空间管理服务机构工作的专职总人数。

17. 大专以上从业人员占比

指孵化器管理人员中大专以上学历人员数占比。

18. 对在孵企业培训人次

指本统计周期内，孵化器组织对在孵企业人员进行辅导培训的人数/次数。

19. 开展创业教育培训活动场次

指本统计周期内，孵化器和众创空间开展的各类针对在孵企业和本地区创业者的创业教育和培训活动。

20. 创业导师总数

指本统计周期内，孵化器和众创空间内，经由省级以上科技主管部门备案，具有良好声誉、突出业绩、奉献精神，并自愿为科技创业企业和创业者的成功发展、传承经验、提供资源的成功人士。

21. 创业导师对接企业总数

指本统计周期内，孵化器内创业导师签订辅导协议的企业总数。

22. 举办创新创业活动总数

指本统计周期内，众创空间服务在孵企业和创业团队，举办的创新创业活动总数量。

23. 孵化机构签约中介机构数量

指与孵化器签订合同的为在孵企业提供各类专业服务的中介机构的数量，包括会计、律师事务所等。

24. 孵化机构对公共技术服务平台投资额

指本统计周期内，孵化器对公共技术服务平台所投入的资金总额。

25. 当年提供技术支撑服务的团队和企业数量

指本统计周期内，众创空间自身或整合其他资源提供技术支撑服务的团队和初创企业的数量。

26. 当年开展国际合作交流活动的数量

指本统计周期内，众创空间服务在孵企业和创业团队，开展的国际合作交流活动的数量。

27. 当年享受财政资金支持额

指本统计周期内，众创空间内在孵企业和创业团队当年享受到额财政资金支持总额。

28. 孵化机构总面积

指孵化器和众创空间实际占用的场地面积，以及与相关单位以合同方式确立的可自主支配的孵化场地面积之和。

29. 孵化机构数量

孵化机构数量指区域内孵化器和众创空间的数量之和。

30. 专业型孵化器所占比重

专业型孵化器所占比重指孵化器内专业型孵化器数量所占的比重，专业型孵化器指聚焦一个或多个行业或产业进行孵化的孵化器。

31. 孵化基金总额

指在政府、开发区、民间的拨款、捐款、周转金、股资入股等多种形式支持下，由孵化器建立起来用于扶持在孵企业发展的专项基金总额。

32. 孵化机构总收入

指本统计周期内，孵化器和众创空间实现的收入之和。

33. 净利润

指孵化器本年度实现的利润在上交税后的剩余部分。

34. 房租之外收入额占收入总额的比重

指孵化器和众创空间总收入中，房租以外收入占总收入的比重。房租收入指孵化器和众创空间管辖范围内楼宇出租及物业管理的总收入。

35. 获得投资总额

指本统计周期内，孵化器和众创空间总收入中，获得的投资收入总额。投资收入是指孵化器和众创空间通过自有资金入股、投资等形式所获得的收入。

36. 获得各级财政资助额

指本统计周期内，孵化器和众创空间所获得的各级政府拨款资助的资金总额。

参考文献

[1] 国务院. 国务院关于推动创新创业高质量发展打造"双创"升级版的意见（2018-09-26）〔2019-07-01〕.[EB/OL]. http://www.gov.cn/zhengce/content/2018-09/26/content_5325472.htm.

[2] 国务院. 国务院关于强化实施创新驱动发展战略进一步推进大众创业万众创新深入发展的意见（2017-07-27）〔2019-07-01〕.[EB/OL]. http://www.gov.cn/zhengce/content/2017-07/27/content_5213735.htm.

[3] 国务院. 国务院关于大力推进大众创业万众创新若干政策措施的意见（2015-06-16）[2019-07-01].[EB/OL]. http://www.gov.cn/zhengce/content/2015-06/16/content_9855.htm.

[4] 国家发展改革委. 发展改革委关于印发《2019年新型城镇化建设重点任务》的通知（2019-04-08）[2019-07-01].[EB/OL]. http://www.gov.cn/xinwen/2019-04/08/content_5380457.htm.

[5] 《中国创业孵化30年》编委会. 中国创业孵化30年：1987—2017[M]. 北京：科学技术文献出版社，2017.

[6] 关成华，赵峥. 中国城市科技创新发展报告2018[M]. 北京：科学出版社，2018.

[7] 颜振军，拥抱创业经济[M]. 北京：人民邮电出版社，2019.

[8] 颜振军. 从孵化大国走向孵化强国[N]. 中国高新技术产业导报，2017-09-18.

[9] 赵峥，刘杨，杨建梁. 中国城市创业孵化能力、孵化效率和空间集聚[J]. 技术经济，2019（1）：112-120.

[10] 首都科技发展战略研究院. 首都科技创新发展报告2018[M]. 北京：科学出版社，2018.

[11] 科技部火炬高技术产业开发中心，首都科技发展战略研究院. 中国创业孵化发展报告2019[M]. 北京：科学技术文献出版社，2019.

[12] 国家统计局. 中国城市统计年鉴2018[M]. 北京：中国统计出版社，2019.

[13] 清华大学启迪创新研究院. 2015中国城市创新创业环境评价研究报告[M]. 北京：清华大学出版社，2016.

[14] 保罗·萨缪尔森，威廉·诺德豪斯. 经济学（第18版）[M]. 萧琛，等译. 北京：人民邮电出版社，2008.

[15] 方创琳，鲍超，马海涛. 2016中国城市群发展报告[M]. 北京：科学出版社，2018.

[16] 倪鹏飞，马尔科·卡米亚，王海波，等. 房价，改变城市世界的力量[M]. 北京：中国社会科学出版社，2018.